政府创新研究丛书

RESEARCH ON LOCAL GOVERNMENT
INNOVATION IN CENTRAL CHINA

中部地区
地方政府创新研究

吴理财 等 ● 著

《政府创新研究丛书》总序

对政府部门的绩效进行科学评估，依据评估的结果对政府部门及相关人员进行适当的奖惩，是推进国家治理现代化、促使政府不断提供优质公共服务、更好地为人民服务的重要激励机制。由相对独立的权威学术机构，而不是由政府及其附属机构，依据一套科学的评估标准和严格的评估程序，对政府行为进行研究、评估和奖励，是世界上许多国家的普遍做法。这种做法不仅有利于评估活动的科学性、客观性和公正性，有助于消除评估过程中容易产生的腐败和不公正；更重要的是能够促进政府不断完善自身的制度和行为，增强公民对政府的认同和信任，推动学术界对政府改革创新进行理论研究。

2000 年，原中共中央编译局比较政治与经济研究中心、中共中央党校世界政党比较研究中心和北京大学中国政府创新研究中心联合发起了“中国地方政府改革创新研究与奖励计划”，其中的主体内容之一，便是设立中国历史上第一个专业性的学术奖项“中国地方政府创新奖”。发起该奖项的主要目的有以下五个：第一，通过“中国地方政府创新奖”的评选活动，发现地方政府在制度创新、机构改革、公共服务和社会治理中的先进事例，宣传、交流和推广地方政府创新的先进经验。第二，通过对政府创新项目的评奖，鼓励地方党政机关积极进行政府管理体制改革，推进地方的善政和善治。第三，通过对政府创新实践的理论研究和理论总结，逐步建立起一套立足中国改革开放实际的政府创新理论，为中国的社会主义政治文明和民主政治建设提供理论支持。第四，建立一套适合中国国情的科学的政府绩效评估体系，为建立科学的政绩观奠定切实的知识基础。第五，加入世界政府创新网络，推介中国的政府创新经验，分享其他国家和国际组织在政府管理体制方面的创新成果。

该奖项每两年举办一届，先后共举办了 8 届。从中央到地方，总计有2004个政府创新项目申报此奖项，其中有效申报项目1334个；共有178个项目获得入围奖，其中80个项目获得优胜奖。这些获奖项目遍布政治选举、反腐倡廉、行政管理、公共服务、政治透明、基层民主、党内民主、科学决策、公民参与、法治建设、环境治理、社会治理和扶贫济困等诸多领域，像“两票制选举”“户籍制改革”“经济责任审计”“行政审批改革”“一站式服务”“居家养老”“人大代表联络站”等一大批获奖项目，成为引领中国政府创新的模范案例，对推进政府治理和社会治理现代化起到了重要的示范作用。

在我的提议下，“中国地方政府创新奖”组委会在2015年正式停止了该奖项。为了全面了解2000～2015年全部8届“中国地方政府创新奖”共178个获奖项目的后续情况，2015年我主持了“中国地方政府创新奖获奖项目跟踪研究”大型课题。设立该课题的直接目的，是弄清楚以下三个问题：哪些“中国地方政府创新奖”获奖项目已经终止，哪些项目持续存在并在更大范围内得到推广？是什么原因导致获奖项目的终止或持续？当年那些获奖项目的当事人现在是如何看待政府创新及其前景的？

我们当时定下的目标是，对所有178个获奖项目的后续情况逐一进行追踪调查，不能有任何遗漏。但是，这是一个几乎无法完成的任务，因为在过去15年中，中国社会和中国政治发生了重大变化，众多当年的政府创新项目已经物是人非了。这一大型课题的承办单位是新成立的北京大学中国政治学研究中心，显而易见，仅靠该中心的这几位老师是完全无法完成这一艰巨任务的。为此，我们组建了由北京大学、浙江大学、上海交通大学、吉林大学、四川大学、厦门大学、兰州大学、华中师范大学和深圳大学这9所大学组成的协作研究网络。幸赖协作研究网络同仁的鼎力支持，我们得以成功地在3年时间中先后派出数十个调研小组，对所有178个获奖项目做了直接的或间接的调研，基本弄清楚了这些获奖项目的现存状态。

“中国地方政府创新获奖项目跟踪研究”大型合作课题，主要有两个最终成果，一是获奖项目的数据库，二是基于这些调研数据之上的研究报告。我们这套“政府创新研究丛书”便是课题总报告和几个子课题分报告的汇集。作为长期主持“中国地方政府改革创新研究与奖励计划”的总负责人，我有足够的理由相信，这套丛书在相当大的程度上反映了中国政府创新的最新进展，集聚了中国地方政府创新的典型数据，是研究中国政府治理和社会治理改革创新不可或缺的参考资料。

历时3年，遍及中国大陆30个省份的这一大型调研课题的顺利完成，以及最终研究成果的出版，要感谢众多的单位与个人，我无法在这里一一列举。在此，谨向所有支持和帮助过“中国地方政府改革创新研究与奖励计划”的党政机关、科研院校、社会组织、公司企业、基金会和相关人员表示衷心感谢，感谢他们为推进中国的政府创新和国家治理现代化所做出的努力与贡献。

俞可平

2019年9月20日于北京大学燕东园

目 录

第一章　中部地区五省地方政府创新可持续性研究报告

自2000年开始，北京大学中国政府创新研究中心联合中共中央党校政党研究中心和中共中央编译局比较政治与经济研究中心发起了两年一届的“中国地方政府创新奖”评选活动，截至2015年共举办了8届。中部地区安徽、河南、湖北、江西和湖南5省先后有18个地方政府创新项目获奖。为了解这些地方政府创新项目获奖之后的发展情况，探求地方政府创新可持续性，2016年8月至2017年7月，华中师范大学调研组对中部地区16个地方政府创新项目进行了跟踪调查。本报告在描述中部地区创新项目基本情况的基础上，对影响地方政府创新可持续性的因素进行了初步分析。

第一节　创新项目及调研情况

根据课题组的分工，我们主要承担中部地区安徽、江西、河南、湖北、湖南5省18个创新项目的跟踪调研。其中，安徽省3个，它们是舒城县干汊河镇政府“小城镇公益事业民营化”、芜湖市政府“利用网络实行政府与市民互动”、南陵县委县政府“农村公共建设‘三会四自一平台’治理模式创新”；江西省4个，它们是江西省民政厅“农村村落社区建设”、万载县委县政府“农村社会工作本土化的新模式”、江西省司法厅“创新安置帮教‘无缝对接’工作机制”、高安市委市政府“同类竞争，分类考核，打造效益政府”；河南省3个，它们是社旗县委“下访团”、焦作市委市政府“构建‘三级服务型政府’”、安阳市政协“思辩堂”；湖北省5个，它们是广水市委组织部“‘两票制’选举村党支部书记”、鹤峰县委“扶贫项目民营业主负责制”、秭归县委“‘撤组建社’探索村民自治新模式”、咸宁市咸安区委“乡镇行政管理体制改革”、武汉市武昌区政府“社会公益助推社会治理创新”；湖南省3个，它们是长沙市政府法制办公室“政府法制工作新路径”、长沙市委“市县乡政务公开”、湖南省妇联“农村妇女参与村级治理”（见表1-1）。

表1-1　中部地区创新项目基本情况

省份	项目组织者	项目名称	项目类别	层级	年度	届别	奖项
安徽（3个）	舒城县干汊河镇政府	小城镇公益事业民营化	社会管理	镇级	2003	2	优胜奖
	芜湖市政府	利用网络实行政府与市民互动	行政改革	市级	2005	3	入围奖
	南陵县委县政府	农村公共建设“三会四自一平台”治理模式创新	社会管理	县级	2015	8	优胜奖
江西（4个）	江西省民政厅	农村村落社区建设	社会管理	省级	2007	4	入围奖
	万载县委县政府	农村社会工作本土化的新模式	社会管理	县级	2011	6	优胜奖
	江西省司法厅	创新安置帮教“无缝对接”工作机制	社会管理	省级	2013	7	优胜奖
	高安市委市政府	同类竞争，分类考核，打造效益政府	行政改革	县级	2015	8	入围奖
河南（3个）	社旗县委	下访团	政治改革	县级	2001	1	入围奖
	焦作市委市政府	构建“三级服务型政府”	行政改革	市级	2003	2	入围奖
	安阳市政协	思辩堂	政治改革	市级	2011	6	入围奖
湖北（5个）	广水市委组织部	“两票制”选举村党支部书记	政治改革	县级	2001	1	优胜奖
	鹤峰县委	扶贫项目民营业主负责制	公共服务	县级	2001	1	入围奖
	秭归县委	“撤组建社”探索村民自治新模式	社会管理	县级	2005	3	入围奖
	咸宁市咸安区委	乡镇行政管理体制改革	行政改革	县级	2007	4	优胜奖
	武汉市武昌区政府	社会公益助推社会治理创新	社会管理	县级	2015	8	优胜奖

续表

省份	项目组织者	项目名称	项目类别	层级	年度	届别	奖项
湖南（3个）	长沙市政府法制办公室	政府法制工作新路径	行政改革	市级	2015	8	优胜奖
	长沙市委	市县乡政务公开	行政改革	市级	2001	1	入围奖
	湖南省妇联	农村妇女参与村级治理	社会管理	村级	2005	3	入围奖

在这些地方政府创新项目中，我们完成了其中16个创新项目的跟踪调研。焦作市创新项目由于主客观因素限制未能成行；江西省高安市创新项目，上海交大吴建南教授已派人前往调研。

由于调研的项目较多，我们采取分组行动的方式，各负其责完成各组调研任务。安徽组由吴理财教授带队，课题组一行4人于2016年8月15～18日，通过实地走访、调研座谈、问卷调查、单独访谈等方式，对舒城县干汊河镇、芜湖市、南陵县3个创新项目单位进行调研。从调研的情况来看，该省3个创新项目总体上还在延续，项目获奖以后仍在进行创新。

江西组由南昌航空大学周纯义老师带队，课题组一行4人于2016年8月17～21日，对江西省民政厅“农村村落社区建设”、万载县委县政府“农村社会工作本土化的新模式”这2个创新项目进行调研，走访了江西省民政厅、万载县民政局及都昌县民政局、都昌县两个村落社区。从调研的情况来看，江西省民政厅“农村村落社区建设”这一项目仍在延续，随着国家政策的变化，目前正在探索农村社区建设新路径；万载县“农村社会工作本土化”，由于当时的项目负责人调离万载县，这一项目基本上已停止。2017年7月5～7日，我们派出博士生刘建、刘磊和两名硕士生，对江西省司法厅“创新安置帮教‘无缝对接’工作机制”进行了跟踪调研，该项目仍在持续。

湖南组由吴理财教授带队，课题组一行4人于2016年8月31日到9月2日，对湖南省妇联、长沙市法制办、长沙市政务中心等创新项目单位进行了实地走访。从调研的情况来看，这3个项目总体上仍在延续。

河南组由博士生方坤带队，课题组一行4人于2016年8月23～26日，对社旗县委及安阳市政协等创新项目单位进行了走访调研。从调研的情况来看，这2个项目由于领导人更换已停止。

湖北省5个创新项目已全部做了跟踪调研。鹤峰县“扶贫项目民营业主负责制”项目，由博士生瞿奴春带队，课题组一行4人于2016年8月29～31日，分别走访了鹤峰县委、民政局及相关扶贫企业负责人。咸宁市咸安区委“乡镇行政管理体制改革”项目，由博士生梁来成带队，课题组一行4人于2016年11月12～14日，分别走访了咸安区委、区综改办及3个乡镇。秭归县“‘撤组建社’探索村民自治新模式”项目，由博士生方坤带队，课题组一行3人于2016年12月11～15日，对秭归县民政局及2个村落进行了调研。广水市“‘两票制’选举村党支部书记”项目，由博士生梁来成带队，课题组一行4人于2017年5月15～16日，在广水市委组织部同志陪同下到2个镇6个村进行了调研，并访谈了该项目负责人市委原组织部部长。武汉市武昌区“社会公益助推社会治理创新”项目，由博士生方坤带队，课题组一行4人于2017年6月15日、19日和22日，先后走访了武昌区民政局、社会组织孵化基地、粮道街同心圆社工站、南湖街社会创新中心和华锦社区，与有关人员进行了交谈。从调研的情况来看，湖北省5个项目还在延续（见表1－2）。

表1－2　中部地区创新项目跟踪调研情况

序号	项目名称	是否持续	调研员	调研时间
1	小城镇公益事业民营化（舒城县干汊河镇）	是	吴理财、庄飞能、吴侗、葛冬情	2016年8月15日
2	利用网络实行政府与市民互动（芜湖市政府）	是	吴理财、庄飞能、吴侗、葛冬情	2016年8月16日
3	农村公共建设“三会四自一平台”治理模式创新（南陵县委县政府）	是	吴理财、庄飞能、吴侗、葛冬情	2016年8月17～18日
4	农村村落社区建设（江西省民政厅）	是	周纯义、刘建、刘磊、王为、刘名涛	2016年8月17日
5	农村社会工作本土化的新模式（万载县委县政府）	否	周纯义、刘建、刘磊、王为、刘名涛	2016年6月18～20日
6	创新安置帮教“无缝对接”工作机制（江西省司法厅）	是	刘建、刘磊、魏久朋、杨刚	2017年7月5～7日

续表

序号	项目名称	是否持续	调研员	调研时间
7	下访团（社旗县委）	否	方坤、周卫、郭璐、高镜	2016 年 8 月 23～25 日
8	思辩堂（安阳市政协）	否	方坤、周卫、郭璐、高镜	2016 年 8 月 26 日
9	“两票制”选举村党支部书记（广水市委组织部）	是	梁来成、郭璐、徐兴兴、刘斌	2017 年 5 月 15～16 日
10	扶贫项目民营业主负责制（鹤峰县）	是	瞿奴春、刘磊、王为、徐兴兴	2016 年 8 月 29～31 日
11	“撤组建社”探索村民自治新模式（秭归县）	是	方坤、魏久朋、杨刚	2016 年 12 月 12～14 日
12	乡镇行政管理体制改革（咸宁市咸安区委）	是	梁来成、方坤、刘建、王为	2016 年 11 月 12～14 日
13	社会公益助推社会治理创新（武汉市武昌区政府）	是	方坤、王为、华雪婷、刘斌	2017 年 6 月 15、19、22 日
14	政府法制工作新路径（长沙市政府法制办公室）	是	吴理财、王前、刘建、刘名涛	2016 年 9 月 1 日
15	市县乡政务公开（长沙市委）	是	吴理财、王前、刘建、刘名涛	2016 年 9 月 1 日
16	农村妇女参与村级治理（湖南省妇联）	是	吴理财、王前、刘建、刘名涛	2016 年 8 月 31 日

在实地调研时，根据课题组统一要求，我们对调研项目实施了问卷调查，回收有效问卷 216 份（见表 1－3）。

表 1－3　完成问卷调查情况

	问卷数（份）	百分比（%）
安徽省舒城县干汊河镇小城镇公益事业民营化	15	6.94
安徽省芜湖市政府利用网络实行政府与市民互动	16	7.41
安徽省南陵县农村公共建设“三会四自一平台”治理模式	17	7.87
江西省民政厅农村村落社区建设	11	5.09
江西省万载县农村社会工作本土化的新模式	11	5.09
江西省司法厅创新安置帮教“无缝对接”工作机制	11	5.09
河南省社旗县下访团	10	4.63
河南省安阳市政协思辩堂	15	6.94

续表

	问卷数（份）	百分比（%）
湖北省广水市“两票制”选举村党支部书记	9	4.17
湖北省鹤峰县扶贫项目民营业主负责制	29	13.43
湖北省秭归县“撤组建社”探索村民自治新模式	15	6.94
湖北省咸安区乡镇行政管理体制改革	17	7.87
湖北省武汉市武昌区社会公益助推社会治理创新	14	6.48
湖南省长沙市县乡政务公开	11	5.09
河南省妇联农村妇女参与村级治理	15	6.94
合计	216	100.00

从调查问卷统计来看，在我们跟踪调查的这些地方政府创新项目中，6.13%的被访者是地方政府创新项目的主管者或发起者，35.38%的被访者是创新项目的合作者或参与者，30.66%的被访者是创新项目的实施者或执行者。这些被访者绝大多数是中共党员（占87.14%），平均年龄41岁，本科及以上文化程度近70%（见表1-4）。

表1-4　被访者的基本信息

类别		频数（人）	有效百分比（%）	类别		频数（人）	有效百分比（%）
角色	主管者/发起者	13	6.13	年龄结构	21~30岁	52	24.07
	合作者/参与者	75	35.38		31~40岁	49	22.69
	实施者/执行者	65	30.66		41~50岁	78	36.11
	其他	59	27.83		51~60岁	29	13.43
性别	男	156	72.22		61~70岁	8	3.70
	女	60	27.78	文化程度	小学	4	1.85
政治面貌	中共党员	183	87.14		高中/中专	23	10.65
	民主党派	1	0.48		大专	38	17.59
	群众	18	8.57		本科	115	53.24
	其他	8	3.81		研究生	36	16.67

注：角色和政治面貌部分数据缺失。

调研结束以后，我们要求每个项目调研组针对其调研的创新项目的可持续性情况撰写跟踪调查报告，目前已完成16份调研报告。

第二节　中部地区地方政府创新项目可持续性状况

总体来看，中部地区5省的地方政府创新项目大多数仍然在延续，但由于各种因素的复杂交织，地方政府创新项目后续发展情况呈现不同趋向。

地方政府创新可持续性具有狭义与广义之分，狭义的地方政府创新可持续性是指该项目在时间和空间意义上仍然存续，广义上的地方政府创新可持续性是指该项目扩展到其他地区并仍然存续（或许在本地已消亡或终结）。本报告主要采用狭义的地方政府创新可持续性概念。依据地方政府创新的存续状态及创新内容的变化，我们将地方政府创新可持续性划分为六种类型：完全消亡型、名存实亡型、逐渐衰减型、继续存在型、另起炉灶型、深化发展型（见图1－1）。

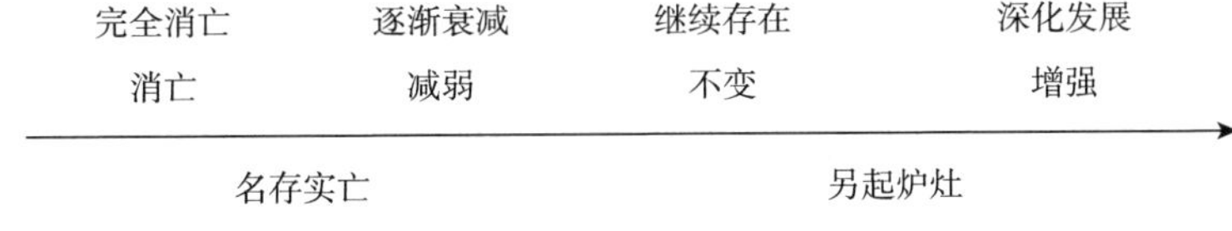

图1－1　地方政府创新可持续性的类型

其中，以时间为序，依据地方政府创新内容的存续状况，即是否消亡、减弱、不变、增强，将其可持续性划分为完全消亡型、逐渐衰减型、继续存在型、深化发展型等四种类型。此外，还有两种变异类型，即名存实亡型、另起炉灶型。名存实亡型介于完全消亡型与逐渐衰减型之间，这种地方政府创新尽管名称或形式上仍然存在，但其创新的实质内容却不再存在。所谓另起炉灶型，是指该地方政府仍然在某个领域进行创新，但其创新的思路和内容与之前同一领域的创新几乎无关（尽管名称或形式相同或相近）。

按照上述类型划分，“小城镇公益事业民营化”“利用网络实行政府与市民互动”“农村公共建设‘三会四自一平台’治理模式创新”“‘两票制’选村支书”“社会公益助推社会治理创新”“政府法制工作新路径”等6个地方政府创新项目属于深化发展型，表现出强劲持续创新势头；“扶贫项目民营业主负责制”“乡镇行政管理体制改革”“创新安置帮教‘无缝对接’工作机制”“市县乡政务公开”“农村妇女参与村级治理”等5个地方政府创新项目属于继续存在型，这些创新仍然具有现实意义；“杨林桥镇‘撤组建社’村民自治新模式”“农村村落社区建设”2个地方政府创新项目属于另起炉灶型，说明这些领域值得进一步探索创新；“下访团”项目属于逐渐衰减型，主要是由于地方基层治理方式发生了重大变化；“农村社会工作本土化的新模式”属于名存实亡型，“思辩堂”属于完全消亡型，这两类项目明显地表现出“人走政息”的特点。在中部5省16个地方政府创新项目中，深化发展型占37.5%，继续存在型占31.25%，另起炉灶型占12.5%，逐渐衰减型、名存实亡型、完全消亡型各占6.25%，换言之，在这些地方政府创新中，可持续性状况不错的占81.25%（见表1－5）。

表1－5　中部5省16个地方政府创新项目的持续性状况

创新层级	创新类别	创新项目	持续类型	可持续性
乡级	3	小城镇公益事业民营化	深化发展	+++
市级	2	政府利用网络实行政府与市民互动	深化发展	+++
县级	3	农村公共建设“三会四自一平台”治理模式创新	深化发展	+++
县级	1	“两票制”选村支书	深化发展	+++
县级	3	社会公益助推社会治理创新	深化发展	+++
市级	2	政府法制工作新路径	深化发展	+++
县级	3	扶贫项目民营业主负责制	继续存在	++
县级	2	乡镇行政管理体制改革	继续存在	++
省级	3	创新安置帮教“无缝对接”工作机制	继续存在	++
市级	2	市县乡政务公开	继续存在	++
省级	1	农村妇女参与村级治理	继续存在	++
县级	3	杨林桥镇“撤组建社”村民自治新模式	另起炉灶	+
省级	3	农村村落社区建设	另起炉灶	+
县级	3	下访团	逐渐衰减	-
县级	3	农村社会工作本土化的新模式	名存实亡	--
市级	1	思辩堂	完全消亡	---

注：1代表“政治改革创新”，2代表“行政改革创新”，3代表“公共服务与社会管理创新”。“+”“-”分别表示地方政府创新可持续性的“优”“劣”水平，+++表示创新可持续性为“最优”，---表示创新可持续性为“最劣”。

我们关于地方政府创新项目的持续类型的划分及其可持续性水平的描述，也得到了被访者对这些地方政府创新项目的未来发展信心打分的佐证（见表1－6）。经过加总，被访者对地方政府创新项目的未来发展信心分数约为8分（高达7.92分）。

表1－6　被访者对地方政府创新项目的未来发展信心打分

信心打分	频数（人）	有效百分比（%）
0	1	0.50
1	5	2.51
2	8	4.02
3	5	2.51
4	3	1.51
5	5	2.51
6	11	5.53
7	23	11.56
8	40	20.10
9	24	12.06
10	74	37.19
合计	199	100.00

注：10分代表最有信心，0分代表毫无信心。

从被访者对地方政府创新前景的态度来看，他们总体上持积极乐观的态度，看好地方政府创新（见表1－7）。

表1－7　被访者对地方政府创新前景的态度

态度	频数（人）	有效比（%）	赋值	分值
很乐观	66	32.0	2	0.64
比较乐观	110	53.4	2	1.07
有些悲观	8	3.9	－1	－0.04
很悲观	1	0.5	－2	－0.01
说不上来	21	10.2	0	0
合计	206	100.00		1.66

下面从这六种类型逐一对中部5省地方政府创新项目的可持续性进

行具体描述。

一 深化发展型

深化发展型是指地方政府创新项目从发起阶段开始一直持续到现在，并不断进行创新，创新的绩效也相对较好。

其中，有的地方政府创新在原有基础上做了修补、完善，有的地方政府创新在原有基础上做了进一步探索、深化，有的地方政府创新从一个部门或领域拓展到另一个部门或其他领域，因此，这类地方政府创新还可以进一步细分为完善型、深化型、拓展型三个子类型。按照这一划分，“小城镇公益事业民营化”“农村公共建设‘三会四自一平台’治理模式创新”“‘两票制’选村支书”属于拓展型；“政府法制工作新路径”属于完善型；“政府利用网络实行政府与市民互动”“社会公益助推社会治理创新”属于深化型。

（一）舒城县干汊河镇政府：小城镇公益事业民营化

2001 年 6 月以来，干汊河镇在小城镇公益事业建设与运营方面，通过采取特许权拍卖、合同承包、公开招标、政府补助等方式，先后在镇自来水厂建设与运营、集镇卫生保洁、幼儿园和小学建设与运营、公祭堂建设与运营、政府文印服务、有线电视服务和车辆管理等公益事业中进行民营化改革。2004 年获得第二届“中国地方政府创新奖”之后，该创新项目在公益事业领域不断探索和尝试，在十几年时间里已经形成了一种模式化运作，取得了一定的成效。

通过实行社会化和市场化改革，将竞争机制引入政府社会管理和公共服务中，引入民间资本，鼓励私营企业参与社会公益事业建设与运营，将公益事业建设与运营的理念、方法和机制引入政府体制改革过程中，取得了较好的效果。一是突破旧有观念和体制束缚，以群众实际需求为出发点；二是推动政府职能从直接投资者向监管者转变；三是将市场竞争机制引入小城镇公益事业建设中来。自 2001 年创建以来，尽管该项目由于宏观体制的束缚遇到了一定的困境，但这一项目一直在持续运转，并且不断拓宽其运营领域和范围。

（二）芜湖市政府：利用网络实行政府与市民互动

自 2003 年 1 月起，芜湖市政府尝试在市政府网站设立“市民心声”栏目，进行民意政府的探索和实践。2003 年 6 月增设“督查反馈”专栏，2005 年又增设“新闻督办”专栏，强化了政府的执行能力，自获得第三届“中国地方政府创新奖”之后，芜湖市建立了市民心声网，构建起“民意社区”互动平台。2010 年，市民心声网首个专题视频系列直播活动应运而生。此后几年，芜湖市在政府与市民互动机制建设上不断探索，畅通了市民诉求渠道。一是建立部门反馈的在线回复机制；二是建立民意征集的在线谋划机制；三是建立直接沟通的在线访谈机制；四是建立覆盖全市的媒体联动机制。为电子政务、网上办公奠定了良好的群众基础和技术基础。

该项目从 2003 年发起以来一直持续到今天，不断推陈出新。2003 年，芜湖市开设“市民心声”论坛；2005 年 11 月，“市民心声”改版为独立网站；2008 年，市政府办公室印发了“限时办结”的办法；2012 年，构建了市长信箱、市民心声、政务公开“三位一体”的网络联系平台。该项目得到时任省委书记、省长的肯定，安徽省其他一些地方借鉴芜湖模式建立了类似的互动交流网络平台，目前这种模式已经在全省政府网站中推广。

（三）南陵县委：农村公共建设“三会四自一平台”治理模式创新

该项目在小型农田水利项目建设的基础上，由南陵县政府组织牵头，县农改办具体负责，全面推进农村公共建设治理模式创新。该项目按照“一年试点、两年推广、三年覆盖”三步走的要求明确了 2012 年试点示范、2013 年全面推进、2014 年整体提升。自 2015 年获得第八届“中国地方政府创新奖”以来，该项目产生了明显的经济社会效益，实现了群众、社会、政府三方共赢。一是组建“三会”，即村民议事会、项目理事会和监事会；二是实行“自选、自建、自管、自用”的“四自”机制；三是实行“主体 + 多元”的资源整合平台，实现资源优化配置。南陵县按照“规划引领、集中投入、村民自建、民主管理、强化监督”的思路，推行“议事会”议事、“理事会”干事、“监事会”察事的项目运作机制。

早在2011年，该项目就已经开始探索，当时选取工山镇万安村中干渠综合治理、马仁村农田整理作为试点。2013年实施范围推广至美好乡村、农村道路、土地整理、农业综合开发和农村文教卫等涉农项目。2014年将此项改革成果全面运用到全县农村公共建设领域，取得了较好的成效，该项目至今仍在推进。随着当初主导这项创新的县委副书记李新宇调任繁昌县委副书记，这一创新也被推广到繁昌县。

（四）广水市委组织部：“两票制”选村支书

2001年《广水市“两票制”选任村党支部书记的实施办法》颁布实行，并进行试点；2002年广水市农村党支部换届，采用“两票制”选举；2005年、2008年、2011年、2014年4次农村党支部换届，均沿用“两票制”选举办法。10余年时间里，广水市“两票制”做出适应性调整，与“两推一选”制度和“村民代表制”结合，实行“群众投信任票、党员投选举票”选举村党支部书记的办法。具体而言，其操作程序是成立选举委员会、全体村民对有选举权的党员进行信任投票、党内选举、确定村支部书记。这一做法，实现了党内民主与人民民主的有机结合，加强了基层党组织建设，在一定程度上起到了密切干群关系、化解农村矛盾、拓宽用人视野的作用。

广水市规定在村党支部书记改（补）选、换届时一律采用“两票制”。该项目从2001年开始一直持续到现在。2008年之后，“两票制”在农村基层组织建设的其他领域也得到广泛应用，村支委成员推选、党员评议、新党员发展等均采用该办法。

（五）长沙市政府法制办公室：政府法制工作新路径

长沙市政府于2012年11月25日颁布全国首部规范政府法制工作的地方政府规章《长沙市政府法制工作规定》，并于2013年1月1日起正式施行。该规定创设了政府法制工作责任、行政决策法律审查、公众参与和专家论证、政府法制工作评议、依法行政考核等五大机制，规范了立法、规范性文件管理、行政执法指导与监督、行政复议应诉、政府合同审查管理等五项工作，强化了文化、队伍、经费、智力等四个保障，标志着长沙市政府法制工作从事前法律风险防范，事中法律过程控制，到事后法律监督保障实现了全方位规范，是法制机构组织立法在地方层面的首次有益尝试。

长沙市在全国率先推进法治实践创新工作，率先创设政府法制建设“白皮书”制度，率先开展法制文化建设。组织政府立法听证会，开展立法后评估和规章实施情况报告，组织依法行政讲评，建立行政司法互动机制，将依法行政单独纳入绩效考核。这一项目起到了规范行政权力运行、把好行政决策法律审查、有效化解社会矛盾纠纷、加强政府法制机构和队伍建设等作用。

该项目先后于 2014 年和 2015 年分别荣获“中国法治政府奖”和“中国地方政府创新奖”。2016 年，长沙市政府法制办新成立二级事业单位长沙市法律顾问中心，增加事业编制 10 名，同时制定《长沙市政府立法基层联系点工作规定》。这一创新目前主要在长沙市、县（区市）、乡镇（街道）层面推行。

（六）武汉市武昌区：社会公益助推社会治理创新

武昌区“社会公益助推社会治理创新”项目，源于武昌区创建“全国社区治理和服务创新实验区”。武昌区通过重点推进社区治理多元共治，丰富社区协商机制，完善“三社联动”“两工互动”机制，探索了社会公益助推社会治理创新的路径。

总体来看，“社会公益助推社会治理创新”项目的发展历程大致分为“搭建孵化平台，培育公益主体”“优化行政体系，让渡公益空间”“打造 DT 公益，推动公益模式变革”三个阶段。经过几年的社区建设和发展以及基层社会治理的实践与创新，理顺了区、街、社区之间的关系，增强了社区组织自主服务居民的意识，形成了“互联网 + 社区公益服务”模式，创新了社会治理工作评估督导体制机制，打造了“三社联动”社区组织服务平台，开创了“社工 + 义工”社区志愿服务形式，逐步形成了社会公益发展的“武昌模式”。

二 继续存在型

继续存在型是指地方政府创新项目从发起阶段开始一直持续到现在，但其创新的内容基本上没有变化，或者已经制度化（成为常规性要求）。

（一）湖北鹤峰县委：扶贫项目民营业主负责制

该项目在“八七”扶贫攻坚阶段（1994～2000年）就已经出现。随着国家扶贫战略从救济式扶贫向开发式扶贫的改变，2000～2006年，该项目迎来发展的春天，在县委县政府的高度重视下，鹤峰县十几家民营企业获得快速发展，民营企业参与扶贫工作的模式逐渐建立。2006～2009年，鹤峰县从社会实际需求出发，实行“政府引导、村民参与、项目带动”的扶贫模式。在2009～2013年脱贫奔小康阶段，为促进企业扶贫，鹤峰县政府创新了结对帮扶机制、土地流转机制、市场运作机制、以奖代补机制来推动民营企业扶贫。自2013年至今，在精准扶贫阶段，企业扶贫又进入另一个高峰期。

该项目主要是地方政府以民营企业为主体来推动扶贫工作，1995年鹤峰县的民营企业才开始发展，2001年获得第一届“中国地方政府创新奖”。此后地方政府不断出台各种政策来推动民营企业的发展，从最初的几家民营企业发展到2008年的几十家民营企业，并于2015年在鹤峰县内建立了三大工业园区。在当前精准扶贫的背景下，在政府的主导下企业成为扶贫工作的一支重要力量。该模式不仅在鹤峰县内得到积极推广，在恩施州其他地区也得到推广，成为武陵山区较有影响的扶贫模式之一。

（二）咸安区委：乡镇行政管理体制改革

从2000年春开始，咸安区出台了以乡镇行政管理体制改革为核心内容的一系列改革措施。2000～2002年，建立“五保合一”的保险体制，实行干部外派、合并乡镇人员分流的改革。从2002年12月到2003年3月，进行了以乡镇党政领导“交叉任职”、建立乡镇“三办”和以“两票推选、竞争择优”为内容的乡镇政府体制改革。从2003年6月开始了以乡镇“七站八所”转制、组建农村服务实体和建立“以钱养事”的三农服务机制为内容的乡镇站所改革。从2004年4月开始了以乡镇站所人员置换身份、办理基本养老保险为内容的乡镇站所深化改革。从2004年8月开始乡镇机关、财政所、区直延伸派驻单位人员的定编定岗、分流富余人员的改革。2008年，乡镇行政管理体制改革达到高潮。

该项目虽然一直持续到现在，但经过了大起大落，目前处于一种自然发展的状态。该项目自2000年开始就在咸安地区进行改革，在2001～2005年进行了不同内容的改革，其改革的成效得到高度的认可，在2008年时改革达到高峰阶段。总体来看，目前这一项目仍然在坚持探索，在一些领域取得了较好的效果。但自2010年以来，这一创新项目在一些领域由于改革配套措施不完善，也备受政界、学界、基层、媒体的争议。尽管如此，该项创新得到时任湖北省委书记俞正声的高度肯定，在湖北全省得以推广。安徽、江西、四川、河南等部分地区也有借鉴湖北改革经验，进行类似改革。

（三）江西省司法厅：创新安置帮教“无缝对接”工作机制

2009年，江西省司法厅出台了《关于建立监所与社会无缝对接机制，加强预防刑满释放、解除劳教人员重新违法犯罪工作的若干意见》，通过创新安置帮教制度，在全国实现了“六个第一”：第一个在全国研发建设了“全省刑释解教人员安置帮教数据库”；第一个在全国建立了监所与社会无缝对接机制；第一个在全国落实了服刑在教人员职业技能培训经费；第一个在全国落实了人员接送、半年生活困难补助和企业过渡安置补助经费；第一个在全国出台对刑释解教人员全部由村（居）陪同亲属接送制度；第一个在全国建立监所、司法局与企业共建安置帮教基地机制。

总体来看，该项目先后经历部门衔接、政府社会衔接两个阶段。在前一阶段，依托信息化这一媒介，探索安置帮教过程的“信息衔接、全员接送、过渡安置及就业扶助”相互衔接，实现了安置帮教工作流程中政府体系的无缝对接。在后一阶段，通过构建政府与社会的互动机制，探索政府与社会在安置帮教过程中的无缝衔接。通过政府与社会的有效合作，这一项目目前具有较强的创新动力。2010～2016年，江西省刑满释放人员出监所接送率由70.85%上升至99.98%，帮教率由90.7%上升为96.2%，就业安置率由92.44%上升至98%，全省刑满释放人员重新违法犯罪率连续六年持续下降，公众安全感及社会满意度持续上升，有力保障了社会和谐稳定。江西省司法厅这一安置帮教的创新模式被中央政法委采纳，并在全国推广，目前许多省份都在借鉴江西省安置帮教的经验。

（四）长沙市委：市县乡政务公开

早在1989年长沙市就提出了政务公开工作要规范化、制度化，杜绝政务公开的形式化。1995年，湖南省展开了政务公开的试点工作，浏阳市被列为湖南省试点市，由此开始了政务公开的创新探索。2003年，长沙市正式成立长沙市人民政府政务中心，与市政务公开领导小组办公室合署办公，全面负责长沙市政务公开工作和本级政务服务大厅的组织、管理、协调、服务及监督。2007年以来，长沙市政务公开进入深入推行阶段。2011年，长沙市政府门户网站成为政府信息公开的第一平台。自2013年始，长沙市对全市184个乡镇（街道）政务服务中心进行了标准化建设，2015年长沙市政务公开实现了从市县乡村四级联动到部门联动，引入第三方评估监督机制，此后长沙市政务公开进入实质性发展轨道。

从时间跨度来看，该项目自2000年以来一直持续到现在。在十几年的时间里，该项目不断自我调适，增强了生存能力。从2003年开始，长沙市建立了市、县（区市）、乡镇（街道）、村（社区）三级平台四级联动的政务服务体系。该项目从2007年开始，进入深入推广阶段，并不断探索电子政务新形式，2013年长沙政务微博在新浪微博正式开通，2014年政务微信正式开通，2015年长沙市政务办制定了《长沙市重点领域政府信息公开工作任务分解表》，强化了各个责任单位的责任落实，不断提升长沙市重点领域政府信息公开专业化、法制化水平。从空间来讲，该项目主要在长沙市、县（区市）、乡镇（街道）、村（社区）推行。

（五）湖南省妇联：农村妇女参与村级治理

湖南省妇联于2001年联合发起了“农村妇女参与村级治理”项目，

该项目主要是为了保障妇女在村庄治理实践中的政治参与权利，发挥她们在农村治理中的作用。从2001年正式启动以来，基本形成了“政策创新、机制创新、宣传创新、培训创新”的内容体系，发展出农村妇女参与村级治理的“四位一体”创新模式。

该项目的创新主要包括以下三个方面。一是制度创新。2000～2014年，先后出台了5个文件来保障妇女权益，保障女村主任占有一定的数量，增大妇女村民代表的比例。二是组织创新。省委组织部、省民政厅和省妇联建立三方联动机制，推动农村妇女进村“两委”。三是方法创新。以全方位的宣传、多种形式的培训，增强妇女参与村级治理的能力。自2014年以来，湖南省女村民代表达460133人，占32%；村党组织班子女干部23943人，占19.5%；村委会成员共132708人，女委员43145人，占32.7%；女村主任1586名，女村党支部书记2005名，女性村两委“一把手”比例达6.7%，妇女进村“两委”的比例达99.5%。

该项目于2005年荣获第三届“中国地方政府创新奖”，并一直持续到现在。其后续发展，主要是对前期做法的深化、拓展与推广，体现了较强的创新延续性。2011年湖南省委组织部、省民政厅与省妇联联合下发的《关于提高女性在村级组织选举中当选比例的指导意见》和2014年湖南省民政厅、省妇女联合会联合下发的《关于依法保障女性在全省第九次村民委员会换届选举中当选的指导意见》切实保障了农村妇女参与村级治理的政治权利，项目效果显著。湖南农村女性在村委会中的比例、村“两委”女性“一把手”占比，位居全国前列。此外，湖南省妇联通过实施该项目还提升了自身的影响力，不仅各级妇联成为各级政府村委会选举领导小组的法定成员，而且妇联的相关建议写入了湖南省相关地方性法规。

三 另起炉灶型

另起炉灶型是指原来的地方政府创新项目并未终止，却在同一个领域内以不同的思路进行了新的探索和创新，不管后者与前者有多少联系，一般都会形成新的创新项目名称以区别于前期的创新项目。

（一）秭归县政府：杨林桥镇“撤组建社”探索村民自治新模式

2003 年，秭归县从农村工作实际出发，大胆探索，在杨林桥镇开展农村社区建设试点，探索出“村委会—社区理事会—互助组—农户”的村民自治新模式。具体而言，就是再造村民自治的组织结构，撤销原有村民小组，建立新型的农村社区。按照“地域相近、产业趋同、利益共享、规模适度、群众自愿”的原则，确定社区的辖域与规模。群众直选产生理事会，创新村民自治运行机制，建立“社区内自治、社区间联合自治、以村为单位整体自治”的三层自治架构。2004 年，秭归县在全县推广杨林桥镇农村社区建设模式，到 2009 年全县 186 个村全部撤销村民小组，组建了 1511 个农村社区。

该项目成为我国农村社区建设初期探索的一种典型模式。2012 年，秭归县又开始推行“幸福村落”建设。2014 年 11 月，秭归县被确定为全国第二批农村改革试验区，“幸福村落”建设被确定为全国农村改革试验项目，并且“幸福村落”创建工作荣获“首届中国社区治理十大创新成果奖”，秭归县“幸福村落”创建工作得到了国家层面的认可和肯定，并在一些地区得到推广。需要指出的是，“幸福村落”建设尽管也是农村村民自治、农村社区建设的一种形式，但与之前的“杨林桥模式”并无多大联系。

（二）江西省民政厅：农村村落社区建设

江西省是全国最早进行农村社区建设探索的省份。2001 年，江西省一些地方就开始尝试建设农村社区，但 2001 ~ 2003 年，建设的重心主要在行政村一级，还没有“村落社区”的提法。2003 年之后，江西省将农村社区建设的着力点转向自然村，积极开展以“一会五站”为模式的农村村落社区建设，并在 100 个自然村进行试点。到 2008 年底，全省已有 3 万个自然村落开展了社区建设。2009 年之后，农村村落社区建设不断发展，探索了“中心 + 村落”建设的新模式。2012 年后，江西省部分地区开始推进“农村社区建设实验全覆盖”创建工作。通过民主选举产生以“五老”（老党员、老干部、老模范、老教师、老战士）为主体的村落社区志愿者协会。协会下设社会救助站、卫生环境站、民间纠纷调解站、文体活动联络站和科技信息传递站。协会在村“两委”指导下，依托“五站”组织村民参与村落事务。

这一创新项目提高了村民参与社区事务的积极性，推动了农村公益事业的发展，营造了健康向上的文明新风，重建了农村和谐互助的人际关系，推动了农村民主政治的发展。该项目一直持续到现在，并根据农村社区建设的具体问题探索出了新模式。该项目经历了两次转变，第一次转变实现了农村社区建设重心下沉到自然村层面，但“村落社区”提出后，由于“村落社区”的法律地位不明确、“农村村落社区志愿者协会”性质模糊，进行了第二次转变，要求将行政村纳入农村社区建设，进而形成江西省当前正在实行的“中心+村落”模式。该项目目前主要在九江市和南昌市推行。2015 年 5 月，中共中央办公厅、国务院办公厅在印发的《关于深入推进农村社区建设试点工作的指导意见》中要求，“在行政村范围内”开展农村社区建设，随后各地基本上统一以“行政村”为单位建设农村社区。

四 逐渐衰减型

逐渐衰减型是指地方政府创新项目虽然仍在延续，但在其后续的发展中，由于各种因素的影响，创新项目面临动力不足或者无所适从的尴尬局面，创新项目的制度绩效处在不断衰减之中。

“下访团”的提出，既是社旗县当时严峻信访形势“倒逼”的结果，也是县委书记为社旗“理思路、谋发展”的重要举措。该项目的运行分四个时期：1995～1997 年，“下访团”主要作为全民素质教育活动的一个重要方式而展开；1998～2001 年，“下访团”作为社会治安综合治理的主要方式；2002～2005 年，随着县委书记的离任，“下访团”集中“下访”归于沉寂；2006 年至今，“下访”成为县乡各级政府机关信访工作中的一种常态化方式（但并不是主要的方式）。“下访团”的目标定位是“政策法规的宣传队”“社情民意的服务队”“重大问题的督导队”，由“下访团”、“下访分团”和“巡访团”构成，实行“千人兼职大下访”、“百人专职下访团”和“十人巡访团”的运作机制。由此，建立了领导下访制度，实行不定期集中下访，建立村级信访调处制度。

该项目从发起之日起一直持续到现在，但中途经历了两个时期，其也发生了相应的变化。1995～2005 年为第一个时期，项目经历了发起、发展、停滞阶段，其内容也不断变化。其中，1995～1997 年，项目的重点在于教育群众、强化信访、稳定社会、促进发展；1998～2001 年，重在排查不安定因素，发现和化解矛盾，维护全县稳定发展的大局；2002～2005 年，由于县委书记离任，该项目归于沉寂。2006 年至今为第二个时期，在县委县政府的推动下，“下访团”变为领导干部“下访”制度，再次回到各级单位的信访工作中来，但与以往驻村蹲点形式不同，“下访”主要采取领导干部每月下访和全县不定期集中下访相结合的方式。从空间上看，该项目主要在社旗县进行。

五　名存实亡型

名存实亡型是指地方政府创新项目在持续一段时间后，出于某种原因，项目缺乏足够的动力机制，最终项目在形式上仍然存在，但实际上已经终止了。

自 2007 年万载县被确立为全国首批社会工作人才队伍建设试点以后，在时任县委书记陈晓的力推下，万载县迅速开展了轰轰烈烈的农村社会工作的探索实践。这一项目经过了政策试点、政策扩散及政策再调整几个阶段，在项目的前期初步建立了农村社会工作常态化、制度化机制，探索出了“社工＋从工＋义工”联动的万载县农村社会工作本土化模式。但由于这一项目过度依赖时任县委书记及县委县政府的支持，在 2013 年万载县完成民政部社会工作人才队伍建设的试点工作任务以后，由于时任县委书记调离万载、政府财政投入不足等，万载县轰轰烈烈的农村社会工作创新项目逐渐“沉寂”。据我们实地调查，目前这一项目基本上消亡了。由于该项目前期影响力比较大，在县域部分地区仍有该项目的影子。不过，其他一些地方也有类似做法，但是否借鉴这一项目的创新经验却难说。

六　完全消亡型

完全消亡型是指地方政府创新项目经过一段时间以后，由于各种原因项目突然终结，最终表现为无论是在形式及内容上还是时间和空间上项目都彻底消失了。

2010年始，河南省安阳市政协开始探索运用“论辩”方式协商议政，并推出了“思辩堂”这一创新项目，旨在创新协商民主方式，为公民有序参与政治提供平台。“思辩堂”采取调查研究、确定辩题、组织对辩和成果转化的运作方式，吸收省市政协委员、民主党派、政府有关部门和相关行业人员、市委市政府领导、普通群众共同参与，各层次代表共同围绕一个议题进行质询、建言，市党政领导现场听取建言并指导决策，在实践过程中收到了较好成效。从2010年9月17日到2012年10月，“思辩堂”先后举行了5期。2011年该项目获得第六届中国地方政府创新奖，但也正是在此时，“思辩堂”开始遭遇危机。整个2012年上半年，“思辩堂”未再举行。在2012年9~12月的过渡期，安阳市政协于10月31日举办了题为“职业教育与基础教育”的最后一期“思辩堂”辩论活动。2013年以后“思辩堂”完全终止。

第三节　地方政府创新可持续性的主要因素

在初步描述中部地区5省地方政府创新项目可持续性状况的基础上，比较不同项目的发展情况，有利于更深刻地理解地方政府创新可持续性的内在规律，进而探求地方政府创新可持续性的影响因素。

调查问卷统计显示，被访者认为影响地方政府创新可持续性的因素主要是：①是否上升为制度，②项目的绩效，③上级政府的支持（见表1-8）。

表1-8　地方政府创新可持续性的影响因素

	频数（次）	有效百分比（%）
已经上升为制度	82	42.93
因实际效果好获得干部群众的大力支持	62	32.46
其他	8	4.19

一　制度化程度

从根本上来说，地方政府创新是一项制度建构过程。一旦这项政府创新成果上升为一项制度，它就会持续运行下去，甚至成为一个常态工作规范。前述深化发展型和继续存在型地方政府创新项目的最终成果几乎全部转化为当地的一项制度。有的创新成果还被更高层级政府所采纳，并在更大范围推广，譬如咸安区“乡镇行政管理体制改革”，被湖北省委省政府采纳在全省推广。这些类型的地方政府创新项目均具有良好的可持续性。

作为一种制度建构的过程，地方政府创新要么内生于原有体制机制，在既有体制内发育、成长起来，要么引入或设计一项新的体制机制，嵌入既有的体制机制之中，与之相容。前者相对于后者更容易制度化，并保持较好的可持续性。此外，对于内生式地方政府创新而言，制度化程度又主要取决于其重组、整合能力；对于外嵌式地方政府创新而言，制度化程度又主要取决于其嵌入、兼容能力。例如，舒城县干汊河镇的“小城镇公益事业民营化”，是时任镇党委书记曹前长将其在其他乡镇工作的创新经验引进到干汊河镇自来水厂建设与运营、集镇卫生保洁、幼儿园和小学建设与运营等公益事业中，具有较好的兼容性。芜湖市“政府利用网络实行政府与市民互动”、南陵县“农村公共建设‘三会四自一平台’治理模式创新”具有较高的整合性。

不过，制度的建构并不是万能的，在加强制度建设的同时，还需要强化制度的执行力，形成路径依赖，保障该项制度不因为创新者的调离而“人走政息”。尽管各个创新项目都进行了不同程度的制度化，但项目的可持续性却需要制度执行的配合，才能显示出制度效果，使之被人们所接受、认同。如果在项目发展后期制度执行不力，极可能导致该项制度“脱嵌”“悬浮”，那么这项地方政府创新在经历轰轰烈烈的“运动”以后，最终也难以避免“其兴也勃焉，其亡也忽焉”的命运。

二　社会需求契合度

自改革开放以来，社会转型导致各种社会矛盾不断凸显，地方治理呈现日益复杂化的局面，应对社会转型带来的负面效应成为各级政府的一项重要任务。通过实地调研发现，不少地方政府创新项目的出现，基本上是为了回应特定的社会问题，具有一定的社会需求。一般而言，社会需求愈强烈地方政府创新的紧迫感和面临的压力愈大，从而形成社会问题倒逼地方政府创新的现象。这类问题倒逼地方政府创新形成的制度，一般具有较高的社会需求契合度。不过，社会需求契合度高不代表创新的制度必然会持续，一种可能的现象就是有些社会问题一旦通过地方政府创新加以解决后不再出现，或者不再突出、紧迫，它就可能影响与之相关的地方政府创新的可持续性。例如，社旗县“下访团”，虽然解决了一时突出的社会矛盾问题，却也因为社会矛盾的缓解而难以持续。

也有的地方政府创新，因为不断地回应社会需求而保持良好的可持续性。随着社会进步，人们的某些社会需求往往不断升级，从而倒逼与之相应的政府创新随之提质增效。以长沙市“市县乡政务公开”这一创新项目为例，20 世纪 90 年代长沙市就积极探索政务公开，在 2001 年获得“中国地方政府创新奖”。由于时间较久，这一项目的实施者已经退休，以致课题组在长沙市调研时，长沙市政务中心现任负责人才知道曾获得此奖项。政务公开作为我国服务型政府构建的重要体现，也是社会各界十分关注的问题，在国家政策推动及湖南省委省政府的大力支持下，长沙市持续进行创新，目前已引入第三方评估机制来推动各级政府及其部门的政务公开工作，目前这一项目已经从“被动性创新”转向“自主性创新”。

有的地方政府创新并非直接回应当地的（紧迫）社会需求，主要是响应上一级政府的工作（试点）要求。这一类地方政府创新，由于缺乏本地需求的迫切性压力，更容易“人走政息”，甚至“翻盘”（尽管创新之时成效突出），万载县“农村社会工作本土化”就是代表。这类地方政府创新，往往带有个人主观性、自上而下推动、运动式、动员性等典型特点。总之，具有较好可持续性的地方政府创新，均能有效回应或对接地方性社会需求。

三　上级政府的支持

自改革开放以来，在国家与社会关系适度分离的背景下，社会转型导致了新的社会治理问题的出现，为回应社会治理的新问题，中央政府通过有选择性地向地方政府赋权来引导地方政府创新治理手段，地方政府获得了一定的创新空间。但在这一结构化的空间之中，不同层级的地方政府，创新的动力及可持续性呈现不同的面向。

从创新层级来看，省级3个、市级5个、县级9个、乡级1个，市县级政府作为地方政府创新的主力，呈现明显的橄榄型的态势。从创新的层级分布来说，省级政府及乡级政府创新的主动性比市县级低。这是由于省级政府尽管行政自主性较强，但由于其辖域面积较广，政策创新的各种成本均较高，所以创新数量相对较少；而乡级政府作为我国行政体系的末端，一是组织不够完备，二是缺乏行政力，三是掌握的资源少，在实际的运作中，乡级政府更像是县级政府的派出机构，因此它的创新自主性最弱。相对于省级政府，市县两级政府无论是公共政策的执行还是公共服务的落地，均发挥着关键性作用。也正因为如此，它们对政策执行和提供公共服务中存在的突出问题更加敏感。与此同时，（在现有压力型体制下）它们又必须直面这些突出的社会问题，导致其回应性更强。相对于乡级政府，市县两级政府掌握一定的资源和行政权力，具备较强的创新行动能力。此外，市县两级政府的创新成本相对省级政府低了很多，尤其是其社会、政治成本更低，即便创新失败也不至于引起大的社会震荡。

在省、市、县、乡四级政府中，市县两级政府创新的活跃度相对较高，但是这并不表示市县级政府创新的可持续性水平也较高。从调查来看，地方政府创新可持续性水平相对较弱的恰恰是市县级政府。我国行政体系是一种垂直覆盖式的权力结构，县市两级政府直接受制于中央和省级政府的政策或人事影响。例如，湖北省秭归县“杨林桥镇‘撤组建社’村民自治新模式”、江西省“农村村落社区建设”这2个地方政府创新项目，之所以会另起炉灶，主要是受到国家政策变动、人事变化的影响。河南省安阳市政协“思辩堂”、社旗县委“下访团”和江西省万载县“农村社会工作本土化”3个地方政府创新项目之所以不可持续，更主要是因为人事变动（见表1-9）。

表 1－9　受人事/政策影响的地方政府创新项目

创新项目	持续类型	主要原因
秭归县“杨林桥镇‘撤组建社’村民自治新模式”	另起炉灶	创新主导者更换，国家政策变化
江西省民政厅“农村村落社区建设”	另起炉灶	创新主导者调离，国家政策变化
社旗县委“下访团”	逐渐衰减	创新主导者调离
江西省万载县“农村社会工作本土化的新模式”	名存实亡	创新主导者调离
河南省安阳市政协“思辩堂”	完全消亡	创新主导者被查

问卷调查显示，对于地方政府创新项目被终止，22.22% 的被访者将之归因于创新项目主要负责人调动，20% 的被访者认为是上级政府叫停项目，只有 15.56% 的被访者认同自行终止（见表 1－10）。由此可见，市县级政府的创新是否得到上级政府的支持（或直接或间接）将会直接决定其可持续性。

表 1－10　被访者认为地方政府创新终止的主要原因

终止原因	频数（次）	有效百分比（%）
自行终止	14	15.56
负责创新项目的主要领导变动	20	22.22
上级叫停该项目	18	20.00
其他	38	42.22
合计	90	100.00

进而言之，决定市县级政府创新项目命运及其可持续性的主要是省级政府，因为它们直接对省级政府负责。并且，市县级政府负责人的人事也主要由省级党委政府决定。问卷分析亦表明，地方政府创新可持续水平与其所在省份具有较高相关性（Pearson 相关系数达 －0.629，且其显著水平 $p \leq 0.01$）。

从调查来看，地方政府创新的层级越高，创新的可持续性也越强。在中国政治结构的影响下，层级高的政府（特别是省级政府）掌握的治理资源较多，在政治体系中的自主性较强。特别是以省级政府为单位的创新项目，可持续性的强度明显高于市县乡镇层级，其制度化程度也较高，项目负责人调离或者退休以后，创新项目一般不会出现“人走政息”

的困境，较低层级政府的创新被较高层级政府肯定及采纳以后，其创新的可持续性也明显增强。从中部地区3个省级创新项目来看，湖南省妇联“农村妇女参与村级治理”、江西省民政厅“农村村落社区建设”及江西省司法厅“创新安置帮教‘无缝对接’工作机制”都运转较好，并且在制度化及可持续性创新等层面都具有代表意义。

四 政策或体制合法性

在现有体制下，与国家政策或体制的契合度也是影响地方政府创新项目可持续性发展的一个主要变量。也就是说，地方政府创新的可持续性窍门是“合法性承载”，具体可分为政治合法性、政策合法性和法律合法性，合法性承载越高，越能获得上级政府的支持（包括政治上、资源上的支持），或者获得更高层级政府的采纳、推行，且更容易（上升为高一级政府的政策）被制度化。如咸安区“乡镇行政管理体制改革”通过探索“以钱养事”为核心的农村治理新机制，取得相对较好的成功经验以后，得到湖北省委省政府的认可，随后在全省推广实施。而在任何一个层面的合法性不足或者存在缺陷都会导致创新项目的停止。

第四节 “创新生态”影响地方政府创新可持续性

可持续性是地方政府创新成功的重要表征。一项地方政府创新项目要取得成功，需要具备哪些条件呢？这是一个值得探索的问题。

对于这个问题，此次调查问卷专门设计了一道开放性问题。在216份回收的问卷中，有86位被访者对这个问题作答，我们对回答逐一进行了整理、分类。从初步统计来看，被访者关于地方政府创新的成功条件的回答非常多元，多达40余个（见表1－11）。

表1－11 被访者认为地方政府创新成功应具备的条件

频数（次）	条件
54	（1）领导重视、支持

续表

频数（次）	条件
45	(2) 民众支持、认可
23	(3) 经费支持
17	(4) 政府支持
14	(5) 客观需要、民众需求
13	(6) 实效
10	(7) 制度保障
9	(8) 政策支持、配套；(9) 符合实际规律；(10) 创新（发起）者个人魅力、素质；(11) 可行性
7	(12) 干部支持、理解、共识
6	(13) 群众参与；(14) 人力资源支持；(15) 形成制度（制度化）；(16) 部门联动、合作
5	(17) 科学规划、设计；(18) 持续性
4	(19) 外在社会环境；(20) 措施得力；(21) 党员参与、认可；(22) 试点、总结、推广；(23) 舆论宣传
3	(24) 有效、长效机制；(25) 监管；(26) 企业参与、担当；(27) 参与（实施）者能力；(28) 政府推动、引导；(29) 与时俱进（适应时代要求）
2	(30) 社会参与；(31) 符合制度、法律（合法性）；(32) 单位有能力；(33) 平台、机构（支撑）；(34) 村两委团结、有战斗力
1	(35) 领导思想方式转变；(36) 经验学习借鉴；(37) 不仅自上而下推进，自下而上也打通；(38) 创新的思路；(39) 理论基础；(40) 行政基础；(41) 公正公开；(42) 上下的培育；(43) 深入实践，不断探索论证，推广；(44) 项目参与方、管理方、受益方等配合；(45) 政策激励机制

对这些条件进行因子分析，所提取的解释因子也有 22 个（解释方差量为 73.50%）。即便忽略表 1－11 中频数小于 3 的条件进行因子分析，提取的解释因子仍然有 13 个（解释方差量为 65.13%）（见表 1－12）。

尽管被访者所给出的成功条件多种多样，但稍加分析不难发现，其中绝大多数是外在条件，例如，“领导重视、支持”“民众支持、认可”“政府支持”“经费支持”“客观需要、民众需求”“制度保障”“政策支持、配套”等。这些外在条件，构成了地方政府创新及其持续运行的生态环境，我们称之为“创新生态”。一般地，具有良好创新生态的地方政府创新，往往可以获得成功，并能持续运转下去。相反，创新生态不稳定甚至恶化，很容易导致一项地方政府创新难以持续甚至夭折。

表 1－12　旋转后的因子矩阵

	因子												
	1	2	3	4	5	6	7	8	9	10	11	12	13
持续性	0. 839	－0. 055	－0. 037	－0. 058	－0. 025	－0. 023	－0. 027	－0. 073	－0. 021	－0. 025	0. 004	－0. 010	－0. 050
与时俱进（适应时代要求）	0. 796	－0. 017	－0. 054	－0. 002	－0. 015	－0. 050	－0. 002	0. 015	0. 021	0. 065	0. 005	－0. 048	0. 028
可行性	0. 402	0. 060	0. 348	－0. 248	－0. 041	0. 062	－0. 108	－0. 078	－0. 156	0. 192	0. 320	0. 397	－0. 111
参与（实施）者能力	－0. 035	0. 717	－0. 027	－0. 138	0. 020	－0. 098	－0. 080	0. 004	0. 006	0. 127	－0. 178	－0. 108	－0. 081
外在社会环境	0. 004	0. 688	－0. 070	0. 251	－0. 027	0. 321	0. 209	－0. 017	－0. 114	－0. 119	－0. 016	0. 040	0. 086
科学规划、设计	－0. 091	0. 480	－0. 051	－0. 081	0. 470	－0. 110	－0. 078	－0. 094	0. 050	－0. 316	0. 093	0. 030	－0. 171
领导重视、支持	－0. 097	0. 464	0. 117	0. 092	－0. 373	－0. 141	－0. 163	－0. 023	0. 130	0. 136	0. 403	－0. 184	0. 315
舆论宣传	－0. 035	0. 013	0. 805	0. 061	－0. 027	0. 015	－0. 066	－0. 045	－0. 076	0. 095	0. 121	0. 116	－0. 044
部门联动、合作	－0. 078	－0. 084	0. 661	0. 161	0. 021	－0. 090	0. 018	0. 017	0. 036	0. 015	－0. 095	－0. 211	－0. 030
人力资源支持	－0. 022	0. 053	0. 133	0. 768	－0. 012	－0. 010	－0. 001	－0. 070	－0. 047	0. 018	0. 076	0. 139	－0. 012
经费支持	－0. 136	－0. 144	0. 079	0. 568	－0. 197	－0. 166	－0. 134	－0. 101	－0. 036	0. 244	0. 026	－0. 182	－0. 233
政策支持、配套	－0. 013	0. 010	0. 232	0. 405	0. 380	0. 261	－0. 071	－0. 043	0. 315	－0. 163	－0. 107	0. 156	0. 207
试点、总结、推广	－0. 015	－0. 014	0. 016	－0. 021	0. 737	－0. 038	－0. 003	0. 028	－0. 009	0. 108	－0. 072	－0. 080	－0. 001
社会（力量）参与	－0. 043	0. 032	－0. 055	－0. 007	－0. 056	0. 847	0. 097	－0. 036	－0. 062	0. 046	0. 012	－0. 043	－0. 049
党员参与、认可	－0. 060	－0. 121	0. 033	－0. 118	0. 083	－0. 153	0. 776	－0. 049	－0. 017	0. 035	0. 061	－0. 002	－0. 041
政府推动、引导	0. 006	0. 141	－0. 089	0. 045	－0. 096	0. 263	0. 736	0. 009	0. 113	0. 063	－0. 002	－0. 020	－0. 019
措施得力	－0. 023	－0. 016	－0. 089	－0. 007	0. 018	－0. 035	－0. 040	0. 738	－0. 022	－0. 012	0. 025	0. 195	－0. 139
监管	－0. 032	－0. 034	0. 030	－0. 106	－0. 025	－0. 018	－0. 007	0. 719	－0. 058	－0. 083	0. 024	－0. 107	0. 027

续表

	因子												
	1	2	3	4	5	6	7	8	9	10	11	12	13
形成制度（制度化）	-0.062	-0.070	-0.157	-0.025	-0.022	-0.020	0.090	-0.010	0.731	0.144	0.036	0.080	0.075
有效、长效机制	-0.070	-0.113	0.023	-0.175	0.055	0.512	-0.194	-0.037	0.522	0.055	0.017	-0.093	-0.056
政府支持	-0.189	-0.269	-0.243	-0.057	0.103	0.176	-0.138	0.154	-0.502	0.154	-0.084	-0.042	0.134
客观需要、民众需求	-0.061	0.043	-0.035	-0.002	-0.065	-0.029	-0.053	0.220	-0.046	-0.779	0.050	-0.003	0.043
符合实际、规律	0.006	-0.141	-0.143	-0.161	-0.007	-0.058	-0.077	-0.349	-0.113	-0.530	-0.007	-0.037	-0.255
实效	-0.093	0.165	-0.087	-0.141	0.160	-0.076	-0.085	-0.161	-0.182	0.176	-0.701	0.128	0.078
群众参与	-0.093	-0.071	-0.107	-0.156	0.495	-0.060	0.120	-0.142	-0.253	0.080	0.536	-0.004	0.113
干部支持、理解、共识	-0.044	-0.082	-0.095	0.144	-0.031	-0.057	-0.027	0.107	0.086	-0.021	-0.133	0.800	0.053
民众支持、认可	-0.319	-0.113	0.070	-0.332	-0.328	-0.140	0.127	-0.132	0.050	0.102	0.124	0.408	-0.028
创新（发起）者个人魅力、素质	-0.065	-0.048	-0.167	-0.041	0.014	-0.107	-0.106	-0.099	0.025	0.110	0.048	0.084	0.782
制度保障	-0.109	0.017	-0.316	0.163	0.048	-0.135	-0.159	0.004	0.077	0.215	0.347	0.171	-0.496

注：提取方法：主成分；旋转法：Kaiser 标准化的正交旋转法。

其中，上级领导重视或上级政府支持（包括政策支持、配套，经费支持）是影响地方政府创新成功及可持续性的关键性变量，是地方政府创新生态的“决定要素”。在现行的压力型体制下，体制庇护是地方政府创新可持续性发展的重要外在支撑条件，地方政府创新的可持续性及合法性主要取决于获得体制内的认可和支持，上级政府对下级政府的态度会直接影响地方政府创新的可持续性。

民众的支持与认可（包括党员参与、认可，干部支持、理解、共识）也是影响地方政府创新成功（特别是其可持续性）的重要变量，许多地方政府创新主要是回应民众的诉求、增进民众的福祉。如果一项创新得不到民众的支持和认可，其命运可想而知。

而满足客观需要或民众需求，与得到民众的支持与认可可谓一致。如果一项地方政府创新，罔顾民众需求、脱离客观需要，仅为追求主政者的政绩或者一味迎合上级领导喜好，打着“创新”的旗号进行“伪创新”①，便不可能持续下去。

总之，兼具合法性与地方利益契合度较高的政府创新项目可持续性越强，而当政府创新项目与地方利益契合度不高时，便很可能陷入停滞的局面。

通过仔细对比中部地区地方政府创新可持续性较好的项目发现，新技术的引入及应用，也是影响地方政府创新可持续性的不可忽视的变量。例如，安徽省芜湖市政府“利用网络实行政府与市民互动”、长沙市委“市县乡政务公开”及江西省司法厅“创新安置帮教‘无缝对接’工作机制”等，现代信息技术的引入为项目创新提供了一个政府和社会互动的平台，技术化的创新机制也为项目创新降低了执行成本。即使在后期社会环境变化的背景下，这类项目的创新动力也较为充足。

相较于技术化的创新，制度类创新的项目在后期明显动力不足，这也从另一方面说明，我国地方政府创新可持续性缺乏稳定的政治生态环境支持，特别是在项目主要负责人仕途变化及上级政府政策态度等因素的影响下，创新的可持续性充满了不确定性。

---

① 金太军、袁建军：《地方政府创新博弈分析》，《江海学刊》2005 年第 5 期。

在现有的体制下，党政“一把手”仍然具有很大的权力自主空间，所以项目负责人对地方政府创新的影响十分明显。通过调研发现，中部地区地方政府创新项目的出现，和项目推动者的个人经历及其执政理念密切相关，表现出较高的“个性”特色。一旦这个创新者本人的职务或政治命运发生变化，其所主导的这项创新也随之变动从而影响这项创新的可持续性。地方政府创新很容易因此呈现短期“繁荣”之后随即衰败的景像，特别是较低层级的地方政府创新在经历轰轰烈烈的“运动”以后很容易走到“人走政息”的怪圈之中。目前运转出现困境的5个创新项目，都由于项目负责人的调离或者仕途终止而陷入困境。以万载县“农村社会工作本土化”及安阳市政协“思辩堂”创新项目为例，这2个创新项目的产生与领导者的力推密切相关，但随着相关领导职务变动，这2个项目在当地“名存实亡”，事实上已经终止了。

“在当下的中国社会，同时存在着两种悖论：一方面，上级政府试图通过建立基于考核和奖惩的行政压力保持政令的贯通，而在现实中上级政府又不得不通过行政压力来确保公共政策的执行；同时，下级政府面对上级政府的考核压力往往具有一定自主性，有选择性地将治理资源投入到那些有利实现本级政府利益的领域，而相对忽视那些与自我利益关系不大及上级政府不很关注的领域。”① 压力型体制及政治锦标赛体制的相互纠葛，构成地方政府选择性治理的制度基础，同时也塑造了地方政府创新的现实政治生态环境。

从中部地区地方政府创新项目的后续发展来看，尽管大部分创新项目仍然在持续探索之中，但地方政府创新的可持续性发展面临结构性的困境：地方政府创新缺乏相应的政治生态环境的支撑，地方政府创新的动力主要依托于领导者的个人意愿，而缺乏制度化、弹性化的创新环境。地方政府创新作为国家治理运作的场域，是制度建构与规则再生产的过程，而地方政府作为社会系统再生产的行动者，既需要服从于社会结构的制度安排，同时又在这一场域中保持相对自主性。地方政府依托国家政策的试点，在获取政策及项目推动的合法性以后，往往会以“运动式

① 陶郁、侯麟科、刘明兴：《张弛有别：上级控制力、下级自主性和农村基层政令执行》，《社会》2016年第5期。

治理”的面貌呈现。在现行的政治生态环境的影响下，地方政府创新的再生产路径中，创新不再是走“从群众中来，到群众中去”群众路线，而是地方政府基于国家政策的框架，根据自我考量而建立的制度体系。[①]如何防止地方政府创新与社会需求相脱节，防止创新项目成为政府形象工程，杜绝地方政府创新“人走政息”的困境或者获奖即消亡的局面，这些问题都是值得反思的。

第五节　结论与讨论：让地方政府创新持续地运转起来

在强政府弱社会的格局下，如何催生民间社会更多的自主性活力，如何发现民间社会的合理定位，从而塑造政府与社会共赢的治理格局，可能是推进我国地方治理现代化及我国地方政府创新都应该重视的问题。[②] 在党的十八届三中全会提出“国家治理现代化”这一时代性命题以后，探索具有活力的地方政府创新模式，让地方政府创新持续性地运转起来，便具有重要的理论及实践意义。要增强地方政府创新的可持续性，需要优化地方政府政治生态，为地方政府创新的可持续性发展提供良好的环境。

地方政府创新的可持续性发展，首先要破除“人走政息”的困境，切实增强公共政策创新执行的可持续性。在加强制度创新的同时，需要加强创新的激励及保障机制建设，优化基层政治生态环境，拓宽民众参与地方政府创新的渠道，为制度创新增添民意的基础和民主的底色，进而保证地方政府创新的可持续性，避免对创新资源的浪费。在当前地方政府创新的路径中，还应该通过建立国家与地方的沟通与协商渠道，将国家与地方紧密联系在一起，中央政府可以从制度及政策层面为地方政府创新提供政策空间，建立健全地方政府创新的激励机制建设，建立制

① 刘建、吴理财：《“运动式治理的结构脱耦”：地方政府创新可持续的困境及反思——基于Y县“农村社会工作本土化”的案例分析》，《福建农林大学学报》（社会科学版）2018年第1期。

② 俞可平：《中国地方政府创新案例研究报告（2011—2012）》，北京大学出版社，2014，第119页。

度化的中央与地方的关系及地方治理机制，自上而下地从制度和政策层面为地方政府创新提供制度空间，促进“为创新而竞争”的制度化，进而发挥地方政府创新的自主性。良性互动的政治生态体系的建构，需要相应的法律制度为保障，从而保障地方政府创新的法制化与规范化，提升政府绩效考核指标、程序及结果的法制化程度，强化基层政府的行政问责制度，改革政府官员晋升激励机制，从晋升条件、资格及程序等层面加以明确规定，通过保障官员晋升及政府考核的透明化及法制化，让地方政府创新可持续性的运转在法律的范围内做到公平、公正、公开，进而为地方治理创新的法治化提供良好的环境。

同时，地方政府创新的可持续性发展，最终也要将其嵌入社会结构的变迁中，进而通过政府与社会的合作，通过社会需求的倒逼来强化地方政府创新的可持续性。在地方政府创新的政策制定过程中，需要充分考虑本区域的现实情况，而脱嵌于社会需求的政策创新无法有效转换为可执行的制度。只有在结合本地实际情况的基础上，才能将地方政府创新与社会需求相容，从而保障政策创新有效嵌入社会政治体制之中，这样才能增强地方政府创新的生命力，强化公民话语的输入，促进政府绩效考核体系从“压力型考核”向“公众参与式”评价转型，将偶发性的“政策创新”转化为长期的相对稳定的“制度创新”，从而实现地方政府创新可持续性的发展。

总之，基层治理公共性的成长与建构同现代国家政权建设及基层民主的发展密切相关，地方政府创新的可持续性发展需要国家与社会之间的良性互动，只有具备公共性与民主性的基层政治生态环境并在这一场域扎根成长，构建出均衡性治理的政治生态环境，地方政府创新的可持续性及地方治理的现代化才能真正实现。

第二章　拓展、互动与调适：广水市“两票制”选村支书跟踪调查

中国共产党作为我国的执政党，必须坚持科学执政、民主执政、依法执政的有机结合，更好地为人民服务，承担历史赋予的责任和使命。农村党支部书记选举是党内基层民主得以实现的重要形式，是保障党员民主权利的重要手段。进入21世纪后，我国乡村社会转型更加迅速，外部环境与内部环境发生深刻变化，不少村庄的党支部书记出现了能力不足、脱离群众的问题。完善村民政治表达的内容和形式是推进党的群众工作，增进政治信任，促进乡村社会整合的重要路径。改进执政方式是凝聚农村村民最广泛的共识，寻找最大利益公约数，完善与巩固我党执政之基的根本之策。

广水市“两票制”选举村支书就是在这一时期，为解决日趋严峻的村干部驾驭市场经济能力不足，避免脱离群众而提出的。“两票制”选举村支书确立后，对于完善广水市民主监督、优化民主参与、重构广水市农村政治信任起到了良好作用。多年来，广水市社会结构转型不断深入，“两票制”选举村支书还能不能适应新的形势，有没有进行调整和完善，调整的原因和完善的路径是怎样的，这些问题关系着基层民主监督、民主决策的发展，需要跟踪研究。为此，我们于2017年5月15～16日赴广水市，就“两票制”近年来的实施情况进行了跟踪调查，力图把握“两票制”的发展和变迁，以及其背后深层次的经济社会原因。在深入调研的基础上，围绕乡村社会转型与政治变迁，对“两票制”选举村支书的创新背景、制度化措施、优化路径进行论述。

第一节 “两票制”的诞生

“两票制”选举村支书的出现有其深刻的社会背景，社情民意“倒逼”着广水市进行制度转型，广水市面临的方案有两个：采用应急性的举措，适当调整某些村庄人事安排；探索民主监督新的制度。在转型乡村社会应急性的举措实施起来极其被动，也面临着左支右绌的窘困。探索制度化的民主监督途径，需要宏观视野又需要精细操作，这对广水市执政水平是一个重要考验，广水市认真研究后采用了第二种方案，由此有了“两票制”及后续的调整、变迁。

广水市位于湖北省东北部，东与大悟县毗连，南与安陆市、孝昌县相邻，西部与随州市曾都区交界，北与河南省信阳市接壤，自南北朝置县，已有1400多年的历史。有中国八大名关之一的武胜关，扼南北交通要冲的“鄂北门户”，是鄂豫物资重要聚散地。人口93万。经2004年乡镇合并后，现辖17个镇、街道办事处。

随着市场经济的发展，广水市民众的思想观念、行为方式等都发生了一系列深刻变化。2000年前后，农村基层组织先进性和代表性不强的问题逐渐暴露。比如，由于骆店乡青堆村村支书工作方法简单、作风粗暴、经营管理混乱，群众三次集体到省委省政府上访，造成了村级班子瘫痪。由于党支部凝聚力不够，草店村五年内换了六任主职干部，叶田村三年内换了五任主职干部等。群众对村党支部书记不拥护、不支持，农村党员在农民中的影响力下降，农村党群、干群关系紧张恶化时有发生。

1998年11月4日，九届全国人大第五次会议通过的《村民委员会组织法》在全国推行，农民展现出很高的热情，但也带来了新的问题需要回答：既然村民委员会的委员可以进行海选，村党支部书记为何不行。对于群众提出的“海选”产生村支书这一有违组织办法的诉求，广水市委没有简单地加以否定，而是经过慎重考虑之后，吸取了群众要求中的合理成分，决定先由群众投信任票，然后由党员投选举票。这一方案经广水市委组织部总结完善确立为“两票制”选任村支部书记的实施办法。

在农村社会转型的条件下，“两票制”一经实施就得到了广大农民的拥护，加强了党的执政基础，有效化解了农村的社会矛盾。

第二节 “两票制”选村支书的实施

2001年广水市委组织部分别在骆店乡青堆村、李店镇草店村和叶田村进行了“两票制”试点。在此基础之上总结经验，出台了《广水市“两票制”选任村党支部书记的实施意见》和《广水市“两票制”选任村党支部书记的实施办法》，规定在村党支部书记改（补）选换届时一律采用“两票制”的办法，由此“两票制”在广水市全面展开。下面简单介绍广水市“两票制”选任村支书的三个阶段。

第一阶段选举准备。乡镇成立选举工作指导组，行政村成立选举委员会。乡镇选举指导组主要履行的职责：宣传相关法律、法规、条例；调查摸底可能当选的村党支部书记人选；指导村级组织制订选举工作计划；接受和处理有关选举的来信来访等。村级选举委员会主要职责有：审查和确认候选人员、信任投票人员和党内选举人员资格；做好有关选举的具体准备工作。

第二阶段信任投票。该阶段主要工作包括：清点信任投票的人数、投票产生预备候选人、乡镇党委对村党支部书记预备候选人进行资格审查。其中规定：由到会信任投票人员对经村选举委员会确认的全体候选人员进行信任投票。参加信任投票人员一般只在全体候选对象中选举一名自己认为最适合担任村党支部书记的人选。

第三阶段党内选举。该阶段主要工作包括：清点党内选举人数，通过投票唱票、计票和监票，党内预选产生正式候选人，正式候选人作竞职演说，党内正式选举等。党内选举流程如下。①由计票人到监票人处领取实际到会人员的选票，并当场发放。全体有选举权和被选举权的党员对乡镇党委批准的预备候选人进行党内预选，以得票多少为序，确定2名村党支部书记正式候选人。②由全体有选举权和被选举权的党员对2名正式候选人进行投票，得票多者由乡镇党委确认后，当选为行政村的党支部书记。

第三节 “两票制”的适应性调适

2001年《广水市“两票制”选任村党支部书记的实施办法》颁布实行，2002年广水市农村干部换届，进入“两票制”选举时代，2005年换届、2008年换届、2011年换届、2014年换届均沿用“两票制”选举的办法。2017年湖北省开始实行农村“两委”换届和社区“两委”换届同步进行的方略，村“两委”换届被顺延至2018年。尽管十几年的时间里广水市农村社会经济条件发生了极大变化，“两票制”在很大程度上仍然契合广水市农村社会发展的实际，显示出强大的生命力，同时该制度也顺应实践环境变迁，做出适应性调整，与“两推一选”制度、“村民代表制”有机结合。

（一）农村社会转型背景

2004年，为了配合国家的农业税费改革，湖北省开始推行乡镇综合配套改革。广水市结合本市情况，也进行了相应改革，其中之一即是大规模的乡镇合并和村组合并。按照户籍人口计算每个合并村庄的人口数量增加了1倍左右，但事实上并非如此。随着大部分乡村青壮年流出农村（他们通过务工、经商、升学获得了更好的发展机会，很多人留在了城市），村组的合并并没有带来村组人口成比例增加，而且很多合并后的村庄人口数量还不如合并前一个村庄的人口数量。更严重的是留守农村的人口多为老人、妇女和儿童，这一过程不断重塑着乡村社会结构。一是很多自然湾[①]人口数量减少，农村逐渐“空心化”。二是村庄精英流失，村庄内生动力不足。三是公共事务缺乏组织和实施。

（二）“两票制”与“两推一选”制度的融合

农村社会转型中，农户和选举组织机构分别对“两票制”进行了适应性调整。从村庄流出的农民在换届选举的时候由于各种原因不能或者

① 湖北农村往往以水湾来划分村民小组。

不愿意回户籍所在村庄投票或者竞选，而是把参加选举的事宜委托给留守的家人或邻居。村庄选举的组织机构由于农民外出，动员外出村民回村参与选举成本过高，将直接选举的形式改为代议制选举的办法，由此引入“两推一选”，这一规则在2005年村支部书记选举时与“两票制”结合运用。

“两推一选”规则中的“两推”是指两个轮次的候选人推荐。第一轮为初步候选人推荐，采用村民代表推荐和党员推荐两种方式产生村支书初步候选人，第二轮为正式候选人推荐，村民代表信任票和党员推荐票比较一致的，按党员推荐票由高到低确定正式候选人，经组织考察后，报乡镇党委审批。村民代表信任人选与党员推荐人选不一致的，由乡镇党委根据组织考察的实际情况，具体确定正式候选人。“一选”是指召开全村党员大会，差额选举村支部书记，选举结果报乡镇党委审批。

（三）“两票制”与“村民代表”制度的融合

在村民层面上，“两票制”选举的调适具有明显的代议性质。“空心村”外出农民对村庄的事务关注度进一步下降，村庄政治的喧嚣逐渐沉寂。同时，村民认为村“两委”换届选举三年一个周期的时间间隔并不太长，直接投信任票的热情有所下降，外出村民更多的是委托他人代投信任票。村庄选举机构顺应这一趋势和村民意愿，在选举中引入村民代表制度。村民代表代表村民履行政治权利。

按照村民居住的湾区分布，每10～20户设立一名村民代表，这些村民代表在村支书选举的时候，代表村民投信任票。在外出村民较多的村庄里，村民直接投信任票开始逐渐被村民代表投信任票替代。由此“两票制”不仅在村支部书记候选人产生问题上，也在村支部书记信任投票过程中，适应着村民选举态度与选举行为的转变，做出适应性调适。

第四节　“两票制”的适应性扩展

“两票制”选举村支书的制度基本契合了广水市农村党支部书记选举的实践，显示出相当大的韧性。不仅制度框架稳定运行十几年，而且其核心理念也扩展到了基层组织建设的其他领域，结出了新的果实。

一　“两票制”适用范围延伸

“两票制”不仅在推选村党支部书记方面，而且在农村基层组织建设的其他领域得到广泛的应用，村支委成员推选、党员评议、新党员发展等均采用该办法（见图2－1）。

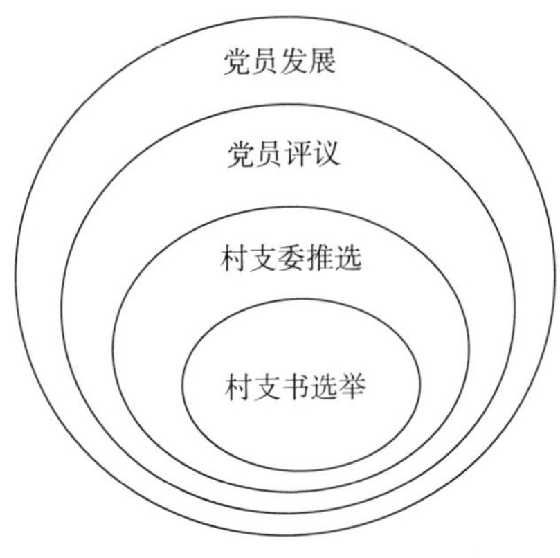

图2－1　适用范围拓展

（一）村支部委员选举

经济发达地区的村“两委”干部的工作内容颇多，“两委”干部专人专职，村支部委员3人左右、村委会成员4人左右，他们分工协作共同完成村庄工作。地方财政亦可以保障村“两委”干部的报酬。而湖北省的众多农村，“两委”干部分别设立并不常见，“交叉任职”则是常态。出现这样的现象有两个原因：一是村庄经济不发达，村内事务相对较少，没有细致分工的必要；二是地方财政有限，难以担负“两委”干部报酬。两种因素共同作用下，村“两委”成员交叉任职成为选项。2008年以后，广水市农村“两委”交叉任职格局基本确立，“两委”成员总数一般维持在4～5个。

我国《村民委员会组织法》规定村委会成员通过海选的方式产生。广水市农村村支部书记采用“两票制”办法选举产生，村支部委员由党员选举产生。在村“两委”交叉任职的背景下，如何协调不同的选举制度呢？“两票制”搭建起了村内不同选举制度的连接桥梁，“两票制”选举村支书的办法也顺理成章地延伸到了村支部委员的选举。

村支部委员的产生参照“两票制”办法进行。自2008年“两委”换届开始，村支部委员的产生也仿照“两票制”选村支书的办法，引入群众和群众代表投信任票。由海选确定村委会几个委员（比如主任、副主任、委员、妇女主任等）与“两票制”产生的村支部委员交叉任职。“两票制”扩展到了村支部委员的选举。农村民主选举和民主监督的规则和程序在某种程度上得到扩展、完善，提供了农村党支部委员进入村委会的合法性，回答了交叉任职导致村庄权力集中后如何监管的命题。

（二）“两票制”评议党员

完善基层党组织监督，一要靠党组织的内部拉力，二要靠群众的外部推力。“两票制”选村支书引入群众的监督，找到了党组织监督的症结所在。广水市为了加强党员教育管理，探索建立党员“能进能出”机制，疏通党员队伍“出口”，再次祭出“两票制”这一利器，将其监督的对象从村支书扩展到广大党员干部。从2014年4月开始，广水市采用“两票制”对党员进行评议。

“两票制”评议党员程序。“两票制”评议党员活动以党支部为单位，组织召开党员群众代表大会，采取无记名投票形式。首先，发布公告，公布党员群众代表名单、评议标准、不合格党员具体表现及活动议程等。随后，发放《广水市“两票制”评议党员测评票》，采取集中取表、分散填写、集中投票、公开唱票和当场公布测评结果的方式。每个参评人员对每个党员按照《广水市“两票制”评议党员测评票》进行定格，其中党员测评分优秀、合格和不合格三个等次，群众代表测评分很满意、满意和不满意三个等次。

综合鉴定每名党员评议等次。对得优秀票和非常满意票都高于60%（含），不合格票和不满意票都低于10%（含），且现实表现较好的党员，做出优秀等次的认定；对获得合格、优秀票和满意、非常满意票的总票数高于60%，且不存在不合格票的党员，做出合格等次的认定；对不合格票和不满意票的总票数高于40%（含），且有突出问题的党员，做出不合格等次。认定后结果要通过不同形式公开公示，接受党员群众监督。对于确定为不合格等次的党员做出除名和“限期调整”的决定，征求党内外群众意见。

运用“两票制”对党员进行评议，对于进一步扩大党的群众基础、防止党员干部脱离群众、促进党员的政治素质提升起到了一定作用。在此基础上，广水市在“两票制”完善党的监督机制和促进基层党组织建设方面的应用范围继续扩展，譬如引入新党员发展程序之中。

二　“两票制”价值理念的扩展

从村支部书记选举开始，“两票制”的适用范围逐渐扩展。原因不仅在于其简单易操作的形式，还在于该制度的价值观念具有良好的延展性。一方面，该制度自确立后发挥了对基层党组织的民主监督作用，防止党员干部脱离群众。另一方面，该制度蕴含着依靠民众推进基层党组织建设的理念。后者的作用最近才被认识和运用开来。

新形势下广水市运用“两票制”蕴含的信任评价理念，改进基层党组织建设方略，探索“双评双承诺”办法。所谓“双评双承诺”是指“村级党组织向乡镇党委和党员及群众代表承诺，党员向村级党组织和党员及群众代表承诺；乡镇党委和党员及群众代表评议村级党组织，村级党组织和党员及群众代表评议党员”。承诺对象为全市乡镇所辖村级党组织和有承诺能力的党员。承诺内容着眼于为群众办实事、做好事、解难事，做到具体实在、简约明了、量力而行、尽力而为。

（一）双承诺

村级党组织承诺的主要内容。村级党组织围绕建设社会主义新农村的要求，结合任期目标和乡镇党委确定的年度工作目标，重点从服务群众、发展现代农业、繁荣农村经济、带领群众致富、培养新型农民、培育文明乡风、改善农村人居环境、加大基础设施建设力度、维护农村和谐稳定、加强基层组织建设等方面承诺。

党员承诺的主要内容。农村党员干部根据岗位职责分工进行承诺；无职党员结合设岗定责，从服务群众、发挥作用、带领群众致富等方面承诺；有“双带”能力的党员，从传授技术、结对帮扶、带领群众致富等方面进行承诺；年老体弱党员围绕调解邻里纠纷、村务监督等方面进行承诺；流动党员围绕为村级发展献策、提供致富信息、组织劳务输出、支援家乡建设等方面进行承诺。农村党员参加“双评双承诺”的比例原则上不低于70%。

（二）双评议

评议村级党组织的方法。评议村级党组织采取百分制量化考评的方式进行，按乡镇党委评议和党员群众代表评议各占50%的比例，计算出村级党组织的评议得分。乡镇党委评议村级党组织由乡镇负责组织所辖村级党组织书记在集中述职、观摩评议的基础上进行评议，参加评议的人员为乡镇班子成员和驻村包片干部。党员群众代表评议村级党组织，由村级党组织负责组织实施，村级党组织书记对照年初承诺内容在党员群众代表大会上述职后进行测评。

评议农村党员的方法。评议农村党员由村级党组织负责组织实施，由党员对照年初承诺内容完成情况在党员群众代表大会上述职，村级党组织书记点评后进行民主评议。

“两票制”蕴含的价值理念扩展，将民众引入党的基层组织建设的监督，产生基层组织建设的“双评双承诺”办法，体现着基层组织建设的积极态势和良好图景。基层党组织和党员由被动接受民众监督，变为积极主动接受监督。符合习近平同志提出的党“担当起该担当的责任”的要求。围绕村庄发展、村庄公共事务，村支部和党员面向村民做出承诺，接受监督和信任评价，这对于加强基层党组织建设具有积极的意义，践行了“从群众中来，到群众中去”的群众路线。

第五节　“两票制”双重互动与两层调适

西方社会学者常采用国家—社会二元模式分析社会结构，探查社会与国家的分立与权力平衡。中国乡村社会并不完全适用这种范式，人民公社时期国家与社会相互嵌套、互为基础，改革开放以来国家培育社会，社会发育依赖国家支撑。某种程度而言，中国的乡村社会与国家并非泾渭分明而是互动融合的，前者以有条件的服从与合作开始，后者以适时干预引导与退出结束。乡村天然具有熟人社会或者半熟人社会属性，乡村公共权威具有相对稳定性，但是这种稳定性在中国社会转型的过程中受到持续冲击。在现代化推进、市场经济不断渗入的过程中，乡村社会呈现出个体化趋势，乡村权威结构平衡受到干扰甚至被打破，乡村公共性遭到瓦解。农村社会的消解与重构成为社会转型的重要表征，而带领村民实现物质财富的增长，成为村庄新型权威生成的关键因素。“两票制”选举村支书及其适用的拓展为实现乡村社会权威的平稳转化，为农民政治信任再生成，为基层政治改革提供了可行路径，这种路径可以从双重互动与两层调试来理解。

一　双重互动

（一）农户与农村基层组织的互动

正如戴维·伊斯顿（David Easton）所言，把政治系统“看作一些互动，一个政治系统通过这些互动为一个社会权威性地分配价值”。[①] 村党支部扮演着村庄的权威性角色，协调村内各项事务，对村庄利益和价值分配起着决定性作用。家庭联产承包责任制的实施、市场经济模式渗入乡村无疑激发了广大农户生产的积极性，促进了农村经济的发展。但是一家一户的分散经营方式也衍生出不少问题，尤其是农户利益分化冲突、乡村公共品供给困难，以及村民追求经济利益过程中缺乏引领。这些问题的累积，逐渐映射在农户与农村权威性角色的关系上。既然村党支部长期扮演着乡村权威的角色，牵动农户利益的神经，那么在农户利益分化、矛盾激化的时刻，就需要发挥出更大作用对利益边界进行调整，并引领村民投入市场经济追求利益。如果村支部发挥不出这样的作用，无疑会消解村内权威，进而引起农户围绕农村权威的竞争性互动与争夺，在互动中重新产生村庄权威。而“两票制”为农村公共权威平稳产生的

① 〔美〕戴维·伊斯顿：《政治生活的系统分析》，王浦劬译，华夏出版社，1999，第25～26页。

互动提供了更宽广的制度性平台和博弈场域。

（二）农村基层组织与乡镇政权的互动

农村基层权威的扰动向上传导与乡镇政权互动。乡镇政权处于我国政权组织的最底端，是连接乡村社会与国家的桥梁，农户围绕村庄权威的博弈和互动能否平稳进行，关系着乡村社会是否稳定。乡镇政权对辖区的管辖职责要求其不能置身事外，必须妥善处理村庄中的利益博弈，特定时刻要作为第三方调停者出现。乡镇的工作需要依赖村庄公共权威的配合与帮助，村庄选举的时候，乡镇的互动在于摸底可能当选的村党支部书记人选、协助村级组织制订选举计划。“两票制”为乡镇政权引导农村社会产生公共权威提供了可行的路径，为乡镇政权评估农村社会利益格局提供了重要参考。

二　两层调适

（一）“两票制”对转型社会的调适

一方面，村“两委”换届选举的周期是三年，从村庄流出的农民把村内选举之事委托给留守的家人和村民代表。而且青壮年农民从乡村流出，其利益与村庄的连接更加弱化，农村社会转型促使农民利益关切由村庄场域内扩展到村庄场域内外，村庄政治的喧嚣度逐渐减弱。广水市的“两票制”选举与转型社会相互调适仍然持续。尽管村民利益关切由村庄场域内扩展到村庄场域内外，相较而言对村内事务关注减少，但是“两票制”的办法使得村民仍然掌握着某种否决权利，对村干部形成制约。

另一方面，随着大部分青壮年走出，农村逐渐“空心化”。乡村社会内部资源得不到盘活，乡村公共物品供给趋于匮乏，公共事业趋于废弛，部分村庄“空心化”已经是不争的事实。公共服务谁来做，村庄治理依靠谁？这些问题是很多村庄必须解决的。通过“两票制”的安排，在村中选出精干的村支书和“两委”班子成员，妥善处理村民分歧，协调各方利益关系，达成村内共识，凝聚村庄内部组织资源，促进公共服务和公共产品的供给，是乡村社会公共服务的重要路径。借由农村内部组织资源促成的村庄整合，改善了农村社区内部的公共物品供给，或可构成乡村社会图景较为积极的一面。由此观之，“两票制”对转型农村社会的政治格局调适仍然有效。

（二）“两票制”对宏观体制的适应

“两票制”不仅对于转型社会的调适是有效的，而且对于宏观的政治体制也具有适用性。这体现在以下几个方面。

1. 合法性生产

“两票制”从地方偶然做法到常态运行再到为宏观制度所吸纳，调适的基本理念即是从合法性上进行。广水市大多数干部对这一点有较为清晰的认识，“两票制”办法中不符合国法党规的部分需要调整。

“村民也想参照海选自己选村支书，这当然不符合党的选举政策规定。村民选干部，尤其是党的干部，不合适，但村民在党支部书记的选举上确实体现出了某种作用。”怎么来调节村民的愿望和法律规定呢？被访干部指出：“我们认为村民投票是对他（村支书）进行一个信任度的评价，这样的话，党也考虑到了群众的意愿，然后党员再投一次。这样在程序上就不会有太多问题。实际上‘两票制’已经成为农村党组织的‘信用体系评价’。”[①] 方案表述出来就是“村民推荐，不是选举，供党员来参考”。[②] 此外，广水市还对“群众投信任票，党员投选举票”的具体程序进行了规范，并在实施中严格做到两结合：一是坚持党管干部原则和群众公认原则相结合，既不干涉群众意愿，也不放任自流，确保人选质量；二是坚持公开、公平、公正和程序化、规范化相结合，充分扩大民主，确保规范。两次投票均秘密填票、公开唱票、当场宣布结果。由此，地方的创新经过调适后与国家制度又重新融合。

2. 对村庄治理转型的调适

“两票制”实施以来，广水市大部分村庄的运行已经纳入财政体系，有了基本的财政保障。同时国家惠农力度空前加大，一是各类专项转移支付项目增多，二是农民的社会保障和公共服务逐渐覆盖。“当前广水市

① 广水市访谈录音整理，2017 年 5 月 15 日。
② 广水市访谈录音整理，2017 年 5 月 15 日。

农村转移支付的数额基本为3万元左右。较小的村庄是2.8万元，大的村是3.8万元。同时县级投入2万多元，外加村组织的工资接近4万元，同时镇一级根据经济状况投入2万~3万元。通过这些途径，每个村的一般转移支付有11万~12万元，每年运转可以维持。”[①] 农村工作的转型对村“两委”来说是一个很大考验。农业税取消前，农村的中心工作围绕农业税费征收、“三提五统”征收、计划生育等展开，当下农村中心工作由之前的“管治”走向“服务”，工作内容开始扩展，增加了原来没有的工作，既有面向村民个体的服务事项，又有新增的面向全村的公共事务，比如“洁净家园”垃圾处理活动。村“两委”班子既要依靠有限的转移支付保障运转，又要将有限的资金利用到公共服务中。“两票制”产生于“管治”时代，在“服务”时代仍然发挥着比较好的监督作用。

权力只有规范运行才能维持国家长治久安。权力规范运行需要将其关进制度的笼子，而扎牢制度的笼子离不开民众参与。“两票制”虽然是应用于农村“两委”组织的选举，但走出了一条依靠民众的路径，构成了基层民主监督的重要手段，构建了基层组织成员的信用评价体系。筑牢了基层权力监督的群众围墙。

村庄治理创新。转型时期农村社会中矛盾多发，要促进社会稳定，一是选拔村支书时尊重群众意愿，二是考核党员时村民有“话语权”。没有前者，便没有后者，但就监督而言，后者更加有力。“两票制”发出了不能代表群众利益的党员不能当村支书的明确信息，使村民感受到党除了人民群众的利益外没有自己的特殊利益。这种新的选举制度安排，代表了最广大人民群众的利益，使村党支部书记能够最大范围地受到人民群众的拥护，既符合党章规定，又扩大了党支部的群众基础，建立起一种信用评价和信用监督机制。

第六节　结语

广水市“两票制”选村支书的产生、运行、完善和变迁的过程可以

① 广水市访谈录音整理，2017年5月15日。

说是民众和政府共同完成的。一方面，民众维护自己利益的行动颇具理性，而这种理性汇聚成行动在合适的时机有可能创造历史。小岗村村民为了活命，在理性指引下采用“大包干”的方式无意间开启了中国农村改革的大潮。广水市几个村的村民为了维护自己的利益，在理性指引下采用“两票制”方式，开启了广水市农村基层选举的新局面。可以说，民众维护自身利益的理性中蕴含着社会变革的动力。但是另一方面，民众的行动往往缺乏规范和长远计划，如果任由其发展甚至会形成阻碍农村发展的因素，所以对于民众的创举必须适时给予引导和规范，将其纳入制度化的轨道。广水市“两票制”的延续在很大程度上也是政府对民众创举尊重、引导与规范的结果。

广水市“两票制”选村支书的产生、运行、完善和变迁的过程体现着权力需要制约监督的逻辑。不受制约和监督的权力极易产生腐败与寻租。“两票制”自产生起就蕴含着对权力的监督与制约。将农村中的权力置于广大民众的监督之下，如果失掉了村民的信任，村庄权力的合法性就会消失。

广水市“两票制”选村支书的产生、运行、完善和变迁的过程体现着具体的政治制度安排必须不断适应社会环境和制度环境，不断做出调整，吸收新的做法并融入新的实践场域，避免僵化。

第三章　行政压力、政绩冲动与利益耦合：地方政府创新可持续发展的动力因素及效度分析

湖北省鹤峰县“扶贫项目民营业主负责制”曾在2001年获得第一届“中国地方政府创新奖”入围奖，这个项目是地方政府在当时扶贫困境中试行的创新做法，在当时具有很高的创新性，它明确了政府和民营企业各自在扶贫方面的责任。其中，政府的责任主要是搞好基础设施建设并为民营企业创造良好的经营环境，而民营企业大户的责任是建立特色产品生产基地，吸纳就业和以保护价收购农副产品，对于农户来说则以公司为依托从而增强了抵御市场风险的能力。这一项目在后来的扶贫运作中也具有很强的持续性，政府通过扶强扶优的办法保证了还贷和再投放的扶贫资金使用能力，企业通过建立生产基地和组织农户生产保证了企业盈利能力，农户通过保护价销售农副产品保障了企业的生产收入能力，在三方利益分配平衡的格局下，该项目获得了长足发展。该项目从发起至今已经10余年，为了了解项目的后续发展情况，华中师范大学调研组于2016年8月29～31日对该项目进行了为期3天的跟踪调研①。

第一节　项目创新的现实背景

这一项目是当时地方政府为完成上级政府规定的扶贫任务而做出的大胆尝试，同时也与鹤峰县当时所处的有利于民营企业发展的时代背景

① 瞿奴春、王为、徐兴兴参加了此次调研，对本章的写作亦有一定贡献。特此致谢！

有关，而地方政府结合地方扶贫的实践，向民营企业提供优惠的政策来帮助其发展，进而带动了贫困户脱贫致富。地方政府扶贫策略的转变促进了扶贫项目民营业主负责制的诞生。

一 政府行政解压下的思路转变

恩施州鹤峰县自1986年以来就被确定为全国重点贫困县，当时的鹤峰交通不便、基础设施薄弱、产业发展落后，贫困人口达到全县总人口的60%。在当时，鹤峰县的扶贫任务十分艰巨，按照扶贫政策，政府需要对农户进行“一家一扶持”的扶贫帮助，即将扶贫资源直接给予贫困户以保证其脱贫。这一政策对鹤峰县政府的扶贫造成巨大的困境，山区地广人稀，居民居住比较分散，需要政府长时期的定点扶贫；而山区财富贫瘠，百姓创收能力有限，贫困户返贫的现象十分严重。这些因素导致政府不能在规定的时间内完成上级给予的扶贫任务，如果继续按照“一家一扶持”的扶贫思路走下去就会导致政府无法破解扶贫内卷化之困。

为了完成上级的扶贫任务，鹤峰县政府在扶贫领域大胆尝试，改变了传统的扶贫思路，认为扶贫的重心在于发展本地的经济，通过经济发展来帮助贫困地区形成新的生产力并逐渐带动贫困户脱贫，鹤峰县政府意识到这一新思路的实行需要地方民营企业的加入，通过与民营企业签订责任书，政府提供资金和部分资源帮助企业发展，企业则帮助政府带动贫困户脱贫致富。这一模式在当时取得了良好的成效，政府也完成了部分的扶贫任务，所以在以后地方政府扶贫的过程中，民营业主负责制的模式逐渐推行起来。因此，这一项目源于政府自我解困式的直接推动，也是政府在扶贫领域的创新。

二 乡镇企业改制后的发展契机

进入20世纪90年代以后，鹤峰县很多地区出现了乡镇企业民营化浪潮，大量原来由政府所有的企业被以各种形式出售和转包给个人。在这种浪潮的推动下，鹤峰县的民营企业开始快速发展。鹤峰县改制后的民营企业有三种存在方式，一是公有私营，二是“三资”经济，三是个体私营经济。改制后的民营企业获得了快速发展，逐渐成为鹤峰县市场经济的重要组成部分。在鹤峰县的第一、二、三产业中，民营经济都占有较大比重。1995 年全县农业生产总收入中民营经济达 23865 万元，占 99.4%；工业总产值中民营工业产值达 23755 万元，占 14.1%；社会商品售额中，民营贸易 3790 万元，占 29.1%；运输业中民营运输人员 1898 人，占行业从业人员总数的 66.8%。因此，鹤峰县的主要财政收入源于民营企业创造的民营经济税收，而民营经济的绝大部分收入源于农产品的市场化。

在国家扶贫的大背景下，鹤峰县把这一优势与扶贫结合起来，深度分析了民营企业与农产品以及农户之间的关联度，提出了农产品产业化的发展模式，以此模式来带动县内贫困村、贫困户的脱贫致富。因此，乡镇企业改制后，民营业主扶贫成为鹤峰县的主要扶贫模式，也是武陵山贫困山区脱贫模式中的一大亮点。

三　政策和资本导入下的强力促动

鹤峰县政府为了推动本县民营企业的发展，由县扶贫办和县农行联合推行的扶贫贴息贷款政策直接向民营企业倾斜。在地方政府看来，之所以向民营企业倾斜优惠政策，是因为相比以前的国营、集体企业，民营企业十分灵活、市场竞争力强、风险小且覆盖面积大，能把山区中广大的贫困户聚集起来，起到良好的扶贫效应。这一选择也是农行信贷扶贫思路反思的结果，在扶贫业务开发之初，该行在扶贫贷款的发放上，片面强调直接到户，通过近四年的“撒胡椒面”式的信贷扶贫，发现资金虽然投放到了贫困农户上，但仍然改变不了他们贫困的现状，扶贫资金没有发挥应有的作用，甚至使部分贫困户因增加债务负担而减缓了脱贫速度。

面对这种单一不便管理的信贷扶贫现实，该行开始寻求适合鹤峰实际的信贷扶贫思路。随着该县民营企业的发展，“立足本地资源优势，发展特色经济，支持产业扶贫”的信贷扶贫指导思想得以确立。农行扶贫贷款不再强调直接到村到户，在投向上，以市场为导向，支持产业结构的调整，支持一批能够带动贫困户增加收入、有市场竞争力的产业，进一步改善市场条件，提高贫困户的收入水平。因此，该行从 1993 年开始大力支持民营经济发展，逐步走出了一条“公司 + 基地 + 农户”的信贷扶贫开发之路。①

第二节　项目创新的阶段性发展

鹤峰县扶贫项目民营业主负责制的发展总共分为五个时期，即新生时期（1994 ~ 2000 年）、兴起时期（2000 ~ 2006 年）、发展时期（2006 ~ 2009 年）、兴盛时期（2009 ~ 2013 年）和转型时期（2013 年至今）。

一　新生时期：扶贫策略转变与民营企业诞生（1994 ~ 2000年）

早在 20 世纪 90 年代以前，鹤峰县就出现了民营企业，不过只是以小众的形式开始出现。1994 年以后，鹤峰县真正意义上的民营企业才开始出现，由于现实因素的限制，数量有限。随着国家开发式扶贫战略的提出，地方政府也开始转变扶贫策略，这对鹤峰县境内民营企业的新生是个良机。《国家八七扶贫攻坚计划》和《湖北省扶贫攻坚计划》发出后，鹤峰县政府根据上级政策制定了“巩固扶贫成果、稳定解决温饱、拓展扶贫路子”的总体扶贫要求，县扶贫办按照县委县政府的扶贫要求，牢牢把握“八七”扶贫攻坚计划的机遇，坚持走开发式、企业项目业主制、移民搬迁等多种扶贫方式来提高扶贫效益。

在这一时期，地方政府的政策成为民营企业新生的动力，许多民营企业的成立正是得力于地方政府提供的优惠政策，不过鹤峰县提供的优惠政策有限，因为民营企业扶贫在全国并没有先例，没有成熟的经验可以借鉴，虽然有前期的试点，但并没有普及开来，由于民营企业的趋利性，地方政府也不敢大规模推行，只是与县域内几个民营企业合作来推动扶贫。因此，1994 ~ 2000 年是该项目的新生时期，地方政府与民营企业的合作处于初步探索阶段。

---

① 谷成立：《楚天升起一颗璀璨的星——鹤峰农行产业扶贫经验交流现场会纪略》，《湖北农村金融研究》2000 年第 12 期。

二 兴起时期：扶贫模式成型与企业扶贫依赖（2000~2006年）

2000年后，鹤峰县境内的民营企业开始兴起。这一时期政府继续沿用之前的扶贫策略来推进扶贫工作。在前期试点的基础上，鹤峰县积累了一定的经验，如政府将优势产业项目交由龙头企业领办，捆绑扶贫项目开发资金由龙头企业业主承贷承还，再由龙头企业与农户签订生产合同，农户生产的农产品由企业保价收购，经企业加工后推向市场。政府在项目资金放贷时，就要求龙头企业与农户签订收购合同或直接吸纳贫困人口就业，保证农户在项目实施过程中的利益

在这一时期，地方政府探索出了两种扶贫组织模式。一种是“政府+龙头企业+农户”模式，即政府将培育龙头企业作为农业产业化扶贫的关键环节来抓。在投入政策上，政府每年安排一定财政扶贫资金，对企业生产和基地建设所需水、电、路进行改造和扩建，在龙头企业进行新产品开发、厂房建设和设备购置时，政府适当给予贷款贴息。龙头企业在政府扶持下，与农户以合同为纽带展开合作。另一种是“政府+龙头企业+中介组织+农户”的模式，即由政府扶持专业合作社、专业协会等农民合作经济组织，将龙头企业与农户之间的直接交易转为组织化间接交易。这种组织形式由中介组织代表农户与龙头企业进行合作，并为龙头企业提供农产品或初级加工品，同时，中介组织为农户有偿提供生产资料、技术和信息服务，按照龙头企业的生产计划组织农户生产。

在这两种模式的推广下，民营企业扶贫模式逐渐兴起。在2000~2006年这六年间，县扶贫办共扶持了华龙茶叶有限公司、长友食品有限公司、有得畜牧发展公司、世为茶叶有限公司、邬阳骑龙茶厂、白果民主茶厂、燕子绿水山庄、北佳绿林翠峰茶厂、太平国富农庄、下坪宏军茶厂、铁炉金山茶厂、中营猪鬃加工厂等10多家民营企业。

三 发展时期：政府扶贫工作与农村基层治理（2006~2009年）

2006~2009年是鹤峰县扶贫工作的发展时期。随着扶贫工作领导班子的变化，鹤峰县的扶贫方式也发生了改变，这一时期政府更关注民生问题，政府的扶贫思路并不是将企业扶贫作为政府扶贫工作的全部，而

是只视为一部分。虽然企业扶贫仍然是政府的重要工作，但是政府希望摸清农村存在的现实问题，并且将扶贫工作与新农村建设联系起来对待。虽然政府更加注重农村的治理问题，但该项目仍在继续发展。

2007年3月，鹤峰县从县直30多个部门和单位组织人手组成8个专题调研组深入乡镇、村组、农户中。鹤峰县将农村发展的瓶颈进行提炼，总结为“产业发展难、行路买卖难、安全饮水难、学生上学难、有病就医难、提高素质难、改变环境难、管理民主难”八大难题，简称“八难”。解“八难”提出后，鹤峰县94个县直部门400多名干部组成驻村工作组，工作组会同村“两委”在召开村民代表座谈会，广泛征求村民意见的基础上，汇集群众的意见和建议，并结合各村实际制定了切实可行的《建设社会主义新农村暨为民解“八难”五年规划》及解“八难”当年工作计划，最终形成了119个村包括产业发展、基础设施建设、基层组织建设等在内的新农村建设总体规划和专项规划。按照统筹规划、突出重点、因村制宜、长短结合、分步实施、有效推进的基本思路，以增加农民收入为出发点，以产业结构调整为突破口，以实施项目建设为推动力，认认真真落实各项惠农政策。

解“八难”的基本目标是着力培植现代农业，改善农村生产生活条件，积极建设生态家园和新型农庄，培育新型农民，加强村级民主政治建设，提升农村文明程度。力争用3~5年的时间，通过政府引导、村民参与、项目带动，促使全县80%以上的村取得明显成效。解“八难”工作模式成型后，得到了湖北省委省政府的充分肯定和高度评价，也为鹤峰县新农村建设以及扶贫脱贫工作带来重大机遇。

四 兴盛时期：扶贫政策支撑与产业扶贫主导（2009~2013年）

这一时期是鹤峰县脱贫奔小康时期，同时也是该项目的小高峰时期。在政策支持方面，2009年3月18日，省委财经领导小组召开了第一次会议，审定了脱贫奔小康试点县工作指导意见。2009年5月11日，省委省政府出台了《关于进一步加强扶贫开发工作的决定》，提出开展脱贫奔小康试点“建成全省脱贫奔小康示范县，山区新农村建设先进县”两大目标。在财政资金方面，湖北省财政厅每年安排7000万元，主要用于支持试点县（市）的经济发展，自2009年以来，从省预算内固定资产投资中安排3000万元、省级农业综合开发项目资金中安排4000万元，用于7个试点县（市）的产业开发项目建设。

在省级政策和财政的支持下，鹤峰县通过狠抓特色产业建设，强力推动县域经济快速发展，不断加快全县脱贫奔小康的步伐。其基本做法：一是科学定位兴产业，以调结构、转方式为主线，扩大开放为先导，项目为抓手，园区为平台，特色化、集群化、外向化为取向，促使传统三大产业向现代化转变；二是发挥优势兴产业，打绿色牌，壮大绿色产业集群，打资源牌，推进新型工业化，打生态文化牌，发展现代服务业；三是全民创业兴产业，培育创业主体，提升创业能力，强化创业服务；四是扩大开放兴产业，着力优化发展环境，聚力招商引资引智，努力扩大外贸出口；五是搭建平台兴产业，着力规划建设“一区三园”，即“鹤峰经济开发区”“太平工业园”“走马工业园”“燕子工业园”；六是创新机制兴产业，创新资金投入保障机制、创新土地山林流转机制、创新指导服务机制、创新工作推进机制。

五 转型时期：扶贫方式结构化和治理化发展（2013年至今）

在精准扶贫阶段，扶贫项目民营业主负责制的提法已发生变化，产业扶贫成为鹤峰县的主导模式，但实质上并没有变化，仍然是企业负责制，只是形式上的称呼略有改变。这个阶段地方政府动员企业扶贫的模式已经成熟，并且在鹤峰县形成了典型的做法，成为部分中小型企业发展的典范。地方政府扶贫模式的转型主要指两个方面：一个是产业扶贫的模式逐渐结构化，另一个是企业扶贫的模式出现了治理化。

企业扶贫的技术化更加成熟，其模式已经结构化。对于地方上的龙头企业而言，在发展产业扶贫的过程中，通过联结公司与农民之间利益的“纽扣”，形成“利益均沾、风险共担”的利益共同体，探索出了一条“公司发展、农民致富”的长效、稳定、健康的“公司+加工厂+农户”“公司+合作社+农户”“公司+基地+农户”“公司+大户+农户”“公司+就业+农户”“公司+电商+农户”等“1+6”扶贫模式。

另一种转型形式是企业+协会的模式，这种模式是公司在精准扶贫过程中探索的一种帮扶方式。鹤峰县政府鼓励龙头企业承担社会责任，推进生产要素向重点贫困村延伸，带动贫困户脱贫致富。同时积极鼓励和引导民营企业与贫困村开展“村企结对”活动，通过产业带村、项目兴村、招工帮村、资金扶村等不同形式进行结对帮扶。这种协会模式主要由乡政府提出，在具体的执行过程中由企业来推动，而村以及村小组是该协会的具体管理者。企业实际上作为一种社会组织参与到了村庄的日常管理中，对于农户而言，企业真正帮助自己实现了脱贫或走上了致富的道路，具有一定的权威。协会管理模式是实现乡村社会治理的有效形式之一，是企业在扶贫过程中想到的帮扶之策，企业在帮扶过程中，不仅提供资金、技术、信息，还解决了其他各种各样的问题。

第三节　项目创新可持续发展的动力因素

从时间上来看，该项目一直持续到现在，主要是地方政府以民营企业为主体来推动扶贫工作，到 2001 年获得第一届中国地方政府创新奖后，地方政府不断出台各种政策来推动民营企业发展，从最初的几家民营企业发展到2008 年的几十家民营企业，并于2015 年后在鹤峰县内建立了三大工业园区。在当前精准扶贫的背景下，企业扶贫在政府的主导下成为扶贫工作的一支重要力量。从空间上来说，产业扶贫一直是扶贫工作的一个模式，该模式不仅在鹤峰县内积极推广，在恩施州内的宣恩县、来凤县、咸丰县、建始县、巴东县、恩施市、利川市都有推广，并成为武陵山区较有影响的扶贫模式。

一　行政体制压力下的强力推动

政府作为公共利益的代表，促进本地区的农民脱贫致富是其主要的职责。在行政体制压力下，地方政府面对来自上级政府的扶贫目标和任务，不得不寻求有效的策略来应对。对于地方政府而言，消极性的行为表达方式并不能缓解这种行政压力，反而会影响到政府的形象，因此，积极应对上级的行政压力是最有效的选择，这既是贯彻和执行顶层治理思想的政治表现，也是地方政府政绩目标的自我追求。政府除了积极应对上级意志别无选择时，就会寻找最有效的应对策略。面对上级政府的扶贫目标分配，鹤峰县政府只能采用最有效的产业扶贫方式来完成扶贫任务，因为产业扶贫能够最大化地带动贫困户脱贫，有效减轻政府的扶贫压力，因此这也是该项目长期持续的重要原因。

对于政府而言，帮助贫困户脱贫是其主要任务，在产业扶贫模式下，企业不仅带动了贫困农户脱贫，而且在相关资金、信息、技术和管理的支撑下具备了致富的能力，鹤峰县政府看中了产业扶贫的这一优势，一直都在采用这种扶贫方式。可以说，产业扶贫是地方政府在行政体制压力下最有效的扶贫方式，保证了该项目的持续发展。

二　政府自利行为中的政绩冲动

基层政府虽然是公共权力机构，代表公共利益，承担公共责任，但基层政府也有为自身组织生存和发展寻找有利条件的自利性倾向。自鹤峰县民营业主负责制形成以来，政府就一直在该项目中起着积极的主导作用，鹤峰县的民营企业是全省乡镇企业改制中最早的一批，因而最先享受到国家的政策福利，并且在早期发展阶段竞争较弱，得到很好的发展，在全州乃至全省很快形成自己的特色品牌。正是因为民营业主扶贫取得了良好的成效，鹤峰县的历届书记都被接二连三地提拔了。据我们所知，该项目的两个发起人分别升为湖北省卫生厅副厅长、湖北省民政厅厅长，该项目的三位核心成员分别升为恩施烟草公司总经理、鹤峰县人大主任、鹤峰县政协主席。

因此，对于鹤峰县政府而言，民营企业扶贫不仅可以凸显政府的扶贫政绩，还是个人升迁的重要渠道。不管历届领导人如何改变，也不管扶贫政策怎样变化，民营企业扶贫模式始终是鹤峰县扶贫的主导模式，一方面的确带动了贫困村、贫困户脱贫致富，另一方面又实现了地方政府扶贫政绩的自利性倾向。随着民营业主扶贫模式的成熟，地方政府也越来越重视这种扶贫模式。所以该项目的持续发展与地方政府的自利性倾向密切相关。

三　政府政策、技术和资金等的大力支持

早在定点扶贫时期，农行就在鹤峰县落户，从资金、人才、物质、

技术、管理等方面给予人力支持，在鹤峰县境内先后推进了基础设施建设、农产品生产加工基地、农业信息技术推广体系、农业资源开发体系以及全县实现温饱工程等项目建设，共发放扶贫贷款6200余万元，极大地改善了农村的生产生活。在“十五”期间新一轮的定点扶贫开发中，农业部发展计划司制定了定点扶贫地区农业优势及特色产业开发的规划，从2001年到2004年，农业部投资高达9325万元，鹤峰县在国家政策的支持下从县情出发并结合本地产业发展优势，先后建立了魔芋良种繁育基地、生姜种苗培育基地、茶树良种育苗基地、反季节蔬菜生产基地等42个基地。

除了国家相关的政策、资金和技术等的支持，鹤峰县也对本县域内的产业发展提供优惠的政策、技术和资金支持。其中《鹤峰县产业扶贫等6个实施细则（试行）的通知》主要是引导群众打破传统的种植养殖模式，学会科学养殖，千方百计提高农副产品附加值，实现帮扶对象经济收入的大幅增长；《关于产业兴县的意见》要求大力发展资源型工业，力争全年新增规模工业企业5家以上，实现产值18亿元，增长23.6%；《鹤峰县关于大力促进全民创业的意见》，通过大力促进全民创业，基本实现“产业兴县”发展战略目标，促使农业产业新型工业化，以现代服务业为重点的第三产业加快发展，每年新增个体工商户100户以上，每年扶持500名劳动者成功创业，带动约2000人就业，确保农民人均纯收入年均增加350元以上，城镇居民人均可支配收入增加1000元以上。

四　分利秩序下“利益耦合”机制的建立

鹤峰县产业扶贫的模式实现了政府、企业和农户三方共赢的局面，奠定了三方分利秩序的格局。分利秩序是扶贫资源下乡所带来的利益分配，当政府的自利性、企业的逐利性和农户的趋利性实现了利益分配平衡的局面，三方之间的“利益耦合”机制便得以建立。于地方政府而言，产业扶贫是地方政府政绩冲动的表达和个人升迁的重要渠道；于当地企业而言，在扶贫过程中成为获取项目资金、政策、技术、信息等资源的重要主体，实现了企业利益的最大化；于贫困户而言，产业扶贫带动了贫困户的直接脱贫，并且为其提供了致富的途径，农民也实现了自身利益的最大化。由此基层政府组织的自利性、当地企业的逐利性和农民的趋利性构成分利秩序的基本面向。

当分利秩序的利益格局形成后，“利益耦合”成为政府、企业和农户三者之间扶贫的利益驱动。在基层扶贫的运作当中，政府需要依靠当地企业通过产业扶贫来带动贫困户脱贫致富，以完成规定的扶贫任务；而当地企业则需要依赖政府的政策与资源扩大影响和实现进一步发展，正是双方利益耦合才实现了有效扶贫。可以看出，政府组织的自利性为当地企业的逐利性提供了空间，而当地企业的逐利性表达则是以政府组织的自利性为前提。在扶贫领域，产业扶贫模式成为二者的利益关联点。因此，在利益分配平衡下分利秩序的形塑，是项目持续发展的重要推力。

第四节　项目创新效度分析：基于政府、企业和农户的关系视角

在扶贫项目民营业主负责制政府创新中，地方政府、当地企业和农户都参与进来。在产业扶贫中，政府是扶贫项目的主导者，企业是具体的实施者，而农户是主要的利益享受者也是项目的积极参与者。就三者的关系而言，政府与农户不是直接的关系，而是通过企业来带动农户脱贫，政府与企业是直接的关系，与农户是间接的关系，而企业与农户是直接的关系。因此，在该项目可持续运作中，需要正确对待政府与企业的关系以及企业与农户的关系。

在政府与企业的关系中，有两种局面不利于产业扶贫的发展。一是政府强势干预企业的工作，政府在产业化扶贫过程中，不可避免地会形成政府功能和权力的过度扩张，就会出现政府用行政力量指导企业的扶贫工作，干预企业的生产经营的情况，从而造成企业发展失去自主性。二是政府易受龙头企业的影响，追求利润最大化始终是企业的本质属性，扶贫工作是政府的主要责任，而不是企业的责任，政府在依靠企业带动脱贫的同时，容易出现企业套取政府资金的恶劣现象。在利益的驱动下，龙头企业甚至会影响基层政府的行为，以此争取政府无偿或低偿的扶贫资源。因此在扶贫项目可持续运作中，要正确处理政府与企业的关系，

既需要政府从项目实施中有序退出，实现政企分开，健全和完善市场的准入和退出机制，也要加强对企业的监管，制定相应的管理制度。

就企业与农户的关系而言，也存在两种限制产业扶贫发展的情况。一是企业与农户之间联结松散，主要体现在企业与农户之间缺乏科学规范的合作约束，没有形成风险共担、利益均沾的利益共同体。二是农民文化素质不高，组织化程度低下，在与企业的关系中，农户始终处于一种被动的地位。因此，如何正确处理企业与农户的关系，不仅是项目可持续性的重要因素，也是项目改革不断完善的重要路径。在企业与农户的联结松散问题上首先需要规范合同行为、完善合同制度，政府应当引导农户对合同制的重视；其次要建立股份合作制联结机制，让企业和农户的利益与生产、加工和销售挂钩，实行按股分红，从而真正形成以要素产权为纽带的利益共同体。关于农民组织化程度低的问题，政府要加强对农民的培训以及新型科技知识与管理技术的普及，同时有意识地培养农村有潜力的青壮年，让他们到农业院校接受教育，将其发展为具有创新精神的组织骨干，同时还需要建立高效、民主的内部决策机制，实现农民自我管理。

第四章　反贫困中的政府、企业与贫困户的利益耦合机制

——基于鹤峰县“扶贫项目民营业主负责制”的考察

相对贫困的长期存在决定了反贫困是全人类面临的一项持久议题。引导和鼓励企业参与扶贫是现代市场经济条件下扶贫工作发展的客观要求，也是实现贫困人口脱贫致富的有效途径。2016 年习近平总书记对产业扶贫提出要求：“要脱贫也要致富，产业扶贫至关重要，产业要适应发展需要，因地制宜、创新完善。”[①] 产业扶贫的实质是通过扶持主导产业来增强贫困地区的“造血”功能，它同单纯的企业扶贫、项目扶贫相比，具有更强的辐射力和带动力。[②] 企业参与扶贫的实践由来已久，学界也极为重视。黄荣胜在 1997 年就注意到企业参与扶贫的重要性，他认为：“企业扶贫是贫困地区脱贫致富的一种有效方式。”[③] 概括起来，产业扶贫的研究成果主要关注三个方面。一是对企业参与扶贫的动机分析。认为企业参与扶贫具有自利倾向，若政府不进行监管，企业很可能利用政策套取扶贫资金挪为他用，采取消极扶贫行为。[④] 二是对企业参与扶贫模式的考察。如对“村企共建”的方式进行考察[⑤]及对扶贫企业经营组织模式的考察[⑥]。三是对企业扶贫的动力机制进行分析。认为：

---

① 《产业扶贫，精度决定效果》，《人民日报》2016 年 4 月 26 日。

② 胡续平、刑燕芬：《论市场经济条件下的扶贫工作》，《经济问题》1995 年第 1 期。

③ 黄荣胜：《企业扶贫：尚待关注的新思路》，《计划与市场探索》1997 年第 8 期。

④ 闫东东：《龙头企业参与产业扶贫的进化博弈分析》，《农村经济》2015 年第 2 期。

⑤ 罗兰、乔圣茹、王东阳等：《“村企共建”与精准扶贫》，《中国行政管理》2017 年第 7 期。

⑥ 史金善：《关于发展扶贫农业龙头企业的调查》，《农业经济问题》2005 年第 5 期。

"企业扶贫投入是拉动力，农民正向反馈是助推力，政府是拉动力和助推力之间的调和力。"[①] 已有的研究对于企业参与扶贫的长效机制如何建立的问题，没能做出明确的回答。深入分析政府、企业及贫困户协同反贫困案例的研究成果也非常少，已有研究多关注其中一方的行动逻辑，以三者在反贫困中的关系视角进行考察的研究还十分少见。而形成一个政府、企业和农户组成的三维分析框架，可以有效拓展反贫困的作用空间。[②]

传统的农村反贫困模式在扶贫目标上仅仅是缓解贫困，没有重视增强生计能力；在扶贫的手段上，仅仅是"输血"，没有重视"造血"。[③] 湖北省鹤峰县政府在反贫困中大胆创新，探索出将企业作为反贫困的核心力量，将本地特色产业发展作为反贫困的主要方向，通过发展茶产业促进本地经济发展和有效减贫的模式，成效显著。该模式从20世纪90年代开始探索，一直持续到现在，是一种成功的扶贫实践探索。鹤峰县政府探索"扶贫项目民营业主负责制"模式（以下称"鹤峰模式"），是在认识到原有扶贫方式弊端的情况下做出的一种新尝试，即"公司+基地+农户"的方法，此种方法后来演变为多种具体的操作方式。

课题组在2016年8月对鹤峰县扶贫模式进行了较为深入的实地调研，本章根据此次调研获取的材料和思考而撰写。主要考察该模式中政府、企业、贫困户达成协同反贫困行动的内在逻辑，认为其中包含的利益耦合机制是这一模式得以持续的关键。试图把政府、企业及贫困户作为利益相关的整体来加以考察，透视三者之间的利益耦合关系，从而解释反贫困集体行动持久运行的内在机理。因此，本章将从考察协同行动的缘由着手分析，重点分析"鹤峰模式"协同行动中包含的利益耦合机制，分析这一模式的扶贫效应，最后得出一般性的结论和启示，希望能为其他地区的扶贫实践提供参考和借鉴。

---

① 张琦：《企业参与扶贫开发的机理与动力机制研究——以陕西省"府谷现象"为例》，《中国流通经济》2011年第4期。

② 汪段泳、刘振光：《国外反贫困理论研究的新进展》，《江汉论坛》2007年第5期。

③ 孙文中：《创新中国农村扶贫模式的路径选择——基于新发展主义的视角》，《广东社会科学》2013年第6期。

第一节　压力困境：反贫困协同行动的逻辑起点

鹤峰县位于鄂西边陲，为武陵山与大巴山余脉交会之地，是一个以土家族和苗族为主的少数民族聚居区，属于武陵山连片贫困地区。作为恩施土家族苗族自治州的一个偏远县，鹤峰县有“五无”之称，即无铁路、无机场、无高速、无国道、无水运，先后被定为国家一类老区县、国家级贫困县、全国新一轮扶贫开发重点县、农业部定点扶贫县。可以说，鹤峰县在20世纪90年代处于“贫中之贫”的境况，面对大面积贫困的现实，仅靠政府逐户进行分散式和渐进式扶持的话，是极难解决大面积贫困问题的。

要脱贫必然要想方设法增加农民收入。县政府意识到唯一的有效途径，就是从本地实际出发发展特色优势产业，实现产业发展才能从根本上改变落后的社会经济状况。鹤峰县拥有适宜茶树生长的气候，具备名优茶生长的最佳生态环境。该县产茶历史悠久，是历史贡茶和“宜红茶”的主产地，鹤峰县也因此获得了“中国茶叶之乡”的称号。可因为交通、信息闭塞等，当地茶产业没有形成很好的发展态势。此外，20世纪末鹤峰县正面临着国企改制的浪潮，乡镇企业大面积倒闭，改制后的企业也面临着发展的困境。在当时，贫困农户几乎没有土地收入以外的其他增收渠道。不管是政府、企业，还是贫困户，都面临着反贫困的巨大压力。

鹤峰县政府就是在这样的背景之下，通过创新反贫困机制，积极探索以发展特色优势产业带动贫困户脱贫的路子。由此可见，鹤峰县政府、企业、贫困户反贫困协同行动的逻辑起点是来自多方面的反贫困压力。具体说来，这些压力主要包括地方政府面对的自上而下的压力、企业改制后面临的发展压力、贫困户在无增收渠道背景下面临的生存压力。

一　地方政府的政治压力

改革开放以来，国家把经济建设作为一切工作的重中之重。在此背景之下，地方政府官员的政绩几乎都是由当地经济增长指标来衡量和展现的。面对县域经济极其落后的情况，鹤峰县政府必须将产业发展作为主攻方向。同时，贫困问题的严重性使得鹤峰县政府面临促进产业发展和推动贫困户减贫的双重压力。在我国，地方政府处于压力型体制之内，在各种压力的驱动下运行，自上而下的行政命令是其中最大的压力。压力型体制并不是新现象，而是传统的动员体制在市场化、现代化这个新背景下的变形。[①] 鹤峰县政府亦不例外，在此种处境之下，它会考虑在将政府的优惠政策给予企业的同时，让企业分担扶贫压力。具体而言，政府通过为企业提供贷款和专项资金扶持的办法，以政策支持的方式对企业参与反贫困进行捆绑式激励。

二　企业的发展压力

20 世纪末，鹤峰县迎来市场经济发展的重要时期，企业改制掀起热潮，多数乡镇集体企业都通过改制变成私人承包或股份制的私营企业。市场经济体制的扩张和改制政策给新型企业带来了新的发展困境，这些困境主要包括：企业改制造成资产流失、原材料供应不足、现代企业形象亟须形成。

（一）企业改制造成资产流失

调研中发现，鹤峰县参与扶贫的企业中，很大一部分是乡镇企业改制后发展起来的。改制后的企业资产不同程度地流失，新建立起来的公司制企业面临发展困境，部分企业因此而倒闭，还有一些企业则停滞不前，迫切需要得到政府的支持，特别是贷款方面的援助。在面临发展困境的情况下，为获得政府的支持企业积极接受政府提出的承担扶贫责任的任务。笔者访谈的 X 公司主要负责人就谈道，公司在改制后面临多种压力和困难，恰逢政府对民营企业发展的支持力度增大，X 公司积极加入政府提倡的企业扶贫战线，并成立扶贫办公室专门协助政府开展扶贫工作。

（二）原材料供应不足

譬如，改制后的茶叶公司要发展壮大，最基本的前提是要有充足的

① 杨雪冬：《压力型体制：一个概念的简明史》，《社会科学》2012 年第 11 期。

茶叶原材料来源。当时鹤峰县的茶叶是每家每户零散种植，由于缺乏技术，茶叶产量并不高。提高茶叶生产能力，在当地建立茶叶基地是最为实际的选择，因为鹤峰县的地质地貌和气候都非常适合茶叶种植，茶叶也一直是当地最主要的经济作物。X公司从1992年开始全力建设茶叶基地，基地建设需要租赁当地农民的土地，形成连片开发的规模效应。企业参与到政府提议的扶贫行动中来，有利于与农户建立起良好的关系，实现基地扩张和茶源保障。

（三）现代企业形象亟须形成

改制后的企业成为完全独立的经济实体，需要重新建构自身的形象。在当时的历史条件下，两种经济体制处于转轨交汇期，进行企业形象的重塑也具有特别重要的意义。在市场经济体制下，良好的企业形象对于取得良好的经济效益和社会效益都有很大的推动作用。[①] 作为自主经营、自负盈亏的市场主体，改制后的企业要谋求长远发展，需要在失去政府庇护后另辟蹊径，找到有利于自身发展壮大的出路。为适应市场经济的竞争规则，企业需要不断提升社会形象，获得社会的认可和支持。企业参与扶贫，通过宣传运作，将企业良好的社会责任感体现出来，参与扶贫的过程也是企业形象重塑和更新的过程。

三　贫困户的生存压力

关于20世纪90年代初鹤峰县的贫困状况，前面已经做了较为详细的介绍。当时全国都处于经济体制转轨的摸索阶段，人口流动还受到诸多限制，农民外出务工的机会很少，偏僻闭塞的山区农民尚未形成外出务工的思想，以致当地农民除了农作物收获之外几乎没有另外的增收渠道。就X公司M基地的住户来说，他们是在其他地方生存不下去后移居来此，甚至有来自湖南省的移民（当地处于湖北与湖南交界处）。当时的贫困户（现在是M基地的住户，开荒时移民于此）住山洞、住小木船，不但“吃了上顿没下顿”，连住的房子都没有。这些活不下去的贫困户在公司

---

① 木易、宛如、草方：《社会主义市场经济体制下企业形象的重塑与更新——企业形象研讨会纪要》，《社会科学辑刊》1993年第1期。

的动员下把家搬到了茶叶基地。他们因此开始参与M基地茶园建设，茶园里的茶叶长起来之后就经营茶园、管理茶园，现在茶园已经形成了很大规模，茶叶基地就成了移民发家致富之源。

第二节　利益耦合："鹤峰模式"的内在机理

如果说政府、企业、贫困户共处反贫困压力困境是把三者联合起来协同反贫困的初始动因，那么三者能够在反贫困中结成联盟并长期相互配合就需要其他的纽带来维系。"鹤峰模式"得以持续发展的根本原因是其内含的利益耦合机制。下面将重点阐述此种利益耦合机制的建立、运作及效果。

一　协同行动达成：利益耦合机制的建立

要脱贫致富，就需要发展经济，支持本地产业发展是发展经济的根本出路。当时，鹤峰的产业基础薄弱，县政府认识到鹤峰县是个产茶的好地方，气候条件和土壤条件都非常适合茶叶生长，因而有意识地推动当地的产业发展。最初县政府推动茶产业发展的做法是：政府买种子，老百姓种，结果是你也在种，我也在种，他也在种，千家万户都在种茶，但因种茶需要专业的技术，茶叶需要较长的生长期，老百姓的茶叶管理水平有限，包括采摘技术、施土培肥、茶园修剪都需要技术指导，农户难以在短时间内从茶叶种植中获得收益，这些问题仅靠政府也是难以有效解决的。因此，政府就考虑到必须由企业来分担，由企业来管理，茶叶的品质才高，由龙头企业来带动，茶产业才能真正发展起来。

茶产业发展的需求使得政府、企业、农户之间形成一些利益契合点，如土地、人力、优惠政策等，这些因素把政府、企业、贫困户联系了起来。

茶叶企业发展需要不断扩大茶叶基地范围。企业就以租用或流转农民土地的形式发展茶叶基地。农民在茶产业发展中逐渐从土地的束缚中解放出来，也逐步意识到除了土地，正在形成其他的增收渠道。土地租出或流转后，他们在获得土地收益的同时，还可以从事自己擅长的其他工作，如务工、经商等。企业需要土地，农民愿意转让土地，土地将企业与农民紧密联系起来。

中国农村人力资源过剩是一个不争的事实，数量惊人的农民工群体就是一个很好的例证。鹤峰县作为典型的少数民族贫困山区，适宜耕种的土地面积并不多，绝大部分家庭都有一个甚至多个剩余劳动力。地方政府要促进当地发展，就必然要想法转移剩余劳动力，而发展当地产业就可以创造更多的就业机会。茶产业对人力的需求是很大的，管护茶园、采摘茶叶、茶叶加工、茶叶销售等环节都需要雇用大量的劳动力。企业在不断发展壮大的过程中，基地管理人员、采茶员工、加工工人、销售人员的数量需求也随之增加。茶产业还带动了小规模的茶叶加工厂和多级茶叶销售产业的发展。这些都需要大量的从业人员，正好解决了贫困户剩余劳动力的问题。

政府对扶贫企业的支持政策有三个方面。一是基础设施免费建。政府无偿为企业进行基础设施建设，到基地、农户的道路建设都由政府出资，当时鹤峰县的政策可以概括为：企业的基地建到哪里政府的路就修到哪里。二是资金支持。政府当时有产业支持的流动资金，实行项目申报的形式，当时的政策叫扶贫贴息贷款，企业修工厂、买设备、技术更新等都可以向政府申请资金，参与扶贫的企业具备优先申请资格。这样，企业就被拉入扶贫行动中。三是为企业营造良好的发展环境。鹤峰县政府通过扩大宣传、打造“茶文化”品牌等方式，助力当地茶产业发展。还在企业与农户之间发挥协调作用，若企业在租赁或流转农户土地时出现困难或者纠纷，政府就会通过直接介入或督促当地村委会介入的方式进行协调，保证企业与农户之间建立互惠关系。

政府直接与企业合作，签订扶贫协议。政府把优惠政策给予参与扶贫的企业，企业直接面对农户（因为贫困户是包含在农户之中的，且当地贫困户比例很大，后面统一以农户概念表述），把农户纳入产业发展中来。因此，只要企业需要政府的支持，就会积极参与到扶贫行动中来。实际上，企业与贫困户之间的长期互惠合作是建立在利益契合点上的一种利益耦合发展方式。企业从中获得更好的发展环境和利益回报，从发展困境中摆脱出来，形成良好的发展势头。政府通过发展产业，增加农民收入，帮助贫困户脱贫。企业发展了，政府的扶贫压力减轻了，税收却增加了，社会更加稳定了。政府、企业、贫困户在反贫困行动中形成一种互惠互利的良性互动关系，“鹤峰模式”的利益耦合机制因此建立起来。

二　协同行动实施：利益耦合机制的运作

“鹤峰模式”中的利益耦合机制是围绕政府、企业及贫困户的利益契合点和利益纽带建立起来的相互合作、互惠互利的利益关系，从而构建了一个稳定的扶贫网络体系。政府、企业与贫困户在“鹤峰模式”中结成命运共同体，形成紧密的利益耦合关系。企业与签约贫困户之间并不仅仅是交换式的利益互惠互利关系，其利益机制以互惠互利为前提，以合作共赢和风险共担为核心，双方在市场经济中休戚与共，形成一种利益或命运共同体。[①] 政府将优惠政策和各种支持给参与扶贫的企业，而企业通过各种具体灵活的方式将农户纳入产业发展之中，并保证贫困户增收。鹤峰县在发展产业扶贫的过程中，通过建立联结公司与农民利益的“纽扣”，形成“利益均沾、风险共担”的利益共同体，探索出了一条“公司发展、农民致富”的长效、稳定、健康的帮扶之路。鹤峰县扶贫企业与农户之间的合作由最初的“公司 + 基地 + 农户”的方式发展成了多种运作模式，即企业主参与扶贫的“1 + 6”模式。

（一）公司 + 加工厂 + 农户：体现了“车间前移”与“驻点扶贫”相结合

由企业在贫困村无偿投资建茶叶加工厂，建成后由农户无偿经营管理，并在企业与加工厂之间、加工厂与贫困户之间签订脱贫协议，形成公司、加工厂、贫困户三位一体的帮扶责任体系，加工厂成为公司永远不走的帮扶点。采取此模式，企业可以实现三大目标。一是一批贫困对象在企业的强力帮扶下成为茶叶加工老板，通过经营加工厂，不仅自己一年就可以实现脱贫奔小康，还解决了贫困对象“卖茶难”的问题，并激励贫困户扩大生产。二是辐射带动贫困对象增加收入。加工厂对贫困

① 贾旭东：《命运共同体：一种可持续的企业扶贫创新模式》，《中国经贸导刊》2008 年第 9 期。

户的茶叶实行加价收购，农户可增收，同时贫困对象还可在加工厂就业，获取劳动收入。三是直接扩大了公司的生产规模。企业“把加工厂建在基地，把基地变成生产车间”，相当于企业在农村新增了若干生产车间，茶叶收购量大幅增加，而收购成本则相应降低。

（二）公司 + 合作社 + 农户：体现了“集约经营”与“对焦扶贫”相结合

按当地实际，只抓茶产业扶贫仅能辐射到 80% 的农户。不适宜种茶的 20% 的农户怎么办？公司采取“公司 + 合作社 + 农户”的扶贫模式，因村引导，宜果则果、宜林则林、宜药则药，领办或联办专业合作社，使农民的土地集约利用，农村劳动力集约投入，为不适宜种植茶叶的贫困对象找到了一条精准脱贫之路。

“公司 + 合作社 + 农户”的扶贫模式，能发挥以下作用。一是对不适宜种茶的农户起到了“滴灌补充”的作用。公司还鼓励农户开展养殖或其他种植业，并统一收购进行销售，为没有茶叶收入的部分农户增加收入。二是提高了农民的组织化程度。通过专业合作社，初步实现了农产品生产、加工、销售等环节的有机衔接，形成了以当地特色农产品为主，上接市场，下连农户，带动基地的产业链，有效化解了农业产业化经营中的链条断裂问题。三是解放了劳动力。由于农民的土地分散，难以实施机械化作业，繁重的体力劳动耗费了农民绝大部分的精力，土地流转到合作社以后，农民得以从繁重的农活中解脱出来，把时间和精力放到务工、创业中去，提高了收入水平。四是提供了稳定增收渠道。农民在市场保护价收购及土地长期流转的承诺下，可实现稳定增收。

（三）公司 + 基地 + 农户：体现了“源头管理”与“集中扶贫”相结合

通过“公司 + 基地 + 农户”的扶贫模式，利用基地的作用把分散的农户集中起来，以合约的形式把农户和公司结合在一起，公司引导农民干、指导农民做、帮助农民销，走规模化、标准化、现代化的路子，实现“产业规模化、管理标准化”。

这种“公司+基地+农户”的扶贫模式，可实现企业对基地的源头管理。有利于超前规划建设茶旅观光景点。企业兴建基地，可充分发挥其独具的市场眼光和创新精神，把分散的农户、农田集中起来，变分户管理为统一规划，按照景点的标准和要求建设，使产业基地同时变成旅游观光的景点。

（四）公司+大户+农户：体现了“产品创新”与“示范帮扶”相结合

通过“公司+大户+农户”的扶贫模式，扶持具有示范作用的大户，不仅对其在资金、技术等方面予以扶持，还承诺以市场保护价收购其产品。通过扶持具有示范作用的大户，间接带动了贫困户脱贫。

“公司+大户+农户”的帮扶模式，可以帮助企业实现产品结构战略性调整，能直接帮助一批贫困户脱贫致富。有的养殖大户之前本身就是贫困户，企业帮助他发展特色养殖，按市场保护价收购其产品，把风险降到最低，能够确保这些贫困户收入稳增。有些农民尤其是贫困农民家底薄，担不起风险，不敢做第一个吃螃蟹的人，通过扶持大户的示范效应，他们也能找到致富之路。

（五）公司+就业+农户：体现了“企业用工”与“爱心扶贫”相结合

当地扶贫企业优先接收本地农民进厂务工，既为农民提供了在家门口就业的机会，也让企业获得了一批稳定可靠的工人。基本上可达到“用工一人、脱贫一户”的目的。除此以外，公司还拿出专门资金救助因学、因病或因灾致贫的农户，为重点贫困村添置办公设备。吸纳扶贫对象在本地企业就业，不仅解决了企业用工的问题，还解决了扶贫对象不能兼顾家庭的困难。贫困户中很多因为家中有病人需要照顾，劳力无法外出务工，把他们吸纳到本地企业务工能有效解决这一困难。

（六）公司+电商+农户：体现了“市场拓展”与“智慧扶贫”相结合

鹤峰县作为“电子商务进农村综合示范县”，探索出了一条“公司+

电商+农户”的扶贫模式。很多公司在电子商务线上已开通阿里巴巴中文站、阿里巴巴国际站、淘宝网店、微信三级分销、工行“融E购”、土家购等多家企业店铺，主要通过O2O（线上到线下）、B2C（商家对个人）和C2C（个人对个人）等形式实现销售，把生产的商品及各专业合作社生产的特色农产品推向市场。打造电商平台，一方面方便了农产品交易，既可以帮助农民把自己的土特产品“卖天下”，也可以帮助农民对想要的东西“买全球”，足不出户就可以完成产品交易。另一方面提高了农产品附加值，提升了企业效益，带动了农民增收。

鹤峰县通过“1+6”扶贫的方式，实现了企业、农户的利益捆绑，而政府为助力产业扶贫，努力为企业发展提供良好的环境和政策支持，如给茶叶基地修路、提供贷款优惠、实施奖励性政策等。同时政府与公司签订扶贫责任书，要求企业在获得政府支持的同时，履行社会责任，积极参与到扶贫行动中来。按照划片原则，将贫困户划归到各个企业名下，企业必须按照合同规定，按规定的时间要求，帮助贫困户脱贫。

三　协同行动效果：“鹤峰模式”的反贫困效应

协同反贫困行动让政府、企业、贫困户等三方主体分别获利。地方政府以此推动地方经济的整体发展和社会稳定，提高了政府反贫困和社会治理绩效。企业从中获得政府的贷款、修路及其他政策支持，并能塑造良好的企业形象。贫困户从中获得技能提升和收入增加。如此一来，通过“分别获利”把三方主体拧成一股绳，形成反贫困协同行动的可持续效应。

（一）地方政府绩效增加

鹤峰县“扶贫项目民营业主负责制”的推行及其良好效果的呈现，不但推动了当地经济的发展和社会的稳定，还以地方政府创新的形式获得了上级政府的关注，中央及其他地方的相关政府部门多次到鹤峰县学习“扶贫项目民营业主负责制”的经验和做法，并作为一种可推广的创新模式在其他地方推广，形成宣传效应，提升了地方政府形象。鹤峰县政府的几届主要领导都因经济发展及扶贫工作优秀而被提拔到更高层级的政府部门任职。很明显，地方政府反贫困的成果增加了当地政府的绩效。

（二）企业获利

利润是企业的根本，有利可图是企业采取行动的主要动机。在参与扶贫中，企业获利明显。一是获得贷款。贷款在不同时期有不同的具体政策，如扶贫贴息贷款、支持农村电商发展的贷款等，这些优惠政策让扶贫企业优先享受。二是政府基础设施建设的支持。当地政府在参与扶贫企业的茶叶基地进行了大量的基础设施建设，主要是修路，茶叶基地的路几乎全是政府出资修建。在适宜观赏的地方还修了观望台、休息亭等。三是提升企业形象。企业的社会责任是促进企业发展的重要因素，帮扶贫困户和资助困难学生都能为企业形象加分。鹤峰县部分企业打出“良心企业的口号”就是基于其扶贫参与进行的提升企业形象的宣传行为。

企业参与扶贫的动机遇到政府鼓励企业参与扶贫的优惠措施，二者不谋而合，在产业发展上达成共识，参与扶贫带来的正面效益符合企业发展的利益需求。

（三）贫困户减贫

贫困户反贫困行动的目的极为简单，那就是增加收入，实现自身减贫或脱贫。产业发展除了基地建设需要农民工，公司的发展也需要大量的员工，这些员工基本上是本地农民。当地农民把土地流转给政府可以获得流转收入，摘茶叶可以获得务工收入，在企业上班还可以获得工资收入，而且不用外出其他城市务工，可以更好地照顾家庭。在农民与企业的利益博弈中，企业不可能以低于农民自己种地收入的价格实现对农民土地的租用或流转。农民通过出让自己的土地获得一定的收入，加上从土地上解放出来的务工收入，能在一定程度上改善自身的生存条件，缓解生存压力。

第三节　结论与启示

鹤峰扶贫模式作为地方政府探索出的一种成效显著的扶贫路子，内含着以下几个方面的特点。

一 “鹤峰模式”的推行本质上是一个成本分担机制建构的过程

在当前地方政府财政吃紧的情况下，单靠政府力量推动扶贫，效果极为有限。随着人力、物力和土地成本以及扶贫移民搬迁安置及后续发展成本的不断增加，扶贫移民搬迁安置及后续发展成本投入成为移民和各级党委政府面临的最大问题。[①] 因此，动员全社会力量参与扶贫是必然之选。2015 年 6 月 18 日，习近平同志在部分省区市党委主要负责同志座谈会上强调：“扶贫开发是全党全社会的共同责任，要动员和凝聚全社会力量广泛参与。要坚持专项扶贫、行业扶贫、社会扶贫等多方力量、多种举措有机结合和互为支撑的‘三位一体’大扶贫格局……要健全东西部协作、党政机关定点扶贫机制……要广泛调动社会各界参与扶贫开发积极性。”[②]

“鹤峰模式”的优势在于通过“扶贫项目民营业主负责制”，以对企业实行政策激励和责任分担，将政府繁重的扶贫任务部分地分解给企业，让企业在承担任务的同时获得政府的政策支持。企业在完成这一任务时，还能提升自身形象，获得良好的社会效应。可以说，“鹤峰模式”的探索过程就是一个扶贫成本分担机制建构的过程。

二 在政府主导下企业与农民的关系得以重新建构

鹤峰县“扶贫项目民营业主负责制”，是政府在扶贫行动中长时间探索出来的适应本地扶贫要求的一种社会参与机制。“鹤峰模式”在一定程度上重塑了企业与农民间的关系。一是建立了合作关系。农民出租土地给企业，或者企业支付租金给农民，或者农民以入股的方式成为公司或公司茶叶基地合作社的股东。不管是这两种形式的哪一种，农民的主体

---

① 王海宝、施国庆、严灯才：《精准扶贫视角下移民成本分担机制的构建》，《云南社会科学》2016 年第 6 期。

② 习近平：《在部分省区市扶贫攻坚与“十三五”时期经济社会发展座谈会上的讲话》，2015 年 6 月 18 日。

性、自主性明显增强了。农民和企业之间是一种合作关系，而非完全的买卖关系。二是有了利益契合点。企业只有完成政府分配的扶贫任务，才能获取政府对其发展的更多支持。因此，企业帮扶贫困户脱贫和自身发展目标相一致。这可以有效地将二者动员起来，形成合力。企业与农民间的关系在扶贫行动中得以重新建构，打破了原来单纯的“买卖关系”或“雇主与雇工”关系。

三　合理的利益分配是协同行动得以持续的核心动力

鹤峰县“扶贫项目民营业主负责制”能持续10多年并产生良好的扶贫效应，根本原因还得从经济利益上去思考，政府、企业、农民能够相互配合。一是政府扶贫增效，当地产业良性发展，社会和谐稳定。二是企业获利，包括经济收益和社会效应。三是贫困户增收。这三方面缺一不可，若是哪一方面缺失，必将影响到反贫困协同行动的效果。因此合理地建构政府、企业、贫困户之间的利益关系，是“扶贫项目民营业主负责制”能长期坚持并良好运行的关键与核心。政府在这一过程中需要协调好各方利益，引导企业参与扶贫向科学、合理的方向发展。紧紧抓住这一模式的核心动力机制，并在出现问题时进行合理调适，将企业参与扶贫做得更实在、更完善。让政府、企业、农民之间形成相互激励的关系，共同迈向致富之路。

作为一种成功的扶贫模式，“鹤峰模式”能在扶贫经验上带给其他地方哪些启发呢？笔者认为至少有三点可以借鉴。一是要从根本上解决大面积的贫困问题，以产业发展带动贫困户脱贫是一种可行的选择。贫困户的致贫原因各有不同，贫困户依靠自身努力实现脱贫或减贫的方法也多种多样，但政府主导的扶贫行动，其目标是解决大面积的贫困问题。让企业参与扶贫，走以产业发展促进脱贫的道路，将促进企业发展与贫困户脱贫通过利益分配机制联系起来，实现贫困人口脱贫致富，已被证明是有效的扶贫途径。二是产业扶贫能否持久的关键在于是否建立起有效的动力机制。“鹤峰模式”之所以能有效运作和持续发展，原因就在于其利益耦合机制的建立。如果没有利益耦合机制的存在，就不可能调动起企业的积极性，难以取得良好的扶贫效应。因此，产业扶贫的核心是建立起政府、企业、贫困户等三方主体间的合作纽带，此种纽带能为集体行动传送源源不断的动力。三是“鹤峰模式”具备较强的推广性或可复制性。虽然“鹤峰模式”以茶产业为基础，看似具备特殊性，但仔细探究便会发现，其与其他种植产业、养殖产业等农村产业发展具有相似性，都需要政府的政策支持，需要土地、人力等资源。“鹤峰模式”的经验完全可以在其他农村地区实行，只要将当地的产业特点结合起来，变通具体的实施方式即可。

第五章　三社联动与制度创新：武昌区社会公益助推社会治理创新跟踪调查

社会治理创新是指政府、企业、社会组织以及其他社会主体，为了确保社会有序良性运转而采取的一系列新型管理理念、方法和手段，目的是维持社会稳定，保障公民权益，进而实现公共利益的最大化。社会治理创新实质是国家（政府为主体）、市场（企业为主体）以及社会（公民为主体）的合作治理。① 十八大报告指出，要加强社会建设，必须加快推进社会体制改革，即加快推进社会治理创新和制度创新。在党的十八届三中全会上，进一步明确提出要创新社会治理体制，改进社会治理方式。社会公益作为一种新型社会治理方式，逐渐引起社会的广泛关注。在当下社会治理创新的大背景下，武昌区将社会公益充分融入社会治理中来，对于增强政府、市场以及社会三者间的互动具有十分重要的意义。

社会治理创新一直是学界讨论的热点话题，往往同政府创新、制度创新相关联，在现有的文献研究中，关于社会治理创新的研究已取得相对丰富的成果。有学者从政府行为的视角，通过简政放权和积极作为等方式，不断推动社会治理创新②；也有学者从理论基础和概念框架的视角，对社会治理格局进行构建，以期实现全民的共建共享③；还有学者从政策和战略的视角，对社会治理创新的路径和影响因素进行分

① 周望：《社会治理创新的地方经验研究》，中国法制出版社，2014，第 7 页。

② 王勇：《社会治理创新与政府积极作为》，《国家行政学院学报》2017 年第 1 期；严仍昱：《社会治理创新视域下的简政放权》，《理论与实践》2014 年第 6 期。

③ 周红云：《全民共建共享的社会治理格局：理论基础与概念框架》，《经济社会体制比较》2016 年第 2 期。

析[①]。但较少有学者从社会公益与制度创新的视角来探讨社会治理创新的运作逻辑，因此笔者试图通过武昌区社会公益助推社会治理创新的实践样态，从社会公益与制度创新的视角对社会治理创新的运作逻辑进行论述，其突出表现在将社会公益引入社会治理中，并充分借用政府制度创新的优势，来推进社会治理体系的创新升级和政府治理能力的现代化建设，从而实现政府与社会的可持续发展。

第一节　政策引导与社会“倒逼”：武昌区社会治理创新的动力

武昌区的社区建设管理和基层社会治理工作始终走在湖北省前列，其中，“社会公益助推社会治理创新”项目是武昌区建设“全国社区治理和服务创新实验区”的重要内容之一。这一项目的推进与实施，既是国家治理体系和治理能力现代化的必然要求和政策导向，也是武昌区社区建设管理和基层社会治理工作中危机“倒逼”的结果使然。

一　政策引导

党的十八届三中全会通过《关于全面深化改革若干重大问题的决定》。一方面，明确提出全面深化改革的总目标，强调要推进国家治理体系和治理能力的现代化建设，要创新社会治理体制，改进社会治理方式，促使政府单一化的治理主体朝向政府、企业、社会组织或其他形式等多元化的治理主体转变。同时，充分发挥社会公益组织在提供服务、调节关系和维护权益等方面的功能作用，服务社会治理创新。另一方面，也明确指出要进一步调动和激发社会组织的活力，强调“适合由社会组织提供的公共服务和解决的事项，交由社会组织承担”。明确了包含公益慈善类组织在内的社会组织在承接政府向社会转移职能过程中的重要地位；

① 肖文涛：《社会治理创新：面临挑战与政策选择》，《中国行政管理》2007 年第 10 期；刘伟：《论地方政府社会治理创新的政策转化：影响因素与优化路径》，《理论探讨》2016 年第 4 期；蓝志勇：《论社会治理体系创新的战略路径》，《国家行政学院学报》2016 年第 1 期。

也明确了这类社会组织参与国家各项社会公共事务，或是同经济组织来共同承担基层社会治理的不可或缺的作用。也就是说，充分发挥社会这个“第三部门”的调节和补充作用，以解决单靠政府和市场难以解决的社会问题。

武昌区“社会公益助推社会治理创新”项目的突出特征就是将社会公益引入社会治理中来，发挥这些公益类的社会组织的自身优势和资源禀赋，以提供和满足多元化的社会需求和服务。同时，这也培育和催生了多样化的社会组织主体，也正是这些多样化的社会组织主体同政府和企业一起构成了多元化的治理主体，进而形成了“三方联动”的治理格局，在社会治理创新过程中发挥着重要的作用。

二　社会“倒逼”

政府、市场和社会是社会治理的“三驾马车”，要想其并驾齐驱，社会治理体制就必须向“多元共治、协同善治”转型，必须实现“政府、市场、社会”联通互动，共建共融。虽然市场经过改革建立了现代企业制度，但社会仍然是社会治理中的短板，难以实现多元善治[①]，传统的社会管理已不再适应现代社会治理的要求。因此，要让社会也参与到社会治理中来。一是社会能够充分发挥其在社会治理中的独特功能和作用；二是社会能够弥补和完善社会治理中的不足和缺陷。其中，社会作为治理主体中的“一元”参与社会治理，“社会公益就是其最好的突破口”。易主任讲道：“公益，即公众利益、公共利益，而不是志愿服务。社会公益应该按照社会企业的模式来发展，要让有公益性的企业赚更多的钱，这样才能有更多个人、组织或团体投身到社会公益中去。”[②]

武昌区当时面临的核心难题是社区建设管理和基层社会治理的碎片化严重，难以形成整体性的治理格局，突出表现在政府、社区、居民及社会四个方面。一是政府机构设置不合理，权责划分不明晰，社会治理

① 访谈武昌区南湖街道办事处主任、武昌区民政局原项目实施负责人易振波，2017 年 6 月 19 日。

② 访谈武昌区南湖街道办事处主任、武昌区民政局原项目实施负责人易振波，2017 年 6 月 19 日。

资源分散。二是社区基层党组织分散，统筹能力明显不足，凝聚能力欠缺，组织自身的政治功能和服务功能没有得到充分发挥。三是居民主体参与的“缺位”。四是社会组织力量的碎片化导致其社会协同能力低，无法适应和满足社区利益主体多元化、公共产品需求多元化的要求。从根本上来讲，最广泛起作用的、维持社会稳定和社会秩序的自动调节机制必定是社会组织的自我管理。① 因此，这就迫切要求进行社会治理创新，由此引入社会公益项目，培育和引领社会组织的孵化建设，同政府和企业等多元化的治理主体共同参与到基层社会治理和公共服务中。

第二节 “三社联动”与社会公益：武昌区社会治理的制度创新实践

武昌区“社会公益助推社会治理创新”项目发端于武昌区“全国社区治理和服务创新实验区”的创建。2013 年武昌区申报创建“全国社区治理和服务创新实验区”，计划在实验区中进行综合性的配套改革，一手抓行政管理体系优化，一手抓社会工作体系构建，力求实现行政工作与社会工作同步、行政组织与社会组织协同、行政管理与居民自治衔接，最终形成党委领导、政府负责、社会协同、公众参与、法治保障的多元社区治理格局。

2014 年 1 月 6 日，民政部正式发函批复。武昌区全力抓好“实验区”改革实验的第一年试点启动工作，以“理顺职能关系，完善社区多元治理”为实验主题，以“政社互动 + 三社联动”为实验内容，推进“区、街、社区”综合配套体系改革，重点探索社区社会组织参与社区服务治理的路径和措施，形成社区自治组织与社区社会组织联动协作的制度机制，即“三社联动”制度机制，为全国创新社区治理和服务探索提供了新的经验。先后被评为“全国和谐社区建设示范城区”“首批全国社会工作服务示范地区”“全省和谐社区建设示范城区”，并在全国社区治理和服务创新实验区工作推进会、全省社区治理工作推进会、全省社会组织

① 周红云：《从社会管理走向社会治理：概念、逻辑、原则与路径》，《团结》2014 年第 1 期。

工作会上进行经验交流。

2015 年，武昌区全面完成行政体系的改革和社会工作体系的构建。在总结试点经验的基础上，区委区政府先后出台武昌区社区治理“1 + 12”顶层设计体系，即《关于进一步创新社会治理加强社区建设的意见（试行）》《关于加强社会组织建设与管理的实施意见》《关于加强社会工作专业人才队伍建设的实施意见》《关于统筹推进社区基础设施建设工作的实施意见》等 13 份指导性文件，逐步完善、优化“实验区”各项实验改革运行机制。并且，武昌区社会治理创新经验作为湖北省唯一代表被评为“中国社区治理十大创新成果”，“社会公益助推社会治理创新”项目也荣获第八届“中国地方政府创新奖”。

2016 年，武昌区基本完成“实验区”三年创建任务，并研究出台了相关配套政策，切实贯彻落实党组织建设与社会组织建设同步、行政组织与社会组织协同、行政工作与社会工作互动、行政管理与居民自治衔接的实验目标，巩固了“实验区”改革成果，推广了社区治理经验和模式。重点推进社区治理多元共治，丰富社区协商机制，完善“三社联动”“两工互动”机制。其中，“社会公益助推社会治理创新”项目的发展历程大致可以分为“搭建孵化平台，培育公益主体”“优化行政体系，让渡公益空间”“打造 DT 公益，推动公益模式变革”三个阶段。

一　第一阶段：搭建孵化平台，培育公益主体（2013 ~ 2014年）

这一阶段主要是立基于传统社会管理的困境和社会治理危机的现实，将社会公益作为社会治理创新的突破口，重点是搭建社会组织孵化平台，培育和孵化社会主体。2013 年，武昌区以“党、政、企、社、媒、校”六方联动为目标，以“组织建设、项目建设、人才建设、平台建设”四位一体为路径，投入 1000 万元，兴建了华中地区首个社会组织孵化基地，并引进专业社会组织进行技术托管，强化社会组织培育和孵化的专业性。具体内容包括以下四个方面。

（一）组织建设

组织建设依托社会组织的培育和孵化基地。武昌区为社会组织免费提供办公场地、办公设备、注册协助等基础支持；同时，为进驻的社会组织提供战略规划、问题诊断与咨询服务，并提供解决方案等。全省首个街道社会组织孵化基地——水果湖街社会组织孵化园，具备“资源整合、能力提升、组织孵化、项目开发、示范引领”等五大功能，着力打造“一个中心、两大基地”，即社区治理与服务创新实践中心，社区人才培养基地、社区社会组织培育基地。[①] 重点培育四类社会组织：以居民需求为导向的社区社会组织；以专业能力为依托的社工机构；以加强群团组织转型为基础的枢纽型社会组织；以“社工＋义工”为模式的志愿型社会组织。

（二）项目建设

项目建设主要采取公益创投和政府购买的方式推进。为鼓励社区居委会、社区社会组织、社会工作者反映需求，设计公益项目，武昌区每年投入400万元，在全省率先举办区级公益创投，扶持社会公益组织发展壮大，每年投入200万元，尝试在街道举办“社区微公益”大赛等，面向本土社会组织公开征集公益项目，在养老、助残、矫正、法律服务等领域购买社会组织服务。2014年，在武昌区首届“公益创投”大赛中，共有15个社会组织获得国家、省、市公益大赛一等奖。截至2016年，武昌区“公益创投”大赛已成功举办三届，逐步形成了“种子资金—资源配套—社会资助”的创投模式。

（三）人才建设

人才建设包括社区治理骨干（社区工作者）队伍的建设和社会工作专业人才的培养两个方面。一方面，社区治理骨干队伍的建设做到了以下两点。一是大力提升社区工作者的职业素养。每年分层分级对社区工作者进行不少于5天的集中轮训，培训覆盖面100%。实施3年“领头雁计划”，遴选50名社区主职或后备人员进行跟踪培养。设立湖北省首个以社区书记个人命名的社区创新工作室——“张淑静”创新工作室，以

---

① 易振波、樊春阳：《武汉市武昌区“三社联动”激发社区活力》，《中国社会组织》2015年第5期。

激励培养社区领军人才和社区工作者的自主创新能力。加强社工证考前培训，出台持证社区工作者给予初、中级每月分别100元、200元补贴的政策，鼓励更多社区工作者持证并运用社会工作方法开展社区工作。二是强化骨干人才激励措施。完善社区工作者职业保障，探索社区工作者“基本报酬+绩效报酬+奖励报酬”结构化薪酬改革，全力打通社区工作者上升和成长通道，每年安排5~8个名额从社区党组织书记中定向选聘事业单位、街道工作人员。成立湖北首家社区工作者（社工）心理健康服务机构——武昌区社区工作者（社工）心理辅导站。另一方面，关于社会工作专业人才的培养，分门别类培训社工“领军人才”、岗位精英人才、社会组织领袖人才；每年组织开展“黄鹤英才”（社会工作）、“十佳社工”、“十佳社工案例和项目”等评选活动，重点培育和支持优秀的社会工作人才和专业服务项目。

（四）平台建设

平台建设主要是着力打造“政社、校社、社媒、社企、社社”五大平台，“注重链接各种资源，打造社会组织成长的外部良性生态系统，实现社会组织服务对接百姓需求、人才培养对接社区需求”。[①] 向企业推介优秀公益项目、建立爱心企业家联盟，搭建社会组织与企业之间的对接平台。每月定期召开社会组织联席会，开展社会组织伙伴日、公益体验日活动，搭建社会组织之间合作交流平台与社会组织对外交流平台。区直职能部门定期与社会组织召开对接会，搭建社会组织与政府的合作平台。与武汉大学、华中科技大学等8所高校，辖区街道签订共建协议，搭建高校专家智库、大学生公益人才、高校志愿者与社会组织的合作平台。成立武汉媒体公益观察团、微记者团，举办媒体开放日，搭建社会组织对外宣传及品牌建设平台。总结起来即是推进部门合作，签订共建协议联盟；整合高校资源，建立高校志愿者联盟；凝聚社会责任，成立公益企业联盟；聚焦媒体资源，成立公益媒体联盟。

随着社会组织孵化平台的运行和社会组织主体的培育与日益完善，

---

① 易振波、樊春阳：《武汉市武昌区“三社联动”激发社区活力》，《中国社会组织》2015年第5期。

“在社会治理的过程中又出现了一个新的问题，即社会工作体制机制进行改革的时候遇到的最大障碍就是行政工作体系固有的思维过于强大，没有为社会组织的发展和运作让渡更多的社会空间，社会企业和社会组织的进一步发展变得举步维艰”。[①] 社会公益的发展受到行政路径的严重阻碍，行政空间过度挤压社会空间，社会公益发展进入瓶颈。因此，要想改变这种现状，就必须从行政体制上进行“松绑”，从行政机制上进行创新。

二 第二阶段：优化行政体系，让渡公益空间（2014 ~2015年）

2015 年，区委区政府先后出台 13 份配套文件，对困扰社区治理的根本性、长远性问题进行大胆革新，主要是推进和优化行政体制改革，为社会组织的发展让渡空间，进一步打造社会公益体系，推动“三社联动”深入发展。

在武昌区先行先试的基础上，武汉市委市政府相继出台了全市基层社会治理“1 +10”系列文件，成为全市社会治理的纲领性文件。武昌区委区政府先后召开 11 次社会治理创新现场推进会，推广各街道在社区网格化建设、智慧社区建设、区域化党建、社区共同体打造、政务服务流程再造、“三社联动”机制构建、便民惠民项目、社区居民自治、骨干队伍建设、老旧小区物业管理、街道行政服务中心规范化建设等系列工作成果，为街道推进社会治理工作提供了可借鉴、可复制的成熟经验。2013 ~2015 年，连续三年参与“社区治理十大创新项目”评比、“一居一品”特色社区评选等活动，以典型引路的方式，鼓励各街道、各社区结合自身实际和特点以及传统的资源优势深入推进社会治理工作。具体表现在下列三个方面。

（一）创新和优化行政工作体制机制

在区级层面，实行大部门治理。武昌区按照大经济、大建设、大城管、大民生、大文化、大监管的理念，出台《关于深化中心城区街道行

---

① 访谈武昌区南湖街道办事处主任、武昌区民政局原项目实施负责人易振波，2017 年 6 月 19 日。

政管理体制改革的实施意见》，积极整合民政、老龄委、残联、社区教育学院等部门职能和资源，成立民政事务管理委员会，统筹和协调全区大民生工作，统筹全区治理及服务体系，加强全区社会组织管理工作。将区经济和信息化局、区科学技术局、区交通运输局的相关职能整合，组建区科技和产业发展局；进一步整合城管、园林、交通、环保、水务等执法资源，成立城市管理综合执法大队，实行统一集中综合执法。积极推进市场综合监管体制改革，合并区工商、质监等部门的市场监管职能，组建区工商行政管理和质量技术监督局等，提升市场监管效能。

在街道层面，实行大中心制。突出街道在社会治理中的统筹领导地位，明确将区域化党建、公共管理、公共服务和公共安全的“一党三公”作为街道的核心职能。按照“4 +2 +2”模式设置街道内设机构，即党建办公室、公共管理办公室、公共服务办公室和公共安全办公室，街道层面内设区域发展办公室、党政办公室两大机构，街道网格化管理指挥中心和街道行政事务服务中心两大街道服务平台。同时，取消街道招商引资职能，明确街道的主要职能为公共服务；推动区级行政执法力量向街道下沉，赋予街道更多的事权、财权和人事考核权，统筹涉及街道、社区工作的政策和措施，打造“一门式、全科式、信息化”政务服务。

在社区层面，实行网格制。按照“大社区，实网格”的路径，以3000户一个社区的标准，将177个社区调整为140个。以300户为基本规模重新划分网格，实行网格管理模式。每个网格由一名社区工作者全面负责，整合街道干部、在职党员干部、驻区民警、各类协管人员和社会志愿者等队伍力量，统筹组建网格管理服务团队，共同服务居民群众。完善网格“联系群众、巡查发现、反映诉求、一线处置、监督服务”的工作流程，把“敲得开门、说得上话、办得了事”作为评价标准，打通密切联系服务居民群众的渠道。建立区、街、社区三级网格服务体系，坚持“平台求系统，信息求高速，服务求满意”的网格工作机制，利用网格化管理明察、快报、立处等优势，为社区居民提供多元化、精细化、常态化社会服务。

（二）打造和构建社会公益体系

在区级层面，成立“一局四会”组织体系，即社会组织管理局、社会组织促进会、社工协会、志愿者协会、慈善总会。由社会组织管理局牵头，社会组织促进会、社工协会、志愿者协会、慈善总会等联合推进社会公益活动的开展，充分挖掘社会资源，为社会公益体系的发展搭建平台。武昌慈善总会携手武汉融侨置业有限公司打造首支慈善公益基金——“融侨公益基金”（用于志愿者服务等公益项目），截至2016年底该基金注入善款400万元，成功开展和推动益动武昌（公益创投）、慈善送暖、情系乡亲、助学助老等公益活动，搞活了武昌的公益氛围，加快了公益体系的建设步伐。

在街道层面，建立党组织和居委会、业委会、物业公司、驻区单位、群体团体、社会组织共同参与的“1+6”区域共治平台。积极引导社区、辖区单位、社会组织、社区居民有序参与社区治理，推进社区多元主体共同参与社区自治管理。制定《武昌区社区协商议事规则》，健全完善居民代表大会、居民议事会、“三社联动”联席会、业主大会、共驻共建联席会等议事制度。各社区居委会根据各自实际开展自治“微公约”工作，建立社区公共议题的形成、协商、决策、反馈机制，初步形成公益联动的局面。

在社区层面，建立“微公益”孵化社工站。建立社会组织服务平台，为社会组织提供资金、办公场所、人才培育等方面的支持。扶持优质的社会公益服务项目，推进社会组织广泛开展社区服务和社会治理活动。支持、引导企业和社会组织搭建社区服务信息化平台，建设便捷、高效的社区服务网络，满足居民生活需要。

（三）提高和增强社会公益承载能力

社会公益承载力以“空间、平台、邻里情”为主线，打造全区社会公益空间。2012～2015年，武昌区总投入5亿元用于社区公益服务用房建设，每个社区公益服务用房均达1000平方米以上。2014～2015年，总投入3.5亿元改造老旧小区，为小区业主委员会、院落自管委员会等社区社会组织提供自治空间。同时，每年向每个社区投入20万元，支持社区微公益、微创新，加快推进社区公益治理和公益承载力建设。

通过社会主体的培育、行政体系的优化，武昌区社会公益事业得以迅速发展，基层社会治理能力和水平得到普遍提高。但是，在社会组织稳步发展、社会公益体系逐步向前推进时，传统公益模式下存在的信息碎片化、资源小众化、需求模糊化等问题日益凸显，已经越来越不能适应现代社会公益的发展需要，在以“互联网+”为代表的新技术迅速发展的推动下，传统社会下的公益模式亟待转型升级。

三　第三阶段：打造 DT 公益，推动公益模式变革（2016年至今）

目前，我国正处在社会转型的关键时期，社会公益也不例外。面对传统公益模式的困境，改变公益方式、激发公益活力、打造公益生态势在必行。目前，武昌区正在大力开展互联网+公益的创新实践，主要包括“微邻里”“调解网”“互帮网”等公益网络平台。同时，针对公益网络平台出现的新的信息壁垒和资源孤岛，给居民带来使用上的不便的问题，武昌区与阿里云计算公司合作，以云计算、大数据技术为基础，整合原有的互联网公益平台，建立了“淘宝式”全新公益平台——公益通。通过网络集成和技术创新，公益通实现了通数据-运算，通跨界-资源，通理论-实践，通需求-供给，通历史-未来。公益通已获得武汉市十佳创新项目奖、武汉市智慧城市示范项目奖。下一步，武昌区将依托“公益通”的深入研发打造 DT 公益①孵化器。建立公益基础数据库，打造公益云团队，构建公益云平台，开展公益创客行动，研发 DT 公益课程，召开 DT 公益论坛，全面为互联网公益提供组织、人才、项目、平台、技术支撑。主要体现在以下三个方面。

（一）打造和培育公益品牌

从广义上讲，公益指公共利益。公益包含对有限群体的公益和对全体公民的公益。有限群体的公益，是对弱势群体的救助与帮助。全体公

① DT 公益的 D 是 DATA（大数据）的缩写。因大数据的应用，当今世界正由 IT 时代走进 DT 时代，DT 公益正是顺应这一趋势产生的，基于互联网基础设施的强力支撑，基于云计算、大数据在公益行业的开发应用，基于公益通数据库资源的价值发掘与市场运用。契合深化改革形势，适应社会治理环境，满足社会公益需求，建立互联网+公益网络平台。

民的公益，是在社会发展中为满足公民需求而产生的环保、教育、养老、医疗、社会、生活等服务。

“互帮网”是一个帮助残疾人就业的网络公益平台。创始人袁永海自身也是一名残疾人，由于前期缺乏场地、资金、人员，运营十分困难。2014 年，武昌区以政府购买服务的方式，出资 20 万元采购互帮网服务。2015 年，互帮网发展残疾人认证会员 4678 人，注册会员 28503 人，《人民日报》以《袁永海，打开残疾人就业一扇窗》为题对此进行了报道。

武昌区涌现了一大批面向大众服务的公益组织和机构，它们以发起人为核心，以自身价值观为链条，进行资源整合与动员，在环境领域、教育领域、社会服务领域各显身手。武昌区因势利导，培育壮大了绿色荆楚、蒲公英悦读小镇、信义社区便民、调解网等公益品牌。

（二）整合和开发优势资源和公益项目

为使公益项目更具引领性、公益性、可推广性，武昌区适应社会转型和职能转变需求，创新“群众点菜、社会配菜、政府端菜”的“微邻里”治理模式，将“互联网＋社会公益治理”模式引进社区，充分整合社区、邻里间的优势资源，开发各具特色的社区公益项目，更好地服务社区居民。

武昌区以徐家棚街为试点，以项目方式购买腾讯大楚网技术服务，打造“互联网＋社区服务”的连接器，开发上线“微邻里”微信公众号，使社区服务更便捷、更智能，同时促进社会公益融合社区治理更高效、更贴身。

（三）构建公益云网络服务平台

“互联网＋”正在颠覆一切。社会公益的转型，就是从传统慈善到现代公益的转型，就是运用互联网思维和手段，让整个行业真正转型升级，“公益通——楚天公益云平台”就是很好的例证。

“公益通”是由武昌区楚天善谷公益大数据发展中心发起，运用互联网技术，整合楚天公益要素资源，服务社会治理创新的网络公益平台。“公益通”的“互联网＋云端”模式为“一横一竖”。所谓“一横”是指互联网、大数据、云计算；所谓“一竖”是指楚天公益、楚天善谷、“公益通”。其核心职能是公益宣传和资源整合。基于互联网的技术支持，“公益通”连接外部资源和项目，形成“公益通 +”的主体思路。通过“公益通 + 社会治理、+ 企业公益、+ 公益资源、+ 志愿者服务、+ 新媒体运用”等，构成“互联网 + 公益通 + 楚天公益”的落地模式。其目标定位是：基于公益大数据的开发应用，整合政府各部门信息，推进数据库联网，整合企业、社会公益数据资源，实现互联贯通。“公益通”将成为社会组织的网上大本营，企业的公益助推器，社会治理的合作小伙伴，楚天公益的数据云平台。

第三节　多元共治与和谐共享：武昌社会治理新型模式

经过几年的社区建设和发展以及基层社会治理的实践与创新，武昌区在发展中不断进行总结创新，不断进行制度设计，在发挥政府主导作用的同时激发社会组织活力，整合社区社会组织，优化行政体制机制改革，提升社区居民自治能力，在社区建设和基层社会治理方面取得了一定的成效。全区人居环境得到极大改善，公益性服务设施从无到有，基层社会管理趋于有序，公共服务覆盖基层，社区居民自治形式丰富多样，居民对政府的评价和认同逐步增强。社区社会组织发展质量稳步提高，在维护社会稳定、提供公共服务和促进社会和谐发展等方面，充分发挥了自身作用，成为社区建设和治理的重要参与者。具体体现在以下几个方面。

一　理顺了区、街、社区之间的关系

武昌区通过优化全区行政体制机制的改革，对区、街和社区等机构进行整合，初步理顺了区、街、社区之间的关系。一方面，建立了事务清单制度。同时，区、街、社区实行行政委托制和购买服务制度，按照“权随责走、费随事转”的原则，明确了区、街、社区的权利和职责，初步理顺了三者之间的关系，解决了三者之间责任不清、遇事推诿的问题。

另一方面，在区街层面，积极推动综合执法队伍力量下沉，赋予街道更多的事权、财权和人事考核权，保障了街道权责对等、权能对等，实现了区政府、街道办合理对接，理顺了区、街层级关系，增强了街道统筹社区建设的能力；在街社层面，街道负责民生工作的部室优化整合，将由社区履行的行政服务职能上收，设立街道行政服务中心和网格化管理指挥中心，理顺了街道和社区之间的关系，减轻了社区行政负担，社区行动能力得到增强。

二　增强了社区组织自主服务居民的意识

武昌区在多元联动、多元化主体参与居民议事协商的基础上，积极推进社区居民参与社区治理，提升物业服务品质，改造老旧院落，探索出了物业品质提升模式和老旧社区治理模式。在社区资源有限的情况下，有效地提升了社区组织服务居民的能力。比如武昌区粮道街办的马道门小区在专业社工组织的指导下，针对该地老旧物业无人管理的问题，成立老旧院落居民自治组织，按照居民意见封闭院落后安排专人值守，安装监控设备保障居民安全，安排保洁人员定期进行楼道清理，划定车位解决车辆乱停乱放问题，修建文化长廊美化生活环境，并在此基础上继续深挖“院落居民自治”的有效途径，同时借鉴沿海发达地区成功的范例，持续打造出更具特色、更有成效的“院落居民自治”模式。这些建立在多元联动基础上的社区服务满足了居民的基本居住需求，表明建立在多元联动基础上的社区组织服务居民的能力得到有效提升。整合社区居民需求，调动了居民参与到自治组织中的热情，有效提高了社区居民自我服务的意识与能力，有助于建立完善的居民自治体制，社区自治功能得以增强，基层社会管理体制逐步完善。

三　形成了“互联网+”社区公益服务模式

信息技术和信息网络为社会公益服务组织和社区居民搭建社区公益服务平台，拓展社区公益服务领域。近年来，武昌区大力采用“互联网+”社区公益服务模式，不断推进社区服务向公益化、便民化和规模化方向发展。不断完善社区服务功能，推动社区服务发展，紧紧围绕社区服务项目，坚持以科学化、规范化建设为重点，以公益服务为核心，以互联网为手段，大力发展和培育特色社区公益服务内容。武昌区新兴社会组织——“楚天公益云平台”，运用互联网思维和大数据手段，依托公益网络平台，整合公共数据资源、企业公益资源、社会慈善力量，创新公益模式，提高公益效率。“残疾人网络服务平台”——互帮网通过网络为还未就业或不适合外出就业的残疾人提供网络职业，使残疾人能够在家工作，在家赚钱，同时还免费提供远程培训、网络辅导、技能陪练、心理咨询抚慰等服务，为残疾人就业开创了新的渠道。

四　创新了社会治理工作评估督导体制机制

为加强对社会组织的管理和进一步推进社会治理工作的实施，区委区政府结合第三方评估机构围绕武昌区社会治理工作的相关情况研究制定了一套评估督导机制。首先，改变了传统的自上而下的评估标准和方法，增加专家学者、社工机构、第三方评估机构、社区居民等多方主体的评估；其次，对社工的督导，包括业务上的督导和情感上的督导两类，形成了具有武昌特色的督导模式；最后，对社会组织的评估督导，据访谈对象介绍，“做社区备案组织的评价工作，主要对社区组织的人员、结构、发展规划等情况进行全面评估”，“评价不以结果为导向，以过程辅导为导向。我们会帮忙梳理一下应该具备的人员、结构、资金管理等基本情况；在评价的过程中，有社区居民、街道、专家等对环境等各个方面进行辅导”。[①]

五　打造了“三社联动”社区组织服务平台

为培育多元治理主体，完善社区治理体系，动员社会力量参与社区治理，武昌区委区政府着力构建以群众需求为导向，以社区为基础、社会组织为载体、社会工作者为支撑的“三社联动”治理模式，逐步形成了政府与社区、社会组织、社会工作者“互联、互动、互补”的大服务工作格局。政府层面，定期举办公益创投大赛，引服务项目进社区，为

① 访谈武昌区民政局社会组织管理处李科长，2017 年 6 月 15 日。

居民开展公益服务。社区层面，搭建社区服务平台，提供服务场地，吸纳社会组织利用各自不同的资源优势为社区居民提供各类服务。社会组织层面，依托区级、街道级社会组织孵化基地，开发以社区为基础的支持性公益项目，培育社区社会组织。社工层面，成立区社会工作者协会和街道社会工作分会，规范和完善社会工作者、志愿者登记和注册管理，通过强化社会工作培训，不断推进社会工作专业化、职业化、规范化建设。

首先，“三社联动”引导服务社区理念。坚持以居民需求为导向的服务模式，不再是传统行政管理的“管控型”模式，真正践行了“居民社区居民做主，从替民做主到让民做主”的观念转变。真正做到“社区需求让居民表达，社区问题让居民讨论，社区事务让居民治理”的操作方法及技术。其次，“三社联动”实现“社区人”的转变。让“社会人”变为“社团人”，再从“社团人”变为“社区人”，这是一个参与分享快乐的过程，“三社联动”使社会人融入社会组织，进行组织化，获得归属感和认同感，形成记忆型共同体，社会人不再是零碎的、松散的个体。社会人经过组织化变成社团人。然后，社会组织参与社区服务、社区管理、社区公益及互助等，社团人在参与过程中逐渐变成社区人。这一过程增强了居民的社区意识和社区归属感，最终实现人的变化。再次，“三社联动”体现居民自治。确定服务居民、服务社区的理念，真正坚持把居民需求作为出发点和落脚点，体现以人为本情怀；作为一种制度保障居民自治，作为实践则推进社区人的形成，实现居民组织化建设。社区人通过社会组织积极参与社区治理，进行自我管理、自我服务、自我教育；践行居民自治，回归居民自治本质。“三社联动”增强了社区服务功能，回应了居民需求，激发了社区活力。

六　开创了“社工 + 义工”社区志愿服务形式

“社工 + 义工”即社工带动义工服务居民，居民参与义工支持社工。社区治理既要发挥“社工”的优势，又发挥“义工”的功能，更要影响居民加入公益服务行列。近年来，武昌区大力实施“社工 + 义工”行动，开创社区志愿服务新局面。按照《市委办公厅、市政府办公厅印发〈关于组织引导社会力量参与社区治理的实施意见〉的通知》等文件，成立社工、志愿者协会，加强制度建设，并以协会为枢纽，推动社工与各领域志愿组织资源共享，区域互动，常态服务。

2015 年武昌区拥有志愿者 12.6 万人，社区活跃志愿组织近 450 个。采用“专业社工 + 志愿者组织”的服务模式，在社工的引领下，活跃在武昌区各个街道、社区，开展就业培训、健康医疗、法律咨询、环境保护、家电维修等社区志愿服务，并形成了武昌区互帮助残中心、武昌区长江救援队、武昌区陈兰婚姻服务工作室等一批有影响力的志愿者组织，强化了志愿服务理念，丰富了社区服务主体。根据“志愿服务专业化”原则，有计划、分层次、多形式地开展“社工 + 义工”行动课程素质和技能培训，培养出了一批拥有专业知识的社工和掌握志愿技能的志愿者，提升了社区服务能力。

第四节　结论与思考

政府、市场和社会这三大社会治理主体之间只有建立起平等和谐互助的“伙伴关系”，才能谈得上社会的良性治理和善治。[①] 武昌区“社会公益助推社会治理创新”项目就恰恰印证了这一点，针对社会主体的弱小和发育不足，以社会公益作为社会治理创新的突破口，培育社会组织，壮大社会主体力量。优化行政体制机制，为社会组织和社会主体的培育和发展进一步释放空间。同时又借助“互联网 +”技术，打造公益云网络平台，最终实现传统公益模式的现代化转型。武昌区社会公益与“三社联动”相结合，并着力于社会力量的自我组织和自我管理，使之在基层社会治理中发挥着举足轻重的作用。社会治理方式的创新也促使政府治理方式的革新和治理能力的提升，推动政府和社会的良性互动发展。当前武昌区基层社会治理模式虽已取得了实质性的成效，但是在社区治理、居民自治以及多元共治等方面还有待进一步提升。

一　优化和总结基层社会治理经验

经过几年的实践探索，武昌区基层社区治理逐渐形成了自有的模式，

① 周红云：《社会治理》，中央编译出版社，2015，第 4 页。

内容逐渐丰富，主体更加多元。但是，多元主体在互动的过程中还不够顺畅，实践经验在基层的推进还不够充分，因此，还需要在吸收和借鉴国内外优秀经验的基础上，不断进行优化和完善。在继续推进“三社联动”“公益创投”“社工站”等实践活动的基础上，武昌区应不断总结经验，推陈出新，逐步将其上升到制度化、系统化的层面，形成独特的武昌模式，以更好地满足群众的需求。

二　提升社区治理的法治化水平

在依法治国的背景下，加快推进和实施基层社会治理法治化建设是破解基层治理困境的可行路径。推动社会治理尽快进入法治化轨道，有利于规范社区治理的工作，有利于调解社区治理的矛盾纠纷，有利于加快和谐社会和法治社会的建设步伐。基层治理法治化的着力点是坚持党的领导、群众自治和依法治理的有机统一；坚持基层法治型党组织、基层法治政府、基层法治社会一体化建设；完善基层治理立法；加强基层法治文化建设。[①]

在推进社会治理创新工作的同时，也应进一步提升社区治理的法治化水平，要以深化“法治武昌区”建设为目标，加快推动法治政府、法治市场、法治社会“三位一体”建设。社区在加强自身法治化建设的同时，也应积极引入社会的监督和参与，发挥社会组织、社工及社区居民在社区治理法治化中的作用，不断增强他们运用法治思维、法治方式来推动社会治理法治化的主动性和自觉性。

三　加快推进社区居民自治建设

“社区城市化，城市社区化”是今后城市和社区融合发展的必然趋势。“培养公民的参与意识和参与能力，促进公共参与的发展，真正体现和维护公民参与国家各项管理的基本权利，促进社会的自我管理、自我服务和独立发展。”[②] 目前，随着行政体制机制改革的推进，社区的边界

① 李占宾：《基层治理的现实困境及法治化路径》，《河南师范大学学报》（哲学社会科学版）2016 年第 1 期。

② 周红云：《从社会管理走向社会治理：概念、逻辑、原则与路径》，《团结》2014 年第 1 期。

趋于淡化，社区的文化、技术和价值逐渐走向多元，社区去行政化倾向效果明显，但一些问题也随之而来，例如社区居民自治能力偏弱、居民参与意识不高等，严重阻碍了基层社会治理的进一步创新。因此，除依托于培育和孵化社会主体、社会组织，优化行政体系改革外，还要积极鼓励和引导社区居民参与其中，推进居民自治建设，激发居民参与热情，不断完善社区居民参与的制度体系。

四 完善多元共治的社会治理体系

多元共治是指治理主体的多元化，即由以政府为唯一治理主体的治理模式转向以政府、市场、社会组织、企业等为多元主体的共同参与的治理模式。在多元化的治理结构中，政府既要保持政治权威，又要能与社会、市场各主体相融合。目前，武昌区以“三社联动”为基础的基层多元治理模式，基本上使其形成了以“多元主体、多元平台、多元服务”为基本架构的多元共治社区治理体系，但还需进一步深化和完善多元共治的体制机制。不断加强和创新基层社会治理，以构筑全民共建共享的社会治理格局为思路和目标，继续推进精细化治理。

在多元主体治理的模式下，“实现多元化主体的共同治理过程，必然会涉及它们之间的协调和整合问题，所以明确各个主体间的活动边界和自治的局限性就非常重要”。[①] 街道、社区居委会等作为基层政府，在社会治理的过程中是主要的参与者、引导者，但并不是核心，其职责是引导各社会主体规范有序地参与社区事务和基层社会治理；各类社会组织则在基层社会治理过程中发挥着桥梁和纽带的作用，在基层政府和社区居民之间构筑起一个治理的共同体；居民则是社会治理中的核心，要不断地培育和增强其参与意识、社会责任感，鼓励其积极融入社区生活，为社区建设和治理贡献自己的一份力量。

① 刘建军、马彦银：《层级自治：行动者的缺席与回归——多中心治理视野下的城市基层治理研究》，《杭州师范大学学报》（社会科学版）2015 年第 1 期。

第六章　制度优化与体制调适：咸安区乡镇行政体制改革跟踪调查

湖北省咸宁市咸安区乡镇行政体制改革肇始于 1999 年，与全国多地进行的乡镇改革有共通之处，如都开展“减人减事减支”以应对财政上的捉襟见肘状况。但是脱去这层外衣就会发现咸安区的改革有其独到之处，它在很大程度上是主动顺应市场经济发展规律，寻求制度优化之举。贯穿改革的核心是转变政府职能，使政府职能从“管治”走向“服务”。从 1999 年宋亚平调任咸安区后，咸安区即高举改革大旗，厉行改革，采取了一系列的组合措施，推进民主政治建设，精兵简政，转变政府职能，建立社会化服务体系。在宋亚平 2003 年离任时，咸安区生产总值达到 30.5 亿元，增幅达到 12.6%，农民人均纯收入达到 8302 元。此后咸安区发展迅速，至 2015 年全区生产总值已达到 200.03 亿元，农民人均纯收入达到 13243 元。

多年过去，咸安区经济社会环境出现了变化。经历改革的乡镇行政制度能不能适应新的环境，具体措施有没有调整，改革成果会不会退散，仍然得到各方持续关注。2016 年 11 月中旬，课题组带着这些问题赴咸安区对其乡镇行政体制改革进行跟踪调查，并撰写了报告。本章将从咸安乡镇行政改革的背景、过程、扩散、调适、问题、展望等方面进行论述。

第一节　咸安乡镇管理体制改革的背景与目标

一　咸安区基本情况

咸安区隶属于湖北省咸宁市，是鄂东南政治、经济和文化中心。距离武汉市仅80公里，京广铁路、武广高铁贯穿，处于“十字交叉，双向对流”的优越区位上。至2016年，该区辖9镇1乡3个街道办事处。耕地面积41万亩，总人口59.78万人，其中乡村人口39.68万人。2002年下半年，湖北省成为国家农村税费改革的试点省份，随着农村税费改革的深入，乡镇政府原本承担的主要工作，诸如收粮派款、计划生育等开始弱化、消退，乡镇财源锐减，乡镇政府管理功能弱化。

二 咸安区改革的背景

2000年前后，乡镇行政体制改革的探索在全国各地时有出现。经过20多年的改革开放，基层社会环境已经变迁。可以说，乡镇政府面临的困难是长期以来各种矛盾累积交织的必然结果。从废除人民公社到实行家庭联产承包责任制度，从分税制改革到农村税费改革，从计划经济时代延续下来的乡镇管理制度已经不能适应社会形势发展的需要。

计划经济时期，政府机构设置遵循“上下对口”的原则，上面千条线，下面千根针。每一条线都要垂直对准属于本部门的那个“针眼”，所以基层政府机构不断臃肿，精简—膨胀—再精简—再膨胀似乎成了难以摆脱的死循环。比如，七站八所大多是20世纪80年代中后期按照与上级政府职能部门对口的原则设置的。农村税费改革前，“七站八所”大部分运转的资金并不是来源于政府的财政拨款，而是来自其经营所获得的利润。长期以来，政府事业单位面向“三农”的各项服务包括公益服务，按规定许多项目可以收取费用，而且弹性还比较大。所以各个站所“八仙过海，各显神通”，都有自己的经营手段和生财之道。

改革开放以来，让市场在资源配置中发挥基础性作用已经成为不可逆转的潮流。但是政府与市场之间、政府与社会之间的权责不清问题十分严重，政府仍然包揽着许多管不了也管不好的事，市场配置资源的基础性作用难以发挥。以“条块”分配资源仍是资源下沉的主要途径，每一部门都倾向于在基层设立本部门的站所。这些为数众多的站所名义上属于乡镇政府的组成机构，以致加剧了乡镇政府的机构重叠、职能交叉、权责不清、人浮于事等问题。咸安区改革前财政供养人口居高不下，陈旧的体制和僵化的机制牢牢禁锢着它的发展。臃肿的机构、庞杂的人员带来的是严峻的财政供给形势、冲突的干群关系和即将“破产”的政府。“穷则思变”，唯有深化体制和机制改革才能改变乡镇政府面临的困局。咸安区的乡镇行政管理体制改革就是在这一背景下出现的。

三　咸安区改革的目标

咸安区乡镇行政体制改革迫切的目标是摆脱财政困境，恢复社会稳定；整治发展环境，激发经济社会活力。长期的目标则是通过本次改革重新定位政府的职责和功能，调整政府、市场与社会三者之间的关系，形成精干高效的基层政府架构，将政府职能重新定位于加强社会管理与提升公共服务供给，改变传统的以乡镇为单位组织和提供公共服务的状况，重新构建以县域为基础的乡村公共服务体系，打破基层行政系统的分割性、封闭性和分散性。

第二节　咸安区乡镇管理体制改革

咸安区的乡镇改革是一个相互支撑、协调配合、相得益彰的系统工程，各项改革措施相互促进，发挥政策合力，有效改进了原有的乡镇行政制度。

一　1999年到2002年，化解社会风险

（一）整顿金融

1999 年 8 月 13 日，经过前期大量准备和周密部署，区委区政府下发《关于开展清理整顿农村合作基金会的决定》，采取果断措施，关闭各种类型的农村基金会 130 余家，化解了咸安区农村社会基金会兑付危机可能引发的社会震荡问题，使得基金会亏损由 3.68 亿元降低到 4957 万元，这一工作在当年 12 月基本完成，化解了迫在眉睫的金融危机，奠定了支持改革的民意基础。

（二）“五保合一”

1999 年 10 月，宋亚平向区委提出的《关于在咸安区全面推行“五保

合一”的实施方案》获得通过，区委区政府在年初制定并下发《关于撤销区劳动局、区劳动就业管理局、区劳动社会保险局和区机关事业单位保险局，组建咸安区劳动和社会保障局的决定》，将分散在各处的和采取不同保障层次的公民保险统合于一处，即劳动和社会保障局。2000 年 6 月 1 日，区委区政府联合下发《关于全面推行“五保合一”社会保障制度的决定》、《咸安区社会保险费征缴暂行办法》、《咸安区机关事业单位基本养老保险暂行办法》和《咸安区城镇职工基本医疗保险实施细则》，由此“五保合一”在咸安区全面推开，将原来分散在各家的基本养老保险、医疗保险、失业保险、工伤保险和生育保险集中在新成立的劳动和社会保障局，在全区所有用人单位、所有工作人员中全面推行，形成了受益广泛的社会保障体系。由此而始，咸安区逐步建立起一个全面覆盖、低入门槛、费率适度、城乡一体化的社会保障体系。

（三）精简机构

在推行“五保合一”社会保障制度的同时，2000 年 1 月，区委区政府制定并下发《关于治理经济环境的若干规定》《咸安区税费收征管理改革试点办法》，优化咸安区经济环境，减少行政规费。2000 年 3 月 1 日，区委区政府发布《关于在党政机关与事业单位进行人员分流的决定》。2000 年 6 月 1 日，区委区政府发布《咸安区人民政府职能转变和机构改革实施意见》，将小政府大社会作为乡镇改革的理念，将管理职能重叠和相近的机构进行合并，将计划经济时代延续下来的工业局改为留守性的“总公司”，人员竞争上岗，将具有微观服务功能和经营条件的事业单位剥离出来。

（四）干部打工

咸安区的方言比较独特，如果不是本地人很难听懂，这在某种程度上也造成了咸安区的封闭。很多干部思想观念一直没有真正跳出计划经济的老一套，2000 年 11 月，区委区政府下发《关于选派干部到经济发达地区自谋职业打工锻炼的实施方案》，鼓励干部到发达地区“自谋职业，打工锻炼”，更新思想观念，提升适应市场经济的能力和素质。2001 年 2

月 15 日，第一批打工干部出发。由此开始，直至 2009 年结束，转变了干部队伍的僵化思想，提升了干部适应和驾驭市场经济的素质。

（五）撤乡并镇

鉴于过去农村交通不便，通信落后的现实情况，为方便管理，乡镇行政区划设置普遍较小，乡镇政府设置的密度普遍较大。在交通、通信条件改善后，乡镇政府密度过大的问题就凸显出来了。同时，随着经济社会的发展，非政府性质的中介组织成长起来，开始承担起原来由乡镇政府主导的公共服务。多种因素的作用下，将过多过散的乡镇政府进行合并的时机已经具备。2001 年 4 月，在省民政厅的支持下，咸安区将原来 22 个乡镇整合成 10 个乡镇和 2 个街道办事处。

二　2002年12月到2003年3月，重构乡镇行政体制

2002 年 12 月，正值咸安区乡镇党委三年任期届满，准备换届，这为乡镇领导班子成员选拔任用制度改革以及政府机构的改革提供了一个契机。区委区政府适时发布《咸安区关于开展乡镇综合配套改革的决定》，在横沟桥镇和贺胜桥镇进行试点，推行“两推一选”和“交叉任职”、设置“三办”。

（一）“两推一选”

乡镇领导候选人的产生，由全体选民和党员直接推荐。组织部门审查候选人资格，严格监督选举程序，区委根据得票高低确定正式候选人。然后，再依法进行乡镇“党代会”和“人代会”的选举，产生 9 名乡镇领导班子成员。

（二）“交叉任职”

乡镇党委、政府、人大、政协四大班子成员实现交叉任职。乡镇党委成员定为 9 名，书记 1 名，副书记 3 名，委员 5 名；政府班子成员全部由党委委员兼任；党委书记原则上兼任乡（镇）长；3 名党委副书记，1 人兼任人大主席团主席，1 人兼任纪委书记，1 人兼任常务副乡（镇）

长；其他党委委员兼任副乡（镇）长、人武部长、组织宣传委员等职务。

（三）设置“三办”

将原来乡镇的不同办公室合并、精简，组建“三办”。党政综合办公室主要承担党委、人大、政府交办的各项日常工作和社会治安综合治理、社会稳定、工青妇及各部门、各方面的综合协调工作，督促检查有关工作的落实。经济发展办公室主要承担工业、农业、林业、水利和第三产业发展规划、招商引资、公有资产管理等工作，协调与经济发展相关的其他工作。社会事务管理办公室主要承担人口计划生育、国土资源管理、村镇规划建设、民政优抚、民族宗教、劳动和社会保障、科教文卫等工作，协调与社会事务相关的其他工作。

三 2003年6月至2004年8月，转换服务机制

（一）全面撤销“七站八所”

对乡镇农技站、水利站、农机站、城建站、房管站、广播站、计划生育服务站等 9 类 102 个直属站所进行“收章、摘牌、改制和人员分流”改革，相关站所转制为企业和社会中介服务组织，走社会化、市场化和企业化的道路。新型社会化、市场化服务主体与政府脱钩，转为自负盈亏、自主经营、自我发展。站所的行政管理职能收归乡镇相关办公室，原站所承担的行政职能由区直职能部门与乡镇签订相关委托协议，确保国家法律有效实施。

（二）服务人员办理基本养老保险

咸安区对原有站所人员实行经济补偿，对转制后的站所人员置换身份，办理基本养老保险。乡镇站所所有成员按照全省统一规定，建立起乡镇事业单位养老保险，补充建立从 1995 年 1 月至 2004 年 6 月的个人账户，免除了站所干部职工的后顾之忧，确保了离退休人员按时足额领取养老金。咸安区乡镇站所改革，转换了服务机制，改变了站所工作围绕乡镇行政工作的局面，站所人员从此可以专于主业。

（三）乡镇定编定岗

推进乡镇行政机关、区直延派人员定编定岗，分流冗余人员。严格人员编制管理，实行“一人一编一卡”。将乡镇分为三类，一类乡镇 39 个，二类乡镇 37 个，三类乡镇 32 个。规范延伸派出机构，严格编制管理，经费按照“谁设立谁负担”的原则，由主管部门落实。分流超编人员，清退无编制人员。

2000 年初，咸安区委区政府几乎同时推出“五保合一”制度建设、“精兵简政”运动、“工业经济年”和“干部外出打工”等一系列措施，都与化解咸安经济社会风险、巩固咸安社会可持续发展基础有关，属于一个相互配套、相互支持、相互促进的有机整体。可以说改革准备充足、组织有力、程序得当、操作细腻，具有系统性、整体性，不同的改革措施能够相互配合，相得益彰，“精简机构、分流冗员”“党政干部交叉任职”“以钱养事”等改革都达到了预期目标。

第三节　孤点突破到全省推广

咸安乡镇行政体制改革改变了基层政府的行政观念，可以说是对长期以来乡镇制度的一次突破。这场改革取得了明显的成效，为咸安区经济社会发展奠定了基础。同时，咸安区乡镇行政改革的理念和具体做法被省级层面吸收，面向湖北省推广。

2003 年 11 月 4 日，以咸安区乡镇行政体制改革经验为基础，湖北省委省政府联合下发《关于推进乡镇综合配套改革的意见》（鄂发〔2003〕17 号），随后又印发了《乡镇综合配套改革财政政策和资金筹措意见》《乡镇综合配套改革加强象征领导班子和干部队伍建设意见》等四项配套文件，在监利、老河口、安陆、麻城、洪湖、天门、京山七个地方进行试点。

2005 年，在乡镇综合配套改革的试点取得较好成效的基础上，湖北全省展开乡镇综合配套改革，坚持了三项原则。一是精简、统一和效能的原则，压缩机构编制，降低行政成本，提高行政效率。二是坚持市场取向、开拓创新原则，遵循市场规律，引入竞争机制，办好社会事业，变“养人”为“养事”。三是坚持民主、法制原则，健全政务公开制度，加强群众监督，实现机构编制法定化。改革内容主要集中在以下几个方面：规范乡镇机构设置；建立刚性约束机制，严格乡镇编制管理；探索社会保障办法，妥善分流富余人员；完善乡镇财政管理体制；大力推进乡镇民主政治建设；进一步规范乡镇干部的职务消费行为。改革的原则与内容都同咸安区乡镇行政体制改革理念与实践基本一致。

在如火如荼的乡镇综合配套改革进程中，湖北省有70%的县（市）参与其中。从深度、广度和力度上看，皆远超我国其他地区的同类型改革。湖北省作为传统的农业大省，在税费改革后推行乡镇综合配套改革，实现了对乡镇无限权力的压缩，改变了基层冗员的状况，减轻了农民的负担。由此，咸安区改革也由孤点突破走向了全省推广，获得了长久的生命力。

第四节　乡镇管理体制改革的体制调适

咸安区十几年前的乡镇改革，堪比一场政治地震，深刻地改变了乡镇政府的结构和布局。延续几十年的公共服务供给方式、公共事务管理办法被改变。近年来，这一改革的成果逐渐被稳定下来，同时开始与国家的体制、社会环境进行互动和调适。

一　调整与完善公共服务购买

改革中“以钱养事”的公共服务从观念到实践转变了传统的公共服务供给模式，这既是这次改革最重要的突破，也饱受争议。争议大多集中在以下几个方面。首先是公共服务中，财政资金投入不足；其次是不同的公共服务领域该怎么供给；再次是乡镇能不能形成有效的社会化服务主体。咸安区近年的调适回应了这些质疑。

（一）加大财政资金支持力度，调整资金使用结构

自2004年咸安区乡镇改革基本完成后，用于“以钱养事”的资金不断增加，金额从100多万元上涨到1000多万元。近年来增长幅度更加显

著，2012年农村公益性服务经费预算资金总额为840万元，其中省补资金595万元，区级资金200万元，乡镇配套资金45万元。2016年农村公益服务经费已经达到了1037万元，其中省补助585万元，区预算452万元，不再要求乡镇配套。

加大投入，按照政策提高乡镇服务人员的参保基数。咸安区农村公益性服务人员参加养老保险的基数制定于2006年，最低基数为970元，最高基数为1200元。2011年社平工资最低参保基数为1200元，按照社保政策要求，咸安区对服务人员参保基数提高，最低标准为1200元，最高标准为1400元。全年为服务人员承担养老保险、医疗保险、工伤保险和大病保险等经费达到90.56万元。

调整资金使用结构。从两个方面调整了财政预算：一是缩小部门资金占总额的比例，对物化投入和应急性服务及奖励经费进行了取消，将农技、畜牧、农机和水产服务经验示范经费直接预算到乡镇；二是合并和分离有关项目，使经费预算更直观明了，将各项服务中心经费及试验示范经费归并到各个服务项目，将各个项目服务人员的保费分离出来，单独设立服务人员社保经费。

（二）理顺公共事务与购买的关系

乡镇改革前，农村公共服务仅仅依靠政府设置的站所来供给，产生了很多弊端。站所改革后，公共服务的供给可以通过社会和市场实现。由此，公共服务供给的方式才真正多元起来。近年来，咸安区探索理顺公共事务与购买的关系，转变购买程序不规范和服务购买“一刀切”的做法，同时将多种公共服务实现方式进行优化组合，提升公共服务的效能。

自2014年起，在“以钱养事”购买服务的程序上，通过公共服务购买的合同签订，进行三权分置：管理、服务与执法（财权、事权与管理权）收归不同部门。服务主体产生程序也有了变化。一种是借鉴干部竞选模式，举办竞选大会，群众代表打分，采取竞争上岗。另一种是实现定岗招聘制和定向委托制，将农业技术服务、农村沼气技术服务实行派驻制，即由区级业务主管部门根据岗位设置，公开招考、竞争上岗、择优录用，派驻到乡镇，签订合同，从事公益性服务。此外，服务考核上也逐渐探索出精细化的管理考核制度，县级相关部门、乡镇政府形成专门的机构和人员负责监管公共服务人员，同时还建立了诸如“一志三卡”、考核申报等多种监督和考核机制。

在“以钱养事”购买服务的项目上，对于市场做不好、不愿做的服务，咸安区政府也在探索托底服务的办法。农村社区建设与森林防火服务的持续性和工种特殊性，不适用“以钱养事”，所以开始由改革初被纳入服务购买到重新单列出来。2011 年卫生与计划生育系统合并。计生服务站并入乡镇卫生院，因为前者与后者功能上存在重合。水利管库服务工作周期相对特殊，2013 年也由购买服务转为购买岗位。有些服务被直属部门上收，比如堤防看护移入水利局。

在服务中心的管理上，不再干预服务中心的内部事务，不再关注公益服务岗位数量的设定。对公共服务的考核上，由过程考核向绩效考核转型。在考核中关注服务中心的工作结果和成效，而不是服务人员的考勤状况。比如在农业技术服务的考核上，由每万人设置一个服务岗位转变为每亩农田的服务任务是多少钱，按照完成的服务任务提供报酬。

（三）加强社会化服务主体培育

新形势下，农业社会化服务需求不断增加。咸安区是传统的农业县，更是需要一大批的农技人员投入服务中来。近年来咸安区政府加快扶持专业化程度高、机械化程度高、分工细致的为农服务团体，鼓励各种类型的农业服务组织发展。

2013 年，咸安区马桥镇鼓励农技专业服务人员联合农机大户、种植大户成立祥鑫机械化服务专业合作社。成立后合作社规模由小到大，其成员由最初的 3 人发展到 46 人。社内各类农业机械逐渐齐备，拥有大型拖拉机 16 台，联合收割机 12 台，乘坐式插秧机 4 台，小插秧机 5 台，机动喷雾器 20 台。随着人员和机械配置的增加，其服务范围不断扩展，为广大农民提供相关的农业生产信息、技术培训、农业知识咨询和组织农业机械化的生产收割等。该合作社在 2015 年全程社会化服务采购项目中中标，被确定为马桥桂花标段成交供应商，完成机械全程化服务面积 2100 亩，农业订单服务面积 15100 亩，机防示范面积达 11313 亩。

在咸安区像这样的合作社还有 10 多个，多元竞争的社会化服务主体开始从无到有，从有到优，顺应农村生产生活需要，促进农村生产生活的全程社会化。不仅如此，咸安区还大力培育跨域的农村公共服务市场，鼓励不同乡镇的社会化服务主体多元竞争，在竞争中实现社会化主体的发展和促使农民受益。

二 巩固乡镇行政改革成果，加强农民负担监管

农业税的取消从根本上减轻了农民负担，乡镇行政体制改革防止了农民负担反弹。近年来，咸安区结合国家和湖北省的各项政策，采取一系列措施调适乡镇改革成果，加强农民负担监管。

（一）实行农民负担和惠农补贴政策监督卡制度

咸安区在巩固乡镇行政改革道路上，按照鄂农综改办〔2012〕9 号文件精神，发放《湖北省农民负担及补贴政策监督卡》，实现监督卡上的人口、劳力和一事一议筹资筹劳数据与一事一议财政奖补项目的数据口径统一。不定期开展强农惠农补贴资金核查，确保农户补贴信息的真实性、准确性，杜绝虚报补贴面积、套取补贴资金的情况。

（二）规范一事一议审批程序和筹资筹劳标准

严格执行既定的程序和政策。筹资、筹劳的项目必须经村民大会或村民代表会议讨论通过，报乡镇农经管理部门审核，经乡镇人民政府同意后，报区减负办批准。在实际操作中，严控筹资筹劳上限标准，“一事一议”筹资，每人不超过 15 元/年；“投工投劳”，劳平不超过 10 个标准工/年。

加强奖补资金监管。为进一步完善规范村级公益事业建设一事一议财政奖补资金的使用，对违规村庄实行退出机制，三年内不再审批一事一议财政奖补项目。严格奖补项目审查。为防止套取财政奖补资金，对各个乡镇申报的项目进行逐个审查，对工程量不足的要求限期进行整改，对虚报项目的实行退出机制。

三　乡镇行政管理体制改革再试点

随着经济社会约束条件的变迁，我国中西部地区乡镇行政管理体制改革也呈现出多层次的特征。有农业占较大比重的乡镇，也有工业占较大比重的乡镇。当前农业的比较效益低，所以在农业占较大比重的乡镇减少不必要的开支，裁撤冗员仍是主流。工业比较效益好，在工业占较大比重的乡镇，增强政府的管理与服务能力正成为迫切需要，所以工业镇扩权得到实践。咸安区经过10多年的发展也出现了一些工业较发达的乡镇，工业乡镇比农业乡镇管理更加复杂，在某种程度上要求乡镇政府增强辖区内的管理与服务能力，适度扩大乡镇政府事权。

根据《湖北省委办公厅省政府办公厅关于开展经济发达镇行政管理体制改革试点的通知》（鄂办发〔2012〕16号）的精神，咸安区启动了经济发达镇行政管理体制改革试点工作。成立咸安区经济发达镇行政管理体制改革试点工作领导小组，对乡镇政府进行赋权，提高乡镇一级政府的社会治理与公共服务能力。比如，2015年温泉街道办事处内设办公室由3个增加到4个。增加的1个为社会治安综合治理委员会办公室。增强乡镇一级政府财政能力，设置温泉街道办事处财政所（挂温泉街道办事处农村合作经济经营管理站牌），为温泉街道办事处直属股级事业单位核定事业编7名。

咸安区近年来根据实践条件和政策变化对乡镇改革进行调适，无疑都在某种程度上延续了乡镇体制综合改革的内核精神。实事求是探索本地的改革思路，着力增强政府的公共服务与管理能力，转政府的管治思维为服务思维。

第五节　问题与困境

一　亟待优化的公共服务购买

（一）公共服务市场尚不完善

经过十几年的发展，咸安区“以钱养事”购买公共服务取得了很大的成绩，但也遇到了不少难题，尤其是农村公共性服务劳务费校准制定问题。农村公共服务的“价格”基本上由乡镇政府决定，反映市场供需状况的价格杠杆没有充分发挥作用。如果存在多元竞争主体，民众确实可以得到更多益处，但在缺乏多元社会化服务主体的条件下，公共服务市场难以健康成长，民众得到的服务质量也将难以保障。

目前，乡村仍保留着熟人社会的一些特点，农村服务人员大多来源于原来的“七站八所”。在某些乡镇，甚至有接近70%的服务中心的人员仍是原来站所的员工，这些人并没有完全脱离与乡镇政府的关系。正如调研中一些乡镇干部所讲：“熟人社会，人与人之间总是要讲感情，所以服务中心的人员仍然需要配合乡镇政府的其他工作。同时，乡镇政府也尽量在考核中维持着服务中心的面子，不给他们难堪。”所以公共服务的招标、监管难免受到“人情”“关系”的影响，完全的、竞争性的公共服务市场尚未形成。

（二）“条块”关系尚未理顺

“条”与“块”的矛盾，核心在于资源配置权力的纵向化与社会管理责任的横向化所导致的“二元”治理结构上的不平衡。仅仅依靠县乡两级政府各部门之间的横向撤并显然是不够的，传统的由“条条”部门配置资源的权力仍然非常强大，“条块分割”导致的职权冲突仍然频繁。

“块”重在执行，“条”重于监管，这本是政府行政的应有之义，但现实情况则不然。一方面，县乡两级政府承担的公共服务越来越多，领导农民致富、维护农村社会稳定与进步的责任越来越重；另一方面，县乡的财政保障能力越来越弱，“巧妇难为无米之炊”，这就必然导致责任与权力严重不对等，目标与手段明显脱节。“条块”关系不顺畅，乡镇上面的组织和部门经常会对乡镇形成一种同构化的压力，侵蚀咸安区改革对体制的优化成果。

（三）全能政府思维尚未消除

在经济社会环境发生了很大变化后，政府仍然倾向于对社会事务大包大揽，尤其体现在三个方面。一是体制惯性。政府除了做本职工作之外，还要兼顾从小区治保、邻里纠纷到防汛抗旱、对口援助等诸多事项。二是政府考核。不得不说全能政府思维与长期以来政府的考核办法相关。考核中往往包含着政府无限的责任，比如招商引资、综治维稳等。近年来，长时间累积的各种矛盾不断凸显，在这种环境下，基层政府维护稳定的职能在政绩考核中占了较大比重。三是民众依赖观念。民众"有事找政府"的观念根深蒂固。基层政府也小心翼翼地维持与民众的关系。当民众遇到需要与部门对接的事务时，往往不去具体负责的部门，而是直接到乡镇政府寻求帮助，乡镇政府为了维护基层稳定，往往要包揽民众的很多诉求，而全能型政府难以形成精干高效的行政结构，也难以促进专业化社会服务的发展。

二　乡镇改革动力减弱

咸安区的乡镇行政体制改革已经过去多年，促进改革继续的动力也在转换。从开始的回应财政压力，到回应部门压力，再到回应民主压力，这三种动力贯穿于咸安区乡镇制度创新之中，不同时期侧重不同。[①] 然而，随着农村税费改革成果巩固，从全国来看乡镇改革动力已经不是很足。

乡镇财政压力一度是推动我国中西部省份进行乡镇改革的重要力量，但是近些年来，中西部地区的乡镇经济社会条件发生了很大变化，突出体现为国家财力改善，加大了对基层社会的转移支付力度，更加重视"三农问题"，加大了支农惠农力度。随着基层社会财政状况的改善，乡镇改革动力持续减弱。另一方面，乡镇行政改革仅仅在县级以下得到实施，然而乡镇以上的各级政府依然维持着部门化的资源配置方式。而且，行政体系中的"上下同构"仍然发挥着重要作用，于是乡镇政府之上的各级政府部门便对乡镇政府产生一种同构化压力，以致每个上级政府部门又千方百计地要求在乡镇一级设置与自己对口的站所机构，否则便借故不给予资金支持。尽管咸安区乡镇改革成果目前仍然能够艰难维持，但是在回应上述部门压力时已经力不从心。此外，农村大量劳动力外出

① 吴理财：《从"管治"到"服务"——乡镇政府的职能转变研究》，中国社会科学出版社，2009，第108～116页。

务工，加之乡村社会个体化转型，农民对公共事务缺乏民主参与的必要动力，乡镇政府回应民主参与的压力也在消解。

同时，随着国家政策与法律越来越完善，留给地方自由探索的空间缩减，如果没有有效的举措继续推进改革，维持现状则不失为可取的办法，乡镇体制改革动力减弱也就不难理解。

第六节　评价与展望

发端于20世纪末的咸安区乡镇行政体制改革在多年时间里从一个县域推广到全省，再到引起全国范围的关注与借鉴，充分体现出这场改革对农村行政体制优化的重要价值。这些价值体现为乡镇行政体制改革的前瞻性、系统性，体现为改革方略上的制度优化与体制调适。

一　系统的优化工程

社会改革达到社会变迁，实际上是一种正式规则、习俗与惯例变迁的共同体。咸安区乡镇行政体制改革达到的制度优化，是一项系统性工程，不仅是乡镇政府本身精简也涵盖县直部门及事业单位转型，不仅是政府职能的完善也是对政府职能和功能的再定位。通过体制的调适，不断巩固改革成果，形成正式的规则。改革过程中依靠干部群众的广泛持续的参与，坚持用公开化、民主化的方法一步步推行乡镇行政制度，这也是推动正式规则扩散和内化为民众的思想观念的过程。旧的惯例被改变，惯例的转变更好地促进了制度的优化和体制的调适。

咸安区乡镇管理体制改革，可以说是一个精心策划、精心组织、精细操作的系统创新，顺应了社会主义市场经济发展的大潮，遵从国家既定的方针、路线、政策，符合省委省政府有关改革工作的基本精神。因地因时制宜，契合了咸安区的实际状况和干部群众的承受能力，取得了显著的效果，使广大群众受益。

二　持续的调适过程

乡镇行政体制是国家政治制度的重要组成部分，乡镇行政体制的合法性在很大程度上来源于国家政治制度的合法性。制度不是静态的，制度优化不可能一蹴而就。乡镇行政体制改革也是与国家体制持续互动和调适的过程。咸安区的乡镇行政体制改革与国家财政制度、部门体制进行了持续的互动，并在这个过程中不断自我调适，既优化了乡镇行政体制又融入更高维度制度中。咸安区乡镇行政体制改革作为综合性的制度优化工程，除了不断自我调节以适应高位体制外，还不断自我调节以适应不断变化的实践环境。

三　乡镇行政管理体制改革展望

随着我国工业化、信息化、新型城镇化和农业现代化进程不断加快，区县一级被深刻地卷入更开放的市场环境之中，改革传统的行政管理体制和运行机制，提升政府治理能力，建立服务型政府成为不可逆转的趋势。改革需从巩固基层政权合法性、提升公共服务的质量、创新县域社会治理的方式入手，破解乡镇行政体制中不适应社会主义市场经济发展的症结。

咸安区的乡镇行政改革为乡镇改革提供了一个完整的、可供借鉴的范本。在理顺政府、市场与社会的关系后，咸安区乡镇行政体制改革追求建立精干高效的基层行政管理体制，优化乡镇经济社会环境，完善市场监管，为辖区内民众和各类实体提供基本公共服务和公共服务产品，培育各类服务机构。

展望乡镇改革，更加精细化、在地化的改革将会成为现实。整齐划一的乡镇管理模式将逐渐走向多类型复合式的乡镇管理模式。乡镇扩权、乡镇精简、乡镇自治都会找到对应的土壤，乡镇政府将全面走到提升公共服务水平、创新服务模式、培育多元服务主体的道路上来。

第七章　高位推动与制度化困境：社旗县“下访团”跟踪调查

从20世纪90年代开始，我国社会进入加速转型时期，各种问题和矛盾不断凸显，信访作为一项实现公民权利救济和维护社会稳定的制度，在地方政治经济发展大局中发挥着不可或缺的作用。社旗县“下访团”制度就是在这一时期，为解决日趋严峻的信访问题而提出的。“下访团”制度提出之初，对于解决当时社旗县复杂的信访问题确实起到了积极作用。但随着社旗县社会经济条件的不断改善，信访工作面临新的形势，在这种情况下，“下访团”制度将出现怎样的调整和变化，造成其变化的原因何在，这都是我们需要了解和解答的问题。为此，我们于2016年8月23～25日赶赴社旗县，就“下访团”近年来的实施情况进行了跟踪调查，力图把握县级信访格局下“下访团”制度的变化，找出其变化的原因。

“下访团”之所以能在短时期内化解社旗县严峻的信访形势，离不开社旗县委县政府在全县范围内的高位推动。但这种具有应急性的、运动式的“反倒逼”举措也面临着很高的执行成本和后续制度化的问题。本章围绕县域社会经济发展和县级政治变迁，分别对“下访团”制度的兴起背景、演变过程、主要创新举措、变化情况、变化的原因进行分析，并对“下访团”制度创新的执行成本与制度化困境进行反思。

第一节　“下访团”创新背景

社旗县地处南阳盆地东缘，是1965年11月由当时周边的唐河、南阳、方城、泌阳四县各划出一部分组成。截至2015年12月底，该县总人口73万人，县域面积1203平方公里，耕地130万亩，辖14个乡镇2个街道办事处257个行政村（社区）。社旗县生产条件、交通状况、城市建设、工业基础等各方面均相对薄弱，加之当时各种社会矛盾突出，群众上访频发。1994～2001年，在刘振山县委书记任内，社旗县成为省市两级信访工作先进县，“下访团”发挥了不可替代的作用。

“下访团”的提出既是社旗县当时严峻信访形势“倒逼”的结果，也是刘振山书记为社旗“理思路、谋发展”的一项重要举措，同时也离不开转型期各种社会矛盾交织的复杂局面的推动。

20世纪90年代以后，随着我国经济的加速发展，由利益矛盾导致的各种社会矛盾和问题更加复杂多样，群众信访工作中出现各种历史遗留问题和现实问题交织、经济利益诉求和政治社会权益诉求交织、正当要求和不合法方式交织、多数人合理诉求和少数人不合理要求交织的多元化复杂局势。这一时期全国群众信访总量不断攀升，各级信访部门面临的压力不断增大。到2000年，全国县级以上党政机关受理的群众来信来访量首次突破1000万件（人）次，在2003年更是引发了持续上升的“信访洪峰”。①

社旗县在1994年也顺应全国各地加快发展的潮流，提出调整种植结构，但各种原因导致该县干群矛盾突出、上访事件频发。这一时期，平息干群冲突，解决上访问题，确保社旗县稳定发展大局，成为该县各级政府机关的首要任务。

刘振山于1994年11月任社旗县委书记后即确定了“理思路、谋发展、保稳定、重教育、树典型、扬正气、解民忧、抓党建”的工作思路。社旗县严重的干群冲突和上访形势，使刘振山和县委县政府领导班子提出了“下访团”工作方法。从1995年2月开始，从县乡抽调千余名机关干部进村入户下基层，分包案件解决，全面排查化解矛盾，开展以法规政策为主要内容的全面素质教育，千方百计帮助群众办实事、办好事、办善事，努力改善党群、干群关系，使上访成风的势头得到遏制，局面明显好转。

① 张大成：《论信访制度改革的立场选择与制度完善》，《辽宁工业大学学报》（社会科学版）2008年第4期。

第二节 “下访团”的演变过程

1995年以来，社旗县“下访团”工作方法大体可以分为两个时期，即刘振山主政时期和刘振山卸任时期，进一步又可以分为四个阶段。第一个阶段1995~1997年，“下访团”主要作为全民素质教育活动的一个重要方式而展开。这一时期“下访团”的工作重心在于教育群众、强化信访、稳定社会、促进发展。第二个阶段1998~2001年，“下访团”作为社会治安综合治理的主要方式，采取更加严格的组织形式和更加规范的工作方式，重在排查不安定因素，发现和化解矛盾，维护全县稳定发展的大局。第三个阶段2002~2005年，随着刘振山书记的离任和上访形势的相对缓和，大规模的千人、百人“下访团”集中“下访”归于沉寂，县级“巡访团”的督导巡查及典型表彰工作也相应告一段落。第四个阶段2006年至今，社旗县信访总量持续高位运行，“下访”成为县乡各级政府机关信访工作的一个常态化机制。“下访”主要采取领导干部每月下访和全县不定期集中下访相结合的方式。

1994年进行的全国分税制财政体制改革，在一定程度上将乡镇财政压力转移到农民身上，客观上加重了农民的税费负担。在此背景下，社旗县种植结构调整和以往历史遗留问题的集中爆发，使得该县面临前所未有的上访压力。严峻的上访形势倒逼县委县政府以政治手段高位推动以解决社会稳定问题。“下访团”在全县范围内采取政治任务的方式进行动员，客观上促进了信访部门与其他相关部门的联合，使得原有的软权力变成了硬权力，信访结案率大大提高。但这种做法并未强化信访部门自身的地位和实力。在“下访团”工作方式逐步摸索、提升并更为规范、高效后，由于时任县委书记刘振山的离职和社会治安形势的好转而一度中断。

进入2005年下半年后，河南全省开始了新一轮的乡镇机构改革。以机构优化和人员精简为主要内容的乡镇机构改革被看作减轻农民负担的关键，但也带来了17万分流超编的“乡官”。[①] 社旗县也在这一轮改革中

① 吴海峰：《2005河南乡镇撤并：分流超编“乡官”17万》，《人民论坛》2006年第3期。

产生了大量与“公家”利益沾边的特定利益群体加入上访群体中。面对这一情况，“下访”方式在2006年再次回归人们的视线。但由于这一阶段上访问题大大减少和乡镇机构改革使得干部人手紧缺，县级政权既无必要也无能力组织起千人规模的“下访团”，因此这一时期主要采取领导干部每月下访和针对上访问题集中整治的方式。

2006年以前，社旗县信访工作力量相对薄弱，主要依靠县委县政府通过政治手段采取高位推动的方式，缺乏信访工作的长远规划和制度化手段。尤其是在信访工作取得一定成效后，并没有及时整理、总结相关经验，反倒因为群众上访形势的暂时缓和而中断了这一做法。2006年以后，信访形势始终高位运行，“下访团”的经验被再次挖掘出来，但与以往靠高位推动、部门整合的大信访方式不同，当前的“下访”主要局限于信访局和相关政府部门的领导，缺乏部门之间的协调。

第三节　“下访团”前期的主要做法

社旗县在1995年初实行“下访团”工作方式后，年底已经基本平息了汹涌的群众上访潮。出现这种显著变化的一个根本原因在于社旗县委县政府以政治任务的高位推动形式，创造了一种信访工作新机制，使得信访部门的软权力约束与其他相关部门的硬权力相结合，切实提高了信访部门就地解决问题的能力。

（一）清晰的目标定位和明确的工作任务

1998年以后，在前期实践摸索的基础上，社旗县进一步明确了“下访团”的目标地位，即党的方针政策、国家法律法规的宣传队，了解掌握社情民意的调研队，化解热点、难点问题和重大不安定因素的督导队，处置突发事件的突击队，想民、知民、爱民、帮民的服务队，党委、政府联系人民群众的纽带和桥梁。

根据社旗县的实际情况，“下访团”的工作任务被确定为六个方面。一是要肩负起全民素质教育的任务。采取不同形式有针对性地宣传党和国家的方针政策和法律法规，传播实用技术，加强思想道德建设，逐步提高全民素质，并为群众提供政策、法律、科技等多种服务。二是要肩负起排查解决疑难案件，化解矛盾，理顺情绪的任务。要深入基层，倾听群众呼声，了解群众疾苦，解决群众“见官难”、“告状难”和“不闹不解决”的问题，使群众不出门就能反映问题，不上访就能解决问题，变上访为下访，真正把问题解决在基层，解决在萌芽状态。三是要肩负起调查研究，了解社情民意的任务。要同群众交朋友，促膝谈心，深入了解民情，充分反映民意，了解基层和群众遇到的热点难点问题，收集带有共性、倾向性和可能影响一方平安的潜在问题，及时解决或向上反映，为县委县政府决策提供参考依据。四是要肩负起心连心、送温暖、办实事的任务。社旗县委县政府提出了“1112”工程，即每年至少要交10个农民或工人朋友，传递10条致富信息，为群众办10件实事、好事，帮助2户困难户脱贫致富或帮助2名特困职工解困。五是要肩负起村民自治，政务、财务公开的任务。要建立健全村民自治组织，强化自治功能，依靠群众力量自我化解矛盾；要帮助村组搞好政务、财务公开，铲除不安定因素的诱发点。六是要肩负起村级党组织建设的任务。帮助搞好基层组织整顿，加强党员干部队伍的思想、作风、纪律培训，开辟政策、法律、科技知识讲座，为各村培养出一个不走的“下访团”。

（二）分工明确的组织架构与领导

“下访团”采取半军事化的组织架构。在县一级，由县委副书记赵中民担任“下访团”团长兼政委，县委常委、政法委书记唐荣军，县委常委、宣传部部长刘中青和副县长赵玉生任副团长，县综治委办公室主任鲁明友任“下访团”副团长兼办公室主任。县委办、政府办和纪检委、政法委、组织部、宣传部、检察院、法院、经贸委、农经委、计生委、公安局、司法局、信访局、土地局、审计局等部门的主要领导任“下访团”成员，负责“下访团”工作的组织、协调、检查、考评、奖惩事宜。

在乡镇一级，全县根据所辖18个乡镇和1个县直企业（赊店酒厂）的情况，设置了19个“下访分团”，做到1乡镇1分团。分包乡镇的县领导要作为所包乡镇“下访分团”的1员，积极参与、过问、指导下访工作。乡镇党委、政府从所辖机关单位抽调人员组成“下访分团”，进行下访工作。在各乡镇和经贸委（分管县直企业）一级，均参照县级“下访团”组织设置形式，成立了相应的“下访”工作领导机构，确保乡镇一级“下访”工作有人抓，有人管。

“下访分团”人员抽调确定后，根据所在乡镇的行政村数量，进一步分为若干下访小组，深入乡镇村庄、企业车间展开下访工作。

为保证“下访团”工作的顺利进行，县委县政府从执法执纪部门抽调专人成立了10人“巡访团”，负责“下访团”督察督办工作。

（三）充分的职责授权和监督保障

县“巡访团”和各“下访分团”在实际工作中可以行使以下职权。一是直接立案权。在下访过程中遇到特殊情况，如正在酝酿的、一触即发的上访、闹事或已经激化的矛盾纠纷等，可以当机立断，就地立案，协调有关乡镇和部门及时查处，任何单位和个人不得阻挠或拖延。二是移交、建议权。对发现的问题，根据“分口负责、归口办理”的原则，区分情况，以书面或口头形式分别交由有关乡镇和部门处理。对移交的案件有关乡镇和部门拒不处理或推诿扯皮，造成严重后果者，“巡访团”可建议县委县政府及纪检、监察部门给予批评教育、经济处罚或党纪处分。三是督察督办权。“巡访团”对移交的案件，实行跟踪督促检查，促进工作落实。县“巡访团”和各“下访分团”对党在农村各项政策的贯彻，涉及工人农民切身利益事项的办理，县委县政府重大决策部署的执行等，也可督察督办。

（四）专兼结合、大小结合、上下联动的运作机制

所谓专兼结合和大小结合是指“千人兼职大下访”、“百人专职下访团”和10人巡访团相结合。每年从县乡机关干部中抽调1000人左右，组成19个分团246个下访小组，分别负责全县18个乡镇239个村和1个县直企业，每年下访3次，每次一个月左右。年初的任务是倾听民意、寻计问策、组织发展经济；年中主要是解决统筹提留征收、计划生育等问题；年终主要是帮贫扶困、排查化解不安定因素。“百人专职下访团”的成员都是机关优秀后备干部，3～5人组成一个分团，分包18个乡镇和

1 个县直企业，常年走村串户，深入车间，专职下访。10 人巡访团的成员来自执法执纪部门，负责下访团的协调、检查、考评，综合交流情况，处理突发事件。所谓上下联动是各乡镇成立 5～7 人下访团，与县下访团协调联动。

（五）紧密配合的协同工作制度

“下访团”实质上就是以县委县政府为中心，把各乡镇、各有关单位集中在一起，解决社旗县的社会稳定问题。各单位抽调出来的专职“下访团”成员，其工作与原单位脱钩，常年驻乡进厂开展工作，并按财政有关规定给予适当补贴；兼职“下访团”成员则由其所在单位每年按照县级统一部署，拿出专门时间进村庄和企业开展工作。这两种工作形式，都离不开县级政权的统一协调。这种协同工作制度主要体现在四个方面。一是联席办公会议制度。“下访团”成员单位领导每季度要召开一次联席办公会议，听取“下访团”工作汇报，研究解决“下访团”工作中存在的实际问题，安排部署一个时期的“下访团”工作任务。二是“下访团”工作汇报制度。县“下访团”办公室每月召开一次各分团汇报会，了解各分团的工作开展情况，并安排当月的工作任务。三是工作督查制度。县“巡访团”办公室不定期到各乡镇进行巡查，发现好的典型及时推广，对工作不力甚至不到岗的“下访团”成员予以通报批评，退回原单位并由所在单位给予必要处理。四是激励约束制度。“下访团”成员所包的乡镇、村、企业工作成绩显著者，除进行通报嘉奖外，公务员年度考核可直接定为优秀，符合条件的后备干部优先提拔任用。凡所包乡、村、企业出现重大问题者，除追究本人责任外，所在单位领导要负连带责任，对造成重大影响者要坚决给以党纪政纪处分。

第四节 “下访团”后期的相关变化

随着社旗县上访形势的逐步缓解和刘振山书记的离任，大规模千人“下访团”暂告一段落，“下访”工作方式也由此进入了一个新的时期。

一　信访工作新形势

信访工作形势主要有五个特点。一是群众信访呈现多发性。近些年社旗县信访总量逐步走高。特别是随着国家政策调控、利益格局调整、经济社会发展变革，群众信访活动更为活跃，信访总量大幅攀升。二是信访主体呈现多元化。2010 年之前，信访群众以农民、企业下岗职工为主。2010 年后，一些教师、个体商户、退休党员干部等也加入信访队伍，信访群体呈现多元化、扩大化趋势。三是借访施压企图明显。诉求无理的信访群众存在“大闹大解决、小闹小解决、不闹不解决”的心态，为达到解决自己无理要求的目的，不断越级上访、重复上访、缠闹上访，以给党委政府施压。四是历史遗留问题较多。在上级出台政策解决原联合诊所人员、原民办教师待遇问题后，历史遗留的“两案”“双案”人员、双代点人员、农村畜牧兽医员、农村老电工、原修建焦枝铁路人员、退伍人员也纷纷上访，要求解决待遇问题，助推了信访量的走高。五是违法上访问题突出。一些信访群众为了借访牟利、借访施压，采取非正常上访等违法方式，制造事端和影响，以引起各级领导重视，严重扰乱了社会秩序和办公秩序。这既有全国的共性问题，也有社旗县当地遗留和新产生的问题，共同构成了当前社旗县信访工作必须面对的新局面。

二　信访工作中的“下访”

2006 年以来，面对日益复杂的信访工作新形势，社旗县再次向“下访团”寻找经验，努力维护地方社会稳定。这一时期，由于上访问题主要发生在少数乡镇和少数政策变动期间，因此主要采取领导干部下访和全县不定期集中下访的方式。

（一）领导干部下访制度

社旗县将领导干部下访作为直接联系群众的一项重要工作，各级领导干部每月至少到分包的乡镇（行政村、社区）、分管工作单位下访一次，重点走访信访户、矛盾户、困难户和留守户，了解社情民意，在一线发现苗头、化解问题。领导干部下访制度是与该县施行的干部驻村蹲点制度相结合的。在领导干部驻村蹲点的基础上，通过与领导包案制度相结合，要求相关领导对上级交办转送和分包乡镇的信访案件，做到包掌握情况、包思想疏导、包解决化解、包停访息讼。

（二）不定期集中下访

2006年以后的集中下访活动频率相比以往大大降低，主要是某一社会治安问题突出时期和重大政策调整之后，在全县范围内或重点针对某些上访问题突出乡镇，开展社会治安大排查。这种集中下访活动目前相对减少。2006年后影响较大的是百日下访活动。2007年，针对前期排查出的220个信访问题及重大不安定因素，社旗县共抽调380多名县乡机关干部，深入乡、村、农户、企业，开展声势浩大的百日大走访、大排查、大调处活动，帮助群众解决实际困难，化解矛盾，理顺情绪，最大限度地增加和谐因素、减少不和谐因素。此次百日下访活动曾得到《南阳日报》的报道和宣传。

（三）村级信访调处制度

1998年“下访团”工作重新部署后，培育村级自治组织、强化村民自我化解矛盾能力成为一项重要任务。2008年前后，在前期工作基础上，社旗县建立了村级信访调处制度。在行政村成立民调委员会，选聘由村干部兼任的民调主任，实行民调主任百分制考评。在明确民调主任工作职责的基础上，实行百分考评、百元补贴，当月考评、当月兑现，充分调动了村民调主任的积极性，使矛盾纠纷在第一地点得到发现、第一时间得到化解。这一做法是对“下访团”工作方式的有益补充和延伸，曾被河南省委信访工作领导小组以简报的形式予以推广。

三　从“下访团”到领导干部“下访”

2006年以来，社旗县信访工作尽管始终处于高位运行状态，但以往那种乡乡“起火”，镇镇“冒烟”的状况已经得到明显改善，具有全局性影响的社会不稳定因素基本消除。相比刘振山书记主政时期的大信访工作方式，这一时期“下访”工作成为信访工作的一个重要组成部分。

（一）政治任务到部门行为

1995～2001年的“下访团”因其浩大的声势和卓有成效的工作而为人们所熟知。这一时期，“下访团”工作的典型特点就是，通过县委县政府政治权力的高位推动，“把各乡镇、各有关单位捆在一起办实事”，具有明显的目标导向性。无论是一开始的以全民素质教育为主，还是后来的以社会治安综合治理为重点，“下访团”都是作为这些政治任务的重要执行工具而得以展现的。政治权力作为“下访团”工作的重要推手，不仅提高了执行效率，使得县域社会稳定问题起到了立竿见影的效果，而且大大减轻了县级财政经费的使用压力。中共社旗县委、社旗县人民政府联合发布的《关于进一步加强“下访团”工作的意见》（社发〔1998〕3号）规定，县委县政府相关部门主要领导任县“下访团”总团成员，要为“下访团”解决部分专项办公经费，并在用车、用房等方面创造便利条件。乡镇和县直企业的“下访分团”负责所辖范围内的“下访”事宜，并承担相应办公开支。县级层面高位推动的政治任务，因为直接与公务员考核相挂钩，从而获得了极大的执行力，同时也减轻了单纯行政执行所带来的财政经费压力。

2006年至今，由于乡镇机构改革带来的人员精简和职能转换，乡镇工作逐步从“管治”走向“服务”。通过全县范围的政治任务下达以解决社会稳定问题的方式，往往将过多的行政负担转移给乡镇，乡镇不堪重负。因此，这一时期，除2007年开展过一次百日下访活动外，主要依靠信访部门常规受理和领导干部下访方式推进信访问题的解决。信访部门作为一种联络协调部门，常规受理是其主要方式，“下访”工作则主要依托各同级机关单位的信访办公室（窗口）在相关单位内部发动领导干部下访予以执行。当前的领导干部下访，既是对“下访团”工作方式的继承与发扬，也是与传统的领导干部包乡包村、驻村蹲点制度相结合的一种创新，政治任务高压下的目标导向性已经相对弱化。因为缺乏相应的部门问责机制，主要成为一种“不出事逻辑”下的选择性执行的部门行为。

（二）运动式治理到常态治理

“下访团”早期作为全民素质教育和社会治安综合治理的主要方式，对于社旗县社会稳定局面的改善起到了很好的促进作用。这种运动式治理方式，往往针对某一特定事情的某一特定问题而开展集中治理。在这一意义上，“下访团”就是在各种利益矛盾剧烈交织时期，针对社旗县严峻的群众上访状况而采取的一种行之有效的运动式社会治理方式。运动式社会治理具有集中、高效、成果显著等特点，但也存在治标不治本的弊端。因此，运动式治理虽然具有时间短、见效快的特点，但在实际政治生活中往往只能针对特定时期特定问题采取目标导向性非常明确的集中治理，而无法成为一种常态化治理机制。

但是，“下访”作为一种治理方式，却可以视为常态化治理工具的一种。2006 年，在县委县政府的推动下，“下访”作为有效化解基层矛盾的重要方式，再次回到各级单位的信访工作中来。但与以往驻村蹲点的形式化工作不同，社旗县通过“五到户”工作法的推广，使广大县乡干部“下访”任务更为明确，即矛盾纠纷排调到户、思想疏导工作到户、法律法规服务到户、解决信访问题到户、脱贫致富帮扶到户，将以往“下访团”的“1112 工程”任务进一步分解，具体到个人。

（三）实质协同到形式协同

在县委县政府依靠政治任务的高位推动下，早期“下访团”通过县委县政府权力的整合，“把各乡镇、各有关单位捆在一起办实事”，使得信访部门的软权力因为具有政治权力支撑而获得了硬权力的效果。联席办公制度、工作汇报制度、工作督查制度、激励约束制度等多种制度的保障，使得部门间协同具有了实质性约束力，因而在信访问题的解决上取得了较好的成效。

2002 年以后，尽管联席会议制度依然存在，且进一步明确了领导包案责任制，但这种联席会议因为缺乏高层力量整合，难以发挥实际效果。在领导包案责任制中，主要用于解决上级交办转送的信访案件，缺乏对“下访”的相关要求。信访案件的解决，往往涉及多个部门，失去高层政治力量整合的联席会议制度，由于信访部门的相对弱势地位，很难整合起部门间的协同合力，最后往往回归到领导包案制，形成“一个案件、一名领导、一套班子、一个方案、一抓到底”的局面。在这种缺乏实际内容的形式协同下，相关部门实际能否一抓到底，往往值得商榷。

（四）高位推动到基层调处

“下访团”由县级政治权力高位推动，通过“权力下乡”促进矛盾化解和信访问题的解决。但这种高位推动的权力下乡与基层民众在底层的相遇，一方面因为行政成本而很难维持，另一方面并不能真正触及利益矛盾和上访问题产生的根源。因此，一旦社会稳定回复到一定可控限度，县级政权的重点必然回归到招商引资和产业发展上来，失去权力支撑的“下访团”也就难以为继。

但在当前社会矛盾多发的情况下，信访问题无法回避，信访工作必须常抓不懈。这就要求当前信访工作一方面要依靠信访部门和各级机关单位信访人员的努力，另一方面也要依靠村民自治组织发挥自我调处化解矛盾纠纷的功能。在早期“下访团”的任务规定中，就明确提出了推进村民自治以自我化解矛盾和强化村级党组织建设的任务。2008 年前后，社旗县建立的村级信访调处制度，正是对早期“下访团”试图建立基层调处制度的努力与回应。可以说，由高层推动的信访矛盾化解制度，通过基层调处制度的建立，终于在村级层面生根了。

第五节　“下访团”变化的原因分析

通过以上梳理，我们发现无论是大信访、大动员时代，还是当前的领导干部下访、基层自我调处时期，“下访”都是作为社旗县信访工作的一个重要方式而贯穿整个信访变化过程始终的。从社旗县信访工作两个时期四个阶段的演变过程来看，造成“下访”工作方式变迁的原因既有信访形势的转化，也有政治权力因素的变化，同时也离不开信访执行成本和信访工作制度化本身的需要。

一 信访形势的变化

信访工作始终要根据当地信访形势进行。1995 年开展“下访团”活动，就是针对 1994 年全县范围内的动荡不稳形势。大量干部短期内集中下乡进村，可以迅速找到矛盾和问题的症结，集中处理的方式也有助于短期内缓和与化解矛盾。

从 1995 年开始，通过连续 7 年大规模兼职“下访团”和百人专职“下访团”的不断努力，已有的历史矛盾和新产生的冲突纠纷得到了大量化解。即便暂时无法化解的，也仅限于少数乡镇的部分村庄，不至于构成全县范围内的社会动荡。社旗县 1998 年和 1999 年连续两年的《信访工作情况报告》中均反映出信访工作存在着严重的不平衡性，多数地方比较平稳，信访问题特别是集体上访问题集中在少数乡镇。这表明经过连续几年的工作，社旗县信访问题已经摆脱了 1994 年那种严峻形势，社会治安已进入可控范围。

2001 年 9 月刘振山书记离任时，社旗县已经连续 3 年被评为南阳市信访先进县。从 1998 年开始，“下访团”已经由社会稳定的“救火团”变为基层发展的“帮扶团”，仅 1999 年即解决群众生产生活问题万余件。由于长期重视以村务公开和民主管理为主的村民自治以及基层党组织建设，村庄内部治理能力和矛盾化解能力不断增强。2002 年大规模“下访团”活动因刘振山书记离任而暂停之时，社旗县依然保持了良好的社会稳定。

2006 年以后，由于社会矛盾的再次密集爆发，“下访团”因其时间短、见效快的特点而再次被县级政权采纳，成为信访部门的利器。但这一时期的“下访团”更加具有因势利导的特点，信访形势一旦缓和，大规模“下访”活动即终止。可以说，信访形势的变化，决定了“下访团”的变化。

二 人格化权力的更替

通过对 1995 年以来的“下访团”活动的梳理，我们发现这样大规模社会治理方式的开展离不开县级政权的高位推动。这种高位推动在人格化方面，就体现为县委书记的个人意志。“下访团”实施的过程中，其“实际发展动力来源于基层政府主要负责人的创新意识和自身人格魅力”。[①]所以，我们按照“下访团”规模与形式的变化，将整个“下访团”演变过程分为刘振山主政和刘振山卸任两个不同时期。这种规模与形式变化的背后，固然有全县信访形势变化的基本因素，但也和人格化权力的更替存在很大的关系。

从“下访团”总体构想和实施情况来看，随着信访形势的逐步缓解，1999 年以来“下访团”工作重点虽然在于社会治安综合治理，但已经随着县级政权工作重心的转移而逐渐注重全民素质教育和群众生产生活帮扶，乡村自治力量培育和党组织强化也成为“下访团”的重要工作。按照这一思路发展，“下访团”将成为县域经济发展的重要辅助方式和党员干部联系群众的锻炼平台。但随着刘振山书记的离任，“下访团”这种大信访方式旋即被搁置。信访形势的缓和，使得新一届领导班子不再以高位推动的政治手段倾力于“下访团”这种信访维稳方式，甚至信访工作也回到了原初的相对弱势地位。即便 2006 年后，“下访团”经验被再次使用，也仅仅是根据当时信访形势而采取了小规模“下访”和适当的改造。

由此可见，对于“下访团”这种具有全局性的、尚未制度化的非常态性工作，人格化的权力更替往往极易导致该项工作的中断和变形。即便是继承前人旧制，也要根据当前情况和权力化人格的个人意志进行适当改造。

三 信访执行成本增加

以政治任务形式下达的“下访团”，因动员人数较多，即便在刘振山书记主政时期大规模的千人“下访”也仅为一年 2～3 次，更多还是依靠百人规模的专职“下访团”。2000 年以前，物价水平相对较低，专兼职“下访团”的经费开支均由成员所在单位负担，尚在承受范围内。进入 2006 年后，一方面是物价水平迅速上涨，使得相关单位难以完全承担这

① 唐亚林、曹前长、庄永海：《小城镇公益事业民营化：经验、问题与对策》，《江淮论坛》2004 年第 6 期。

部分额外支出，另一方面是2005年以来的乡镇机构改革使得乡镇各部门人员锐减，在人员抽调上面临一定的困难。“下访团”的执行成本开始成为县级政权考虑的重要因素。因此，2007年举行的百日下访活动，尽管依然由抽调人员原单位负担大部分活动开支，但县级财政已经拨付了专项补贴。在人员规模和下访方式上，也无法像1995年至2001年那样组织那种大规模的集中下访，而是采取百人小规模轮流下访的方式，之所以延续百日，就是因为各乡镇各相关部门轮流下访。物价和人员的限制，使得信访执行成本大大上升，无法再回到刘振山书记主政时期那种大信访的规模。

四　信访措施制度化需要

从社旗县“下访团”的发展历程来看，其一直存在规范化、制度化、程序化的问题。尽管“下访团”在实际工作中解决了大量的信访问题，但由于制度化不足，也限制了“下访团”的自我创新和经验推广。

社旗县“下访团”是为解决广泛、频繁的群体上访问题而生的新事物，由消极“灭火”变为“抽薪防火”，进而帮助村民提高素质，健全民主管理制度，发展经济。可以说“下访团”作为党的群众路线在新时期的实践创新，是随着基层群众需求和地方社会经济形势而不断调整的。但在实际的工作中，对“下访团”定位并不明晰，作为工作方法也缺乏必要的总结与推广。大信访时代的“下访团”既要承担精神文明建设领域的全民素质教育的任务，也要承担社会治安综合治理的维稳重担，同时还要具备民政工作中的推进村民自治和社会帮扶功能。过多的职责承担掩盖了“下访团”作为信访工作方式的本质，因而也阻碍了“下访”工作方式制度化的发展方向。

直到2006年“下访团”经验作为信访工作方式被再次挖掘，“下访”才逐步与领导干部包案制度、驻村蹲点制度等相结合而被纳入制度化的范畴。这是信访手段和方式随着时代发展而逐步多样化、制度化的内在需求。只有将“下访团”经验制度化，才能确保这项工作取得很好的实效并继续发展创新。

第六节　反思：创新的终止与延续

“下访团”作为信访工作的创新，在大信访时代取得了很好的实效。但纳入常态化信访治理机制后，却很难再发挥以往的优势。人格化权力高位推动下的“下访团”和信访体系中的“下访”所具备的不同权力与制度背景，决定了这种信访工作方式的不同效能发挥，也决定了这项创新终止与延续的命运。

一　创新的目的与形式

“下访团”在创建之初目的是很明确的，主要就是解决上访问题。但随着上访问题逐步进入可控范围，“下访团”这种形式并未被取消，而是制定了更多的目标，继续以“下访团”的形式去施行。

事实上，“下访团”早期的发展过程从一开始就突破了信访工作范畴。在这一过程中，随着发起目标的达成，“下访团”任务目标与工作形式之间出现了脱节。县级政权在客观上更为注重“下访团”在形式上的创新，为保持大规模，任务目标不断累加，“下访团”的工作本质不断被掩盖。信访作为一项长期性工作，“下访”所带来的信息收集和矛盾化解，极大地缓解了信访消极被动的局面。政治权力的高位推动，虽然短期内快速缓解了严峻的信访形势，但也使得“下访团”这种信访工作方式变为一种“政治表演”，脱离了实际的信访工作目标。

二　阶段性创新措施的长期延续问题

“下访团”作为解决广泛、频繁的群体上访问题而采取的阶段性措施，形式与内容均可看作一种信访创新举措。但一旦其所面临的问题已经解决或发生变化，这种形式是否还有保留和延续的价值？其内容实质又该如何看待？

在严峻的信访形势缓和后，作为阶段性措施的“下访团”，依然依托县级政权的人格化权力意志而继续推行。这种阶段性措施的继续延续，可以归结为信访工作和社会治安综合治理的长期需要，但也存在很强的人格化权力喜好因素。因此，一旦人格化权力出现更替，作为阶段性措施的“下访团”也就中断了。

2006年重新启动的“下访团”，并不是前一阶段信访措施的简单恢复，而是更为注重“下访”这种方式在解决实际信访问题中的作用。因而，尽管也存在“政治表演”的成分，但更多还是注重领导干部每月下访等制度所带来的实际效果。

通常情况下，任何任务都具有阶段性。一旦任务完成，阶段性措施即行终止。阶段性措施要想长期延续，就要使这一措施具有新的目标和新的适用性。在常规手段可以解决的情况下，阶段性措施往往不被采纳，这就是2002年至2005年期间“下访团”中断的一个重要原因。而2006年重启的“下访团”已经不是以往那种大规模动员模式，其形式和内容都发生了一定变化，按照社旗县当地干部的说法，更多的是“思路和精神上的继承”。由此可见，在实际的政策创新中，阶段性措施的延续并不在于制度化与否，更多的是一种思路和方法上的延续。

三　软部门失去高位支持如何继续创新

信访作为一项长期性工作，需要根据新形势不断创新工作方法和工作思路，化解各种复杂问题。在当前的基层权力格局中，信访部门是一种协调沟通性机构，并不具备解决信访问题的实际能力，因而被称为软部门。[①] 无论是沈阳市的“四个一”信访工作模式，还是社旗县的“下访团”工作方式，均属于权力集中式的大信访模式，均离不开政治权力的高位支持。政治权力的高位整合，固然可以强化“软部门”的“硬实力”，但一旦这种高位支持发生变化，“软部门”如何继续创新工作方式，取得工作实效，是颇值得思考的。

事实上，信访作为当前政治权力格局下公民政治参与和权利救济的重要方式，也是社会治理的重要手段。但这种治理手段目前更多的不是立足于信访部门，而是依靠高位政治推动达至其治理实效。因此，对于信访这样的“软部门”而言，当前比较可行的创新方式，还是在高位政

① 丁开杰：《“软部门”和“硬实力”：沈阳市信访工作新机制研究》，载俞可平主编《中国地方政府创新案例研究报告（2009—2010）》，北京大学出版社，2010，第94～109页。

治支持期间积极进行制度化建设，将这种权力支撑转化为制度化体系。对“下访团”而言，比较可行的方式不是以县级政权的名义要求县乡领导干部定期下访，而是将各单位信访办公室（窗口）进行集中整合，化外部“大下访”为信访局内部常态化“下访”。在当前已经失去县级政权高位支持的情况下，信访部门的创新更多只能局限于具体工作方式的创新，而无法做出具有根本性的制度创新。

第八章　倒逼与回应：地方政府创新可持续发展路径及动力

——以长沙市“市县乡村政务公开四级联动”为个案研究

政务公开特指政府机关（包括基层群众自治组织）范围内及与公共行政范围密切相关的事项都要向社会公开，但不包括司法领域的检务公开和审批公开及国有企业内部推行的厂务公开。[①] 长沙市从20世纪90年代开始，积极探索市县乡村四级联动政务公开的形式，荣获中国地方政府创新奖第一届入围奖。为了解这一项目获奖之后的发展情况，华中师范大学课题组于2016年8月30日到9月1日赶赴长沙进行实地调研。本章主要对长沙市政务公开产生的背景及发展历程进行梳理，并对其近几年的发展变化进行研究，在此基础上分析其可持续发展的内在动力。

第一节　预防腐败：长沙市“市县乡村政务公开”产生的现实背景

改革开放以来，民主、法治及市场经济的发展，迫切要求加快政治体制改革，以适应社会发展的需要，但由于政府与民众信息不对称，群体性事件频发。在这种背景下，政府信息公开提上日程。特别是1988年党的十三届二中全会提出，为加强预防及治理腐败，各级党政机关在廉政建设中，要将政务公开作为强化权力监督及加强党风廉政建设的一项重要措施，尽可能地公开办事制度，以便得到群众的监督，把权力运行的过程置于公众的监督下，破除权力“暗箱操作”，让人民赋予的权力在

① 马宝成：《政务公开的概念及理念论析》，载中国行政管理学会编《政府建设与政务公开研究》，知识出版社，2001，第312页。

法治的轨道上“阳光”运行。党的十五大报告又指出：“城乡基层政权机关和基层群众性自治组织，都要健全民主选举制度，实行政务和财务公开，让群众参与讨论和决定基层公共事务和公益事业，对干部实行民主监督。”在基层自治及基层政权反腐倡廉的背景下，政务公开逐步得到推广，通过推进政务公开，解决地方治理中存在的突出问题，进而加快法治型政府与服务型政府的建设。

第二节　长沙市“市县乡村政务公开”的发展历程及内容

一　政策试点阶段

20世纪80年代末，随着民主话语的兴起及市场经济的快速发展，政务公开成为推进民主与法制建设的重要媒介，全国各地也逐步开展政务公开的实践探索。特别是1988年党的十三届二中全会提出“把政务公开作为强化权力监督的路径”以后，中共中央在北京市东城区、上海市黄浦区、山东省烟台市等地进行政务公开试点工作。河北省藁城市在实践中，探索了以公开办事制度、公开办事结果、接受群众监督为代表的“两公开一监督”制度，并在河北、山东、浙江等地得到推广。1989年，长沙市在学习河北省藁城市“两公开一监督”经验的基础上，提出政务公开工作要规范化、制度化，杜绝政务公开的形式化。按照中央政府的要求，湖南省于1995年展开了政务公开的试点工作，浏阳市被列为湖南省试点市。浏阳市通过试点探索，逐步形成了“三上一下”模式：“将政府行政审批收费办事服务的项目、条件、程序、结果‘上墙、上屏、上刊’，政府各主要审批部门下到一楼大厅集中设服务窗口，在纪委和服务对象的监督下，实行公开、公正、公平服务。”① 在实践探索中，浏阳市形成了政务公开的四种模式，即公开办事大厅、政务公开大厅、政务公开栏、综合协调办事窗口，对政务公开工作探索出较好的经验。

① 徐松竹：《民主政治的基础工程：浏阳市推行政务公开的调查》，《政治与法律》2000年第2期。

（一）建立自上而下的组织体系

为推动政务公开试点工作，成立了浏阳市政务公开领导小组，由市长任组长，市纪委书记、常务副市长、分管政法副市长为副组长；领导小组下设政务公开工作办公室和政务公开监督评议办公室，具体负责政务公开的实施与监督。同时，在各乡镇（街道）及市直单位建立相应组织，将政务公开的组织体系有效向基层延伸。

（二）加强政务公开的规范化

在市人大的参与指导下，浏阳市制定了政务公开五项细则，加强了政务公开的法制化与规范化。在政务公开的内容上，实行六公开原则：办事依据、办事职责、办事程序、办事标准、办事时间及办事结果向社会公开。对重大政务事项实行“预公开制度”，特别是干部选拔、土地拆迁及行政事业性收费等人民群众特别关注的问题，提前通过新闻媒体等途径向社会公开，接受群众监督。在政务公开形式上，制定了五种公开形式：用电子显示屏、微机上网公开；聘请专家参与政府重大决策公开；公告栏、汇编文本公开；新闻媒体公开；社会招标拍卖公开。在公开时间上，要求坚持长期公开、定期公开和及时公开相结合，并确立每年 1 月 10 日和 7 月 10 日为浏阳市统一公开日。在公开程序上，安排专职人员做好拟公开的详细内容，经政务公开办公室核实报领导签字同意后公开，公开后接受群众查询，并及时对人民群众的质询进行说明。在公开方法上，以市级部门为核心，并逐步向乡镇（街道）和村（居）委会延伸。

（三）建立常态化、规范化的政务公开监督检查机制

在职能分工上，通过人大、政协、纪检、监察分片监督，建立多元化的监督检查体系。加大对重点领域的纠正和查处力度，重点加强对关系国计民生的各个行业、人民群众十分关注的建筑市场政务公开的监督检查，对违反政务公开的问题及时查处。同时，完善人民群众的监督渠道，建立举报、投诉监督网络。市纪委与监察局设投诉电话，并对外公布及统一受理投诉举报；电视台开辟《市长与市民》栏目，市政府领导

每月与群众电视见面对话一次，对政务不公开问题进行曝光。

到1998年，浏阳市92个市直单位、40个乡镇（街道）和1043个村（居）委会共1175个单位普遍推行了政务公开制度，除国家规定保密的党务、行政事务及社会公共事务外，都通过一定的形式向社会公开，使人民群众在了解真实情况的基础上，参与决策与管理，实施有效的监督，有效保障了广大人民群众的知情权与监督权。

二　逐步推广阶段

2000年，中共中央办公厅、国务院办公厅联合下发了《关于在全国乡镇政权机关全面推行政务公开制度的通知》，对在乡（镇）政府全面推行政务公开做出部署，并对县（市）级以上政府的政务公开提出要求。至此，政务公开作为一项制度在全国基层政府普遍实行，并在县（市）级以上政府进行探索与实践。2002年中央明确提出“要建立行为规范、运转协调、公正透明、廉洁高效的行政管理体制”，政务公开成为中国行政改革的一项重要内容。2003年6月，全国政务公开领导小组成立，进一步加强了对全国政务公开工作的领导。同年8月，由第十届全国人大常委会通过的《行政许可法》第二十五条规定：“经国务院批准，省、自治区、直辖市人民政府根据精简、统一、效能的原则，可以决定一个行政机关行使有关行政机关的行政许可权。”为加快政务公开工作，长沙市召开了长沙市政务工作会议，印发了《关于进一步加强政务公开工作的意见》，并正式成立长沙市人民政府政务中心，与市政务公开领导小组办公室实行两块牌子、一套人马合署办公，全面负责长沙市政务公开工作和本级政务服务大厅的组织、管理、协调、服务及监督。长沙市人民政府政务中心成立以后，长沙市政务公开工作步入了制度化、网络化、规范化轨道，形成了以市政务中心为“点”，以市直各职能部门、公用事业单位为“面”，以区县（市）和乡镇（街道）、村（居）委会为“线”的整体推进发展格局。除了政府行政机关和事业单位及具有行政管理职能的公共服务行业实行了政务公开外，乡镇（街道）政务公开及村务公开面也达到100%。总体来看，长沙市政务公开工作有如下特点：一是实现了市县乡村政务公开的四级联动，特别是市、县两级较早开展了政务公开工作；二是因地制宜地创造了“政务公开大厅”等10余种事务公开形式，有效解决了政务公开的载体问题；三是政务公开的内容比较规范，实现了办事人员、办事职责、办事依据、办事程序、办事标准、办事时限、办事纪律、办事结果八个方面的公开。

三 深入推行阶段

2007年，温家宝总理签署了国务院492号令，公布了《中华人民共和国政府信息公开条例》，对政府公开信息的范围、方式及监督与保障等都做出了详细的规定，这也标志着我国政务公开开始走上规范化、制度化及法制化的轨道。在这种背景下，长沙市也不断探索，开创了政务公开新时代。

（一）从市县乡村四级联动到部门联动

由于政务公开从以预防腐败为导向转变为以服务型政府的建构为目标，起初政务公开工作是由各级纪委监察局统一领导，2013年统一划入各级编制委员会下属行政审批处，长沙市政务公开也于2013年正式划入编委办下面的行政审批处，负责长沙市的行政审批制度改革工作，对政务公开的持续、深入开展及工作转变起到了引导作用。2015年，长沙市政务办制定了《长沙市重点领域政府信息公开工作任务分解表》，通过与市住房保障局、环保局、安全监督局、物价局、国土资源局、教育局、卫生局等职能部门的协同合作，强化各个单位的责任落实，共同提升长沙市重点领域政府信息公开专业化、法制化水平。加快政务信息公开的协同性与完全性，市政务服务中心适时组织有关部门对工作任务落实情况进行督查，并将督查情况作为绩效考核的重要依据。有效回应了民众关注的热点话题与领域。

（二）引入第三方评估监督机制

在深化政务公开的同时，为强化对各个职能部门政务公开的监督力度，长沙市政务中心通过学习上海零点公司的经验，引入第三方评估机制，加强了政务监督的有效性及公平性。通过与湖南商学院合作，长沙市政务中心建立了政务公开第三方评估机制，通过制定政务公开评审办法，建立由湖南商学院（40分）、长沙市政务中心（40分）及各部门互相打分（20分）的政务公开评审机制，对长沙市各个部门政务公开进行综合评估，有效提升了政务公开评估的科学性。同时，对长沙市各个机构政务公开的评审结果进行排名，评审结果对外公布，排名倒数第一、倒数第二的部门领导人将接受市长约谈，并解释及查找政务公开排名落后的原因。引入第三方评估机制，提升了政务公开的内在动力，有效解决了各个部门选择性公开的问题。

（三）加快电子政务的发展

自2000年长沙市人民政府门户网站开通以后，长沙市政务公开网上公开制度进入了实质性的发展轨道。2011年，长沙市政府门户网站作为政府信息公开的第一平台，设置了“走进长沙、政务公开、网上办事、公共服务、政民互动、招商引资、园区信息”等7个频道，64个二级栏目，466个三级栏目；构建了市公安局、市交通局、市安监局等45个部门子网站，实现了部门子网站与政府门户网站的信息资源共享。通过市政府门户网站平台，对119个政府相关部门建立了“信息公开”目录，设置了“组织机构、工作动态、通知公告、法规公文、规划计划、人事信息、财政信息、政府采购、应急管理、统计数据、业务信息、重大项目”等栏目。政务信息公开平台的建设，使政务公开的内容及质量都得到不断提升，市政府门户网站已成为企业和社会公众获取政府信息的重要渠道，在2011年度中国政府网站绩效评估结果排名中，长沙市政务公开居全国省会城市第一位。2013年，“中国·长沙”政务微博在新浪网正式开通，页面链接了市政府门户网站及其“网上办事”“市长信箱”“在线访谈”等栏目，同时设立了“微长沙”栏目，该栏目包含了长沙市市直机关各单位开通的所有官方微博，每天发布政务简讯、通知、公告等信息，并转发人民日报、湖南省政府门户网等官方机构的权威发布，为市民提供最新政策法规解读，即时性答疑解惑。2014年11月，政务微信“中国·长沙”（微信号：cncszw）正式开通，平台设立了“微长沙”“便民服务窗”“政民互动”三大主栏目，与市政府门户网站管理平台进行数据对接，实现了相关信息和政务服务的深度耦合。同时，为了提高办事效率，政府热线还外包给中国移动，有效提升了信息公开的专业化程度。

（四）积极推动政务服务标准化建设

根据2007年国务院颁布的《中华人民共和国政府信息公开条例》，长沙市出台了政府信息公开九项制度，制定了《长沙市政府信息公开目录》和《长沙市政府信息公开指南》，加强了权力清单的编制工作，政务公开内容、程序、流程等各个方面都引入了标准化的服务形式，推动了政务公开规范化、制度化发展。2009年，市政府办公厅又印发了《关于进一步加强市政服务中心建设的指导意见》，明确了应进必进、依法行政、充分授权、规范管理、公开透明、信息共享的基本原则，规定了长沙市政务服务中心的服务事项。为加强政务公开的标准化发展，自2013年开始，长沙市对全市184个乡镇（街道）政务服务中心进行了标准化建设，市、区县（市）、乡镇（街道）三级财政共投入1.56亿元，对乡镇（街道）政务服务中心建设实现了“五统一”（基本配置统一、窗口设置统一、规章制度统一、机构名称统一、事项名称统一）和“六好一高”（场地达标建设好、应进尽进功能好、制度规范管理好、工作热情态度好、代理代办服务好、企业群众评价好、办事快捷效率高）的目标要求。在村（社区）建立了政务服务站或公共服务中心，按照方便群众就近、就地办事的原则，推行村（社区）帮代办服务，实现为群众提供企业立项、社会保障、党务服务等200余项全程帮办代办服务，形成了市、区县（市）、乡镇（街道）有政务中心，村（社区）有代办点的三级平台四级联动的政务服务体系。

第三节　倒逼式改革：长沙市政务公开可持续发展的内在动力

首先，长沙市政务公开的可持续发展，从根本上来说是我国民主法制的建设为其提供了基本的土壤；其次，社会关注度的不断提高对长沙市政务公开形成了倒逼机制，迫使长沙市不断创新机制，推动政务公开的发展；最后，长沙市政务服务中心作为一个事业单位，其“弱势部门”的生存状态也迫使它加强创新，进而维持其在权力体系中的地位。总体来看，长沙市政务公开这一创新项目的可持续发展，具有如下三方面的原因。

一　民主法制的建设为政务公开提供了持续的动力源

自 1988 年党的十三届二中全会提出“政务公开”这一概念以后，国家对政务公开的重视程度不断加深，推动了地方政府政务公开的深入发展。无论是自 20 世纪 80 年代以来的党政分开及村民自治的实践，还是从最初的反腐倡廉到服务型政府的建设，我国均获得了建设民主政治的政策空间，为政务公开提供了持续的动力及宽松的政策环境。特别是 2007 年，国务院办公厅出台《中华人民共和国政府信息公开条例》，将政务公开作为提升政府公信力，建设社会主义民主法制的重要路径。在国家政策的推动下，各级政府都加强了政务公开的探索与创新，并将政务公开纳入各级政府及部门考核的重要内容中，国家自上而下的政策推动及考核压力，直接为长沙市政务公开的持续发展提供了动力源。

二　社会关注度的不断提升对长沙市政务公开形成了倒逼机制

利益结构的嬗变是改革开放以来我国社会变迁的重要特征，利益结构的分化带来了社会的持续生长。在网络等新兴媒体的直接推动下，社会对于各级政府政务公开的关注度不断提升，直接倒逼了地方政府政务公开的创新。社会大众对于政务公开的关注度不断提升，对政务公开的要求也越来越高，反映了老百姓参政议政的意识在不断增强。笔者在调研中了解到，2016 年长沙市政务中心同时收到 79 份政务公开的申请，经核实都是一个人申请的，其动机是看看长沙市政务中心是否会回复，虽然这种恶意申请带来了政务公开成本增加的困境，但也从侧面反映了社会大众对于政务公开关注度的不断提升。社会的关注度不断提升直接推动了政务公开的方式和形式越来越多样化，政务公开的内容也不断向纵深发展。

三　“弱势部门”的生存话语

长沙市政务公开的执行者与推动者是长沙市政务中心，其代表市委市政府监督各个职能部门及各县市的政务公开工作。长沙市人民政府政务服务中心成立于2002年10月，与市政务公开领导小组办公室实行两块牌子、一套人马合署办公，内设办公室、业务指导处、信息公开处、窗口管理处、监察室。主要负责长沙市政务公开工作和本级政务服务大厅的组织、管理、协调、检查、监督、考核。在国家自上而下的政策压力之下，长沙市政务中心必须不断推进政务公开工作，由此来获得其生存的合法性。长沙市政务中心属于事业单位，并没有职能部门的效力，但是需要代表市委市政府承担一种协调、指导、监督职能，由于在权力话语体系中没有占据有利地位，需要依靠自我创新来弥补在权力体系中的弱势地位。为加强自我职能的发挥及推动政务公开，就必须加强创新，通过创新机制来推动各个职能部门的政务公开，加强创新也就成为长沙市政务服务中心的生存话语。同时，在民主及权利话语的影响下，社会大众对于政务公开的关注度越来越高，在社会的强力关注之下，也需要依靠创新来保障其合法性。

第四节　反思与建议

一　倒逼式改革：地方政府创新的悖论

在这种倒逼式的改革创新路径中，政府的政策压力及社会的关注，也成为地方政府政务公开创新的主要动力，但在这种外在的倒逼式的创新路径中，地方政府往往出现一种被动性回应的动力，而缺乏主动性回应的动力。在这种回应性治理的路径中，尽管政务公开不断向深入发展，但也存在地方政府主动公开监督机制不完善等问题，并呈现一种“倒逼式改革”的悖论。地方政府越是及时主动公开信息，民众越不信任地方政府，进而形成我国政府公信力的“差序格局”状态，即中央政府高于省级政府、省级政府高于基层政府，基层政府公信力最低。

二 未来展望：从倒逼式改革走向回应性治理

为加强长沙市政务公开的持续发展，从倒逼式改革的路径走向主动回应的政务公开路径，需要加强政务公开体制机制改革，完善政务公开监督机制，并积极推动“互联网+政务”公开的服务形式，进而推动长沙市政务公开的深入发展。

（一）理顺机制，做好政府信息主动公开

进一步建立健全政府信息公开发布协调机制，完善机构设置，建议结合机构改革，对政府信息公开工作有关部门进行资源整合，建立跨部门的政务公开机构体系。建议湖南省成立省级政务公开单位，统筹湖南省政务公开工作，建立健全省、市、县、乡镇（街道）及村政务公开机构体系，指导推进、监督检查市、县、乡镇（街道）及村政务公开工作。在长沙市层面，建议成立强有力的政务公开领导机构，整合政务公开方面的力量和资源，加强与新闻媒体、新闻网站等的沟通协调，做好统筹指导；进一步理顺机制，明确工作机构，加强政务公开的协同性及权威性。

（二）强化监督，完善政府信息公开考评制度

完善政务公开监督体系，拓宽民众参与监督政务公开的渠道，定期邀请人大代表、政协委员及社会各界人士对信息公开情况进行评价与监督。落实政府信息公开主体责任。建议形成第三方监督评估常态化机制，将第三方评估全面引入政务公开的各个环节，强化评价监督的权威性，探索利益相关方、公众、专家、媒体等列席政府有关会议制度，增强决策透明度。拓宽人民群众参与政务公开的监督渠道，将社会的参与有效纳入政务公开的评估监督职责，特别是在重点改革任务及重大工程项目的政策制定与执行过程中，进一步规范政府信息依申请公开的受理、审查、处理、答复工作流程，进而推动长沙市政务公开的自主性。

加强政务信息互联互通的建设，加快推进“互联网+政务”服务形式，构建基于互联网的一体化政务服务体系，优化升级长沙市各部门政

务信息公开网站发布平台，建立能够共享互通的政务公开网络体系。通过不断加强官方政务微博、微信建设，整合信息资源，加强协调联动，防止政务公开网站“侏儒化”的局面。将政府网站打造成更加全面的信息公开平台、更加权威的政策发布解读和舆论引导平台、更加及时回应群众关切的便民服务平台。加强长沙市政务中心及政府门户网站建设，强化政府门户网站信息公开第一平台的作用，整合政府网站信息资源，加强各级政府网站之间的协调联动，强化与新闻媒体、主要新闻网站、重点商业网站的联动，充分运用新媒体手段拓宽信息传播渠道，完善功能、健全制度、加强内容和技术保障。通过推动“互联网+政务”公开的发展，争取实现长沙市政务公开市县乡村的四级信息共享及部门联动机制。

第九章　内外驱动：地方政府职能部门创新可持续动力与条件

——以湖南省长沙市政府法制办为研究对象

第一节　问题的提出

政府创新行为已成为一种世界性潮流。自20世纪80年代以来，美国政府尤其是美国的州和地方政府，进行了“重塑政府”（Reinventing Government）的行政改革运动；英国、澳大利亚和新西兰开展了全面系统的“新公共管理”（New Public Management）运动；中国自20世纪90年代以来也掀起了地方政府创新的热潮。党的十八大报告把“创新行政管理方式，提高政府公信力和执行力”作为我国政府在新时期实施行政改革和创新的重要目标。推动政府创新行为不仅能够激发职能部门在本区域内主动尽责，积极回应公民的诉求，提供优质的公共产品、公共服务和公共管理，并可在全国范围内产生部门创新的直接带动和影响，其创新行为的方式也可在一定范围内进行推广，在更大的意义上来说能够自下而上地推动和改善国家的治理方式和进程。

政府创新在俞可平看来是“公共权力部门为增进公共利益而进行的创造性改革”，同时他认为“创新型政府的主要特征，就是政府部门将创造性的改革作为提高行政效率、改善服务质量、增进公共利益的基本手段”。[①] 地方政府职能部门创新行为可以理解为在现有的行政环境下，在履行法定职责的过程中大胆地运用新的理念、方式和技术来进行创造性

① 俞可平：《大力建设创新型政府》，《探索与争鸣》2013年第5期。

的革新，如改进工作方式、创新工作内容等，以提供优质的公共产品、服务和管理，增进社会公共利益。因此，国家要实现治理现代化，关键还需政府自身实现治理现代化。这就离不开政府内部的职能部门在日常的职能行使过程中不断突破既有的行政路径，主动地进行尝试性改革和创新，实现地方政府的行政增效和增益。课题组在对湖南省长沙市政府法制办公室首创“政府法制工作新路径”的地方政府创新奖项目跟踪调研中发现，作为市级政府的内设职能部门——法制办，亦能在地方层面首次尝试法制机构组织立法，并在后续的工作中不断进行探索和完善，呈现出深化发展型创新项目的内在特征，“小部门亦有大作为”的现象引起了我们的关注。因此，本章基于该项目的衍生发展历程，聚焦于政府内部中观层面主体——职能部门，试围绕以下问题展开讨论：地方政府职能部门创新可持续面临着怎样的内外环境，创新可持续的动因何在，如何创造更好的内外部环境与条件来推动地方政府职能部门的可持续性创新。通过探究以期更好地把握地方政府职能部门创新可持续行为的内在机理。

第二节　“弱势部门”寻机突破：法制办创新行为的地方实践

长沙市人民政府法制办公室因其在全国率先制定了一部政府法制工作当家法而备受关注。在政府法制机构的职能、职责绝大部分由文件规定而没有法定化以及各项具体的政府法制工作无统一操作程序的背景下，长沙市人民政府在总结和分析长沙市政府法制工作的既有成绩和现有问题的基础之上率先突破，于2012年11月25日颁布全国首部规范政府法制工作的地方政府规章——《长沙市政府法制工作规定》（以下简称《规定》），并于2013年1月1日起正式施行。该《规定》共十章七十三条，在具体内容上创设了政府法制工作责任、行政决策法律审查、公众参与和专家论证、政府法制工作评议、依法行政考核等五大机制，规范了立法、规范性文件管理、行政执法指导与监督、行政复议应诉、政府合同审查管理等五项工作，强化了文化、队伍、经费、智力等四个保障，标志着长沙市政府法制工作从事前法律风险防范、事中法律过程控制，到事后法律监督保障实现了全方位规范，是政府机构组织立法在地方层面的首次尝试，为推进依法行政、建设法治政府创设了制度条件。该《规定》出台之后，长沙市政府法制办又在此基础上持续推进法治政府的实践创新，逐步探索出了地方政府改革与创新的“长沙范本”。因此，该项目于2014年和2015年分别荣获“中国法治政府奖”和“中国地方政府创新奖”。

法制办作为政府的一个内设职能部门，受制于角色定位在资源的拥有上或是执行力上相较于其他部门而言属于“弱势部门”。在这之前只做合法性审查，政府文件起草不归其管，怎么推动也不归其管，后期如何进行也不归其管，只是充当行政机关法律性事务的咨询者角色，在政府部门序列中没有太大的话语权。其创新行为也正是在“内外交困”的局面下主动寻求突破，抓住了有利时机，改变了自身的“弱势部门”地位，不仅跻身市政府重大行政决策智囊团，同时也从制度上规范了市政府的法制工作，推进了法治政府、法治社会的建设进程。我们不禁要问，为何长沙市政府法制办需要并且能够出台这样一个《规定》？这得从市法制办所处的内外部环境与条件说起。

从市法制办所处的外部环境来看，国家层面出台的法制政策为《规定》的出台创造了较大的自主空间。1999年7月，国务院召开全国依法行政工作会议，并于同年11月出台了《国务院关于全面推进依法行政的决定》，提出了加强政府立法工作的要求；2004年4月，国务院公布了《全面推进依法行政实施纲要》这一指导行政法治建设的纲领性文件，明确提出了我国需要经过十年左右的努力基本实现建设法治政府的目标。国家层面现有的政策给《规定》的出台营造了良好的外部环境，而《规定》的出台正是回应了国家法制政策的要求和法治政府推进的需求。同时，推动依法行政的需要呼唤《规定》的出台。《湖南省行政程序规定》对依法行政进行了比较全面的综合性法律规范，但是服务和保障依法行政的政府法制工作如何开展一直由文件而不是通过立法来规定，文件其实是较易变动的，而且它的工作程序很容易因为领导或人事的变动而变更，这在客观上导致政府法制工作可能在某个领域、某些时期或某种情况下被忽视，甚至导致依法行政进程的暂时停滞和倒退。因此，政府法制工作本身的制度化对于服务和保障依法行政具有重要意义，在这种环境下，《规定》的出台显得尤为重要和迫切。

从市法制办所拥有的内部条件来看，长沙市政府领导对政府法制工作有着个人偏好，并对政府法制工作十分重视和支持，这为法制办的创新有为做了注脚。据法制办工作人员介绍，当时长沙市的市长是一位博士生，接受了比较前沿的规则意识及良好的教育；且时任的法制办主任原是长沙市中院的副院长，本身也是一位法学专家。领导对法制工作的重视和支持，为法制办创新行为注入了强大的牵引力和推动力。另外，市法制办也有改变部门角色的需要。如前所述，法制工作部门处于“三不管”的尴尬境地，很可能因为没能切实解决政府遇到的法律纠纷，以及没能为政府出谋划策和引领法制建设而陷入可有可无的境地。在大环境下法制办要凸显其重要性，必定要“有为”，如此才能更好地维护和保障部门利益，因而创新行为也就成为部门内部人员日常行为源源不断的推动力。

在利用内外部动力与条件寻机突破，取得瞩目的成就后，长沙市法制办并未就此“裹足不前”，而是在《规定》出台以后，以《规定》为引领，在做好部门本职工作的基础之上，持续推进法治政府建设，促进长沙市政府法制工作向纵深方向发展。

一是多措并举进一步推进法治政府建设进程。在长沙市落实《规定》的过程中，法制办通过建立政府法制工作的责任机制、行政决策法律审查机制、公众参与机制、政府法制工作评议机制以及依法行政考核机制等五大机制，为长沙“十三五”法制建设明确了发展方向，规划了发展蓝图。在改革要立法先行的背景下，长沙市法制办围绕经济社会发展热点，在城市生活垃圾管理、绿化、城市供水供电等项目方面突出了“绿色立法”理念。例如，针对长沙市的湘江治理重点推进《长沙市湘江流域水污染防治条例》、《长沙市湘江管理办法》及《长沙市湿地保护管理办法》等绿色项目。同时，建立健全法治政府建设的指标评判体系，在国家提出到2020年要基本建成法治政府的背景下，长沙市提出率先基本建成法治政府，基于此，法制办对职能配置、行政管理能力、行政决策程序以及行政执法水平等指标赋予了不同的分值和权重，将国家纲要等文献政策的大致轮廓进行细化和量化，以建立健全准确评价长沙法治政府建设实际状况的指标体系。在法治政府建设进程中坚持难事依法办，进行“品质长沙”建设，市法制办在这个过程中充分发挥作用，如针对城市拆违控违重难点工作，法制办在参与过程中对整个工作进行了顶层设计，制定了全市拆违控违工作的指导性文件，得到领导的高度肯定和大力支持，提出“越是难事越要依法办”的指导思想。

二是立足于部门本职工作积极作为。在强化行政决策合法性审查的过程中，首先是完善重大行政决策合法性审查制度，市政府法制办对县级以上的人民政府做出的涉及本地区经济社会发展大局、社会覆盖面广、专业性强的重大行政决策是否符合法律法规规章和政策规定，进行法律把关和审查。在此之前，法制办负责对市政府规范性文件的审查，对区、县部门做形式审查，而如今已经覆盖到对区县和部门文件的全部审查。与此同时，法制办积极顺应“互联网+”的发展趋势，通过长沙市“互联网+政府”平台，建立了一个规范性文件管理数据库和网络检索系统，方便市民查询。而且，长沙市法制办对规范性文件实行动态公布的制度，每月都会公布失效文件、生效文件，实行动态的清理。除了日常性的审查之外，法制办还建立了一个重大投资项目的法律审查机制，明确了政府法制机构提前介入政府重大投资项目的合同起草与审查等中间环节，控制和避免法律风险。如针对国务院推动的PPP模式，长沙就结合财政部的PPP操作指南，对PPP的经典案例进行了系统的专题研究，还与律师事务所就PPP进行专题研究，市法制办在这个过程中进行了全面把关，在促进经济发展的过程中为政府提供了良好的法制保障。

三是探索长沙市法治政府建设新方式。2015年12月，中共十八届四中全会决定提出了政府法律顾问制度，长沙市在推进法治政府建设过程中，重点通过建设法律顾问制度形成长沙经济社会发展与公众法律服务需求相适应的法律服务体系。在搭建服务体系的过程中，长沙市通过推进市政府的法律顾问服务机构库的组建，搭建了法律顾问采购服务平台，在具体的搭建过程中将该机构库分为两类，一类是律师事务所库，另一类是大专院校库，长沙市法制办通过招投标的程序从全省近300家律师事务所当中选了61家律师事务所入库，通过间接性磋商的方式选定了湖南大学、中南大学等9所高校组建成大专院校库。该顾问管理制度的出台，激活政府采购法律服务的市场，不仅立足于部门，也服务于整个长沙市的经济社会发展。长沙市法制办探索建立了一批基层立法点，长沙市法制办人员经外出考察后发现，全国人大系统在地方建立了很多立法联系点，但是长沙市政府的立法基层联系点非常少，于是法制办通过外出调研以及前期走访在全省建立了首批政府立法基层联系点，通过立法基层联系点加大宣传力度，既可以提升立法征求意见的深度、广度和针对性，也可以为群众参与立法过程开辟表达的通道，做到开门立法。在开展重大行政决策听证的过程中，法制办为了将重大行政决策落实得更加规范，还创新性地出台了《长沙市人民政府法制专家库建设与管理办法》，规范法制专家参与地方性法规、政府规章的起草，以及重大行政决策的咨询论证过程。在执法领域的改革过程中，市政府法制办在执法监管及行政执法基本制度落实等方面做出了一些尝试，如法制办在聚焦社会改革、推进长沙转型发展的背景下，从规划编制、政策实施和体制机制等方面进行全方位把控，逐渐解决新区在发展过程中遇到的涉法问题。市政府法制办在全省率先探索相对集中行政处罚权的改革，2016年4月21日，在长沙县挂牌成立行政执法局，整合了23个部门履行行政执法的职能，将长沙县的住房保障局、国土资源局等23个部门的行政处罚权、行政强制权等集中交给该局行使。

四是积极寻求与外部主体的多方位合作。长沙市法制办在法治政府建设的进程中，积极寻求与高校、科研机构、法院、律师事务所等主体合作，搭建了多主体参与部门工作的平台，如在编制法治政府建设“十三五”规划的过程中，长沙市法制办和高校联合开展了高位的合作，对法治政府建设的“十三五”规划进行多轮论证。在规章起草的过程中探索与第三方的立法合作，如委托高校起草书稿，法制办进一步论证等，采取这种方式可以有效防止部门利益和地方保护主义的立法。长沙市从北大、清华、同济、中科院等聘请了27名专家，成立了一个重大行政决策专家咨询委员会，就长沙市的重大城市规划、涉及整个长沙的重大决策邀请他们前来向法制办提出一些意见和建议，针对涉法的难题邀请省级、市级、县级的人民法院，搭建了一个行政司法的公正平台，以研究社会难点问题，为政府有效协调、处理社会疑难问题提供有效的决策参考。

第三节　驱动探究：法制办创新可持续的动力

通过上文法制办的可持续性改革创新成果可以发现，法制办在突破地方法制机构组织立法的困境后，不断拓展深化原有的创新路径，将创新实践推广到市、县（区市）、乡镇（街道）层面，而且吸引社会法治力量广泛参与，完善改革创新成果，在广度辐射和深度拓展方面寻找其适应性，逐步探索出地方法治建设的“长沙范本”。在地方政府职能部门创新实践的背后，是什么因素驱动着法制办能够持续地一以贯之？不可否认的是，作为政府职能部门其所处的内外政治生态环境为其创新行为营造了良好的环境，同时也间接性地创造了有利的条件。而在这之中，创新动力是影响地方政府创新可持续发展最为关键的因素。① 具体来讲，地方政府创新行为的可持续性需要内在和外在两方面动力的不断推进，这既包括特定的政治、经济、社会以及文化等行政环境的外在激励，也包括作为“理性经济人”的地方政府追求自身利益的内在需求。② 结合前文法制办创新实践来看，其创新可持续的动力至少有以下几个方面。

一是政府创新呼唤制度保障，在此政治环境下，法制办始终将制度建设作为政府改革创新的重点。制度保障在政府的整体创新推进过程中占有重要地位，它不会因政府内部人事的变动而随意改变，因而法制办注重用相关的制度来保障创新，也就有了法治领域的一系列创新做法。例如，从 2010 年开始，法制办就搭建了一纲要、一规定、一办法的制度框架。在此框架基础上，法制办有 60 多项制度保障。在创新需要部门与部门之间的配合、法院上下级之间对政府的配合的外部条件下，法制办

① 林文弢、龙太江：《地方政府创新可持续动力研究》，《求索》2011 年第 9 期。

② 计宁、魏淑艳：《地方政府创新可持续性内涵及其影响因素——基于行政生态学的视角》，《行政论坛》2014 年第 2 期。

于2011年出台了司法互动的规定，在“590号令”之后，法制办在最高人民法院尚未出台配套解释之前就组织了两级政府、四级法院之间的互动会，召集专家一起商量“590号令”里的20余个具体问题的处理办法。正是这样一系列的制度需要推动了法制办在立法领域有所创新。

二是政府部门领导的一贯重视、支持和推进，从内外部推动着法制办在长沙市法治政府建设领域突破创新，并将创新成果进行持续性深化和拓展。如前所述，市政府主要领导和法制办主任都是学者型官员，对法治政府建设十分重视，也希望法制办能够在法治政府建设领域有所建树，帮助政府切实地解决一些重大涉法问题。并且，在法制办的部门机构改革进程中给予了其人力和物力的实际支持，使“弱势部门”获得了格外的关注，在政府重大行政决策领域获得了一定的发言权。在领导的重视、支持和推动下，法制办工作人员带着领导“关怀”的压力而更加主动积极地作为，不断突破现有的工作困境进行大胆的创新。

三是作为“理性经济人”的法制办也在寻求时机主动作为，来满足部门自身的发展需要，这也是法制办创新持续性行为的内在驱动力。在这之前，法制办处于政府机构序列中的弱势地位，在法制办帮助政府解决了一些法律纠纷而给政府挽回不少损失之后，得到了政府的认可和肯定，尤其是法制办主任从此进入了政府重大行政决策的核心智囊团，并于2010年在机构改革的背景下给法制办另增加了5个编制，增设了1个合同处，把法制办由一个部门管理机构变成了一个政府工作部门，而且规定凡是政府投资的标的达到300万元以上的合同必须有法制办人员参加。在制度保障需要、领导重视推动的既有优势条件下，法制办通过不断的创新行为从被动的“弱势部门”转变为积极存在的“有为部门”，在做好本职工作的基础上进行突破创新赢得了市政府的重视。由此可见，部门内部发展压力也是法制办不断改革创新的内在动力。

第四节　小结与讨论：创新可持续的内外部动力与条件

通过长沙市政府法制办“政府法制工作新路径”的个案剖析可以清

晰地看到，法制办的创新实践既有国家层面对政府法制建设的外在需求，也有政府本身推进依法行政的内在需求，以及政府内部具有的后天禀赋和部门主动作为的现实需要。这样一些条件和动力激发法制办在困境中寻求出路，在日常的职能工作中积极地进行创新突破，不仅通过自身的创新行为从被动的角色转变为主动的存在，也为社会提供了更加优质的公共产品和服务，由此才获得了政府和社会的认可及肯定。从小部门亦有大作为的部门创新现象中可见，推动地方政府职能部门创新可持续发展，至少可以运用和创造以下几个方面的动力和条件。

一　创新可持续的动力

（一）争取部门领导的认可和支持

领导的认可和支持是一个部门创新可持续很重要的一个因素。陈振明等从对 383 名厦门市公务员的样本研究中得出结论："领导关系型行为显著提升了下属变革型组织公民行为，且公共服务动机在其中起到了完全中介的作用；组织支持感在领导关系型行为与公共服务动机的关系中具有显著的调节作用。"[①] 在中国现行的对上负责的行政体制下，领导重视就意味着给予该部门更多的资源和作为的空间，职能部门也就能够在日常的职责履行中有更大的动力，当然，这也与职能部门在政府单位中的序列重要性有关。就如长沙市法制办在为政府解决实际问题之后，其部门的重要性得以凸显，随后争取到了额外的编制和人员，自然也就改变了其在政府中的强弱排序，给予了其作为的更大制度空间。故而，地方政府职能部门进行改革创新，可争取领导的支持来获得一定的自主性实践空间。

（二）运用内外部条件顺势而为

政府职能部门在履行日常职责时往往会受到内外部环境和条件的制约，如国家新出台的政策、地方工作的目标等，而这些制约条件往往又

① 陈振明、林亚清：《政府部门领导关系型行为影响下属变革型组织公民行为吗？——公共服务动机的中介作用和组织支持感的调节作用》，《公共管理学报》2016 年第 1 期。

会激发职能部门有所作为，成为部门主动创新行为的新的激发点。因此，要有所创新还需要合理运用这些内外部有利条件，在本职工作中尽可能地做出亮点。就如本案例中的长沙市法制办积极运用政府创新需要制度保障这一条件来进行法制工作的创新，做出了部门工作的特色。由此可见，地方政府职能部门进行可持续性创新，需要运用部门所处的内外部条件顺势而为，走在政治和社会发展需要的前列，如此方能在某一领域有所突破。

（三）职能部门也需要积极作为

这也往往与部门所处的地位与环境有关，只有积极地改变本部门的角色定位，积极主动地作为，在日常的工作中不断地总结经验来进行改革，运用新的技术和方法来改进日常的工作方式，以更好地提供优质的公共管理和服务、增进社会公共利益，才能够创造性地变革公共服务提供的方式和内容，在本职工作中有所突破创新。如法制办在内外部压力下积极作为，不仅为市政府解决所遇到的实际法律难题，而且也在法制工作实务上创新方式和内容，推进了长沙市乃至全国的政府法制工作进程。因而，地方政府职能部门的创新可持续行为在很大程度上离不开本部门的积极作为。

二　创新可持续的条件

（一）建立和健全政府职能部门创新行为的激励和保障制度

政府职能部门创新需要良好的外部环境，而一定的制度激励和保障为部门创新行为营造了较大的制度空间。这也就告诉我们，鼓励部门在现有的工作中进行大胆的创新尝试，并在制度上对创新进行保障和激励，同时在制度上允许部门在创新行为的进程中试错，从制度层面形成促进政府创新持续发展的激励和保障机制。这不仅包括国家大范围的政策规定保障，也包括地方和民间的激励机制，如采用“地方政府创新奖”等方式对部门创新行为予以肯定和鼓励，也能大大地激发职能部门主动作为。

（二）营造政府职能部门创新行为的文化氛围

推动政府职能部门进行创新离不开内外部的创新文化氛围，这不仅是政府创新思维的体现，也是政府创新精神的表现。因而，建立良好的政府职能部门创新的环境，营造浓厚的政府创新的文化氛围，对政府职能部门创新行为的推动和激发具有积极的作用。这就需要中央和地方政府大力培育和营造政府创新的文化氛围，鼓励政府积极创新以改善和推进地方治理。

总而言之，地方政府职能部门创新可持续行为既有外部环境与压力的推动，也有部门内部主动积极地改变现有状况以获取自身利益发展的驱动，其实践中的创新行为是在内外条件与动力的综合作用中孕育而生的。从部门的角度来说，可以运用内外动力来寻求创新行为的空间；从大政府的角度来看，也需要创造政府改革创新的内外部条件，推进政府积极主动作为，为政府职能部门的创新实践营造良好的政治生态环境。二者合力才能更好地为地方政府创新的可持续发展注入源源动力，同时也能够在更大程度上推进国家治理现代化进程。

第十章　“弱势部门”创新：“借力”策略与路径依赖

——湖南省妇联“农村妇女参与村级治理”跟踪调查

根据部门间权力关系，政府部门可以分为“强势部门”和“弱势部门”，“强势部门”拥有实质性的决策权、资源分配权以及行政审批权等权力，“弱势部门”则相反。[①] 有学者发现，在地方政府创新中，以信访、人大、政协、工会、妇联等为代表的“弱势部门”是地方重要的创新领域选择，因为部门和机构弱势说明了它们需要做的工作还很多，权还没有履行好，务还可以加强，新的措施能够改变其在权力格局中的“弱势地位”。[②] 尽管既有研究已然发现，“弱势部门”是地方政府创新中重要的创新主体和创新领域，但是对“弱势部门”创新的机理和特征仍缺乏深入研究。湖南省妇联推动的“农村妇女参与村级治理”项目，于2001年1月1日启动，在2005年第三届中国地方政府创新奖评选中荣获优胜奖。调研组在华中师范大学吴理财教授的带领下于2016年8月31日赴湖南长沙对该项目进行跟踪调查。本章尝试以湖南省妇联“农村妇女参与村级治理”项目为例，对“弱势部门”创新进行探讨，以期深化对该领域的认识与理解。

第一节　农村妇女权益保护：“弱势部门”的“弱势职能”

随着人类文明的进步，妇女在政治、经济、文化、社会、家庭等领

① 杨雪冬：《过去10年的中国地方政府改革——基于中国地方政府创新奖的评价》，《公共管理学报》2011年第1期。

② 陈建武：《地方政府创新的动力与过程》，《重庆社会科学》2015年第9期。

域的权利和利益应受到保障的原则，越来越受到世界各国政府和社会的关注。妇女权益保护已经成为衡量国家维护和保障基本人权状况的重要指标。

新中国成立以来，政府高度重视妇女权益保护。我国诸多立法如根本大法宪法和民法、刑法、诉讼法等部门法都有对男女平等的原则性规定，《婚姻法》、《继承法》和《妇女权益保障法》等专门法则对妇女权益保护有更为具体的规定。总体而言，我国基本建立了较为完备的妇女权益保障法律体系。然而，受重男轻女的中国传统文化、相关法律法规规定缺乏刚性和落实不到位等因素的影响，我国妇女权益保护的现状仍不容乐观，侵害妇女权利的现象随处可见。在作为传统文化“根据地”的广大农村地区，妇女权益保障特别是政治权益保障仍任重道远。

村民自治是具有中国特色的农村基层民主制度，是广大农民群众行使民主权利，维护自身权益最基本的制度安排。尽管《中华人民共和国村民委员会组织法》（2010 年修订）第六条规定“村民委员会成员中，应当有妇女代表”，《中华人民共和国妇女权益保障法》（2005 年修订）第十一条也规定“居民委员会、村民委员会成员中，妇女应当有适当的名额”，但是这些条款使用的是“应当”这一指导性表述和“适当的名额”这一柔性措施，缺乏执行强制性和操作刚性，难以切实有效地保障农村妇女参与村级治理的政治权益。

妇联是各族各界妇女在党的领导下，为进一步解放而联合起来的社会群众团体，是党和政府联系妇女群众的桥梁和纽带。[①] 显然，妇联属于“弱势部门”，无论在职能权力的强制性上，还是在资源配置上，相对于其他党政部门都较为“弱势”。在保障农村妇女政治权益这一职能上，妇联自身也缺乏有力的政策手段。保障农村妇女权益也就成了“弱势部门”的“弱势职能”。但是，湖南省妇联却通过“农村妇女参与村级治理”项目，较为成功地推动了农村妇女权益保障。在该项目的推动下，2005 年，湖南农村女性在村委会中的比例高达 30.1%，远远高于全国女性村委 16% 的平均比例。

① 吴理财主编《中国政府与政治》，华中师范大学出版社，2016，第 101 页。

第二节 “借力”策略：项目前期做法

在获奖以前，湖南省妇联推动农村妇女参与村级治理的主要做法可以概括为“借力”策略。具体说来，就是通过游说上级领导和联合其他部门，借助上级领导和其他部门的“强势”力量，来提升部门影响力，推动部门职能的行使。就“农村妇女参与村级治理”项目的具体做法而言，则主要体现在政策创新、机制创新、宣传创新和培训创新四个方面，其中政策创新和机制创新都体现了明显的“借力”策略，宣传创新和培训创新则是对前述“借力”策略取得成果的强化与巩固。

一 政策创新

早在1999年，在湖南省人大修订《湖南省村委会选举办法》时，省妇联就主动联合省民政厅，积极与省人大协调，努力争取省主要领导支持，成功地将“村民委员会成员中至少应当有一名妇女”的条文写入《湖南省村委会选举办法》，使得村委会至少有一名女性成为有法规依据的硬性规定。

2001年在湖南省第五届村委会换届前，省妇联和省民政厅联合下发指导性文件，要求在选举村委会时“保证女候选人，缺额单独投票，满额增加职数，直到选出为止”。这在政策上为在换届选举中落实村委会至少有一名女性的政策提供了操作性指导。

2004年4月20日，在湖南省第六届村委会换届选举前，通过省妇联与省民政厅的协商沟通，省民政厅出台了《关于确保妇女在村委会换届选举中当选等几个问题的意见》。意见指出，要确保新一届村委会班子至少有一名妇女成员，提倡鼓励妇女参加村主任竞选，并提出了三点意见：一是在直接提名村委会成员候选人时，应当有妇女候选人，如果提名结果没有女性，应当将得票最多的一名妇女确定为候选人；二是在选出的村委会班子成员中如果没有女性，有缺额的，应就女性成员单独投票，已满额的，应当增加职数专门选举女性成员，直到选出女性成员为止；三是对于利用家族、宗族和邪恶势力破坏妇女参选和当选的，要依法予以制止和处理。[1] 这一规范性文件的出台，为村委会选举中产生妇女委员提供了更为具体的操作性指导。

二 机制创新

为了保障政策的落地，湖南省妇联在工作机制上进行了创新，具体包括以下三个方面。

（一）建立有妇联参与的村委会选举领导工作机制

湖南省明确要求把妇联纳入各级村委会选举领导小组，在各级政府建立了有妇联参与的村委会选举领导工作机制。这样的村委会选举领导机制为妇联全程参与村委会选举提供了有力的组织保障。

（二）建立试点工作机制

湖南妇联在全省选择部分条件相对成熟的行政村进行了促进妇女参与村级治理的换届选举试点工作。2004 年 5 月，湖南省妇联与省委组织部、省民政厅等部门在长沙市开福区湘奥村进行了村委会换届选举试点，并有电视台进行现场直播，开全国之先河。这次换届选举试点，成功地通过选举产生了女性村委会成员。

（三）建立联合督导机制

在第六届村委会换届选举期间，湖南省妇联与省民政厅建立了联合督导机制，先后 5 次深入 14 个地州市的 56 个县区进行换届选举督导。据统计，通过这次联合督导，湖南全省补选产生了 200 多名女性村委会成员。

三 宣传创新

为了让社会更好地接受妇女村干部这一群体和更好地认识这个群体在村级治理中发挥的积极作用，湖南省妇联开展了有针对性的典型宣传工作。一是以 56 名优秀女村干部案例为主要内容，编辑出版《群星灿烂

---

① 肖百灵、杨绍芬：《农村妇女参与村级治理》，湖南大学出版社，2007，第 8 ~ 9 页。

一把手》，让更多人认识和理解妇女村干部。二是引导各级妇联利用花鼓戏等为广大农民所喜闻乐见的文艺形式对妇女村干部群体进行宣传。例如浏阳市妇联以坡湾村村主任张美华带领村民脱贫致富的事迹为原型编排了花鼓戏《村长是个堂客们》（“堂客们”在湖南方言中就是指妇女）。该花鼓戏剧目在浏阳市演出30多场，还被选送进京参加汇报演出，在当地引起了很大的反响，很好地宣传了妇女村干部群体。

四　培训创新

在传统上，妇联系统的培训主要是针对各级妇联干部。为了有针对性地提升党政干部的性别意识和农村妇女干部参与村级治理的能力，湖南省妇联在培训工作上也进行了创新。一是在培训对象上，不仅培训妇联干部，还对各级政府领导干部和村委会男性成员进行培训，以提高男性干部的性别平等意识；二是在培训内容上，针对不同类型的培训班，设置不同的课程；三是在培训方式上，除了传统的课堂讲授方式外，还采取现场观摩、互动式交流等新的培训形式，以提高培训的效果。

第三节　路径依赖：项目后续发展

从跟踪调查了解的情况来看，湖南省妇联“农村妇女参与村级治理”项目的后续发展有很强的“路径依赖”特征，主要是对前期做法的深化、拓展与推广。这种“路径依赖”式的后续发展，既体现了较强的创新延续性，又取得了较好的效果。

一　政策保障的后续发展：在操作化和增量化上下功夫

2005年8月28日第十届全国人民代表大会常务委员会第十七次会议修订的《中华人民共和国妇女权益保障法》第十一条指出，“居民委员会、村民委员会成员中，妇女应当有适当的名额”。湖南省在2006年7月31日出台的《湖南省实施〈中华人民共和国妇女权益保障法〉办法》第十一条中则既要求“村民委员会和居民委员会应当有女性成员”，还要求“村民代表会议、居民代表会议中妇女代表的比例应当占百分之三十以上”。这就在省级法规层面，一方面把农村女性当选村民代表会议代表与当选村委会成员并列为保障农村妇女政治权利的重要形式，另一方面也为农村女性当选村民代表会议代表提供了更为具体和明确的法律保障。

2011年2月，省委组织部、省民政厅、省妇联联合下发《关于提高女性在村级组织选举中当选比例的指导意见》。意见明确提出：“在村级党组织换届选举中，要重视选拔思想解放，热心为群众服务，有一技之长的农村妇女党员进入村级党组织领导班子，每个村党支部班子中至少应有一名女性。在村委会换届选举的各个环节上，都应当体现妇女平等参与的基本要求。①成立村选举委员会时，至少应有一名女性；②当选的村民委员会成员中至少应有一名女性；③在选举村民代表时，女村民代表的比例应不少于30%。村‘两委’换届中，每个乡镇至少应有一名女性担任村支部书记或村委会主任。”在该指导意见中，除了要求村委会必须至少有一名女性外，还要求“每个乡镇至少应有一名女性担任村支部书记或村委会主任”。显然，村党支部书记和村委会主任是比一般村委会成员更为重要的领导岗位，因此这一指导意见有利于鼓励和支持农村妇女通过担任村党支部书记和村委会主任而在村级治理中发挥更重要更关键的作用。

2013年底，湖南省人大组织《湖南省村民委员会选举办法》《湖南省实施〈中华人民共和国村民委员会组织法〉办法》的修订，湖南省妇联围绕保障农村妇女参与村级治理提出了一系列修改意见和建议。最终，《湖南省村民委员会选举办法》和《湖南省实施〈中华人民共和国村民委员会组织法〉办法》对保障农村妇女政治权利提出了一系列规定。《湖南省村民委员会选举办法》第七条和第十五条分别规定选举委员会“应当有妇女成员”和“候选人中应当有妇女人选”。《湖南省村民委员会选举办法》第二十四条规定：“在村民委员会主任、副主任的当选人中没有妇女的情况下，委员当选人按照下列原则确定：（一）有妇女获得过半数赞成票的，应当首先确定得票最多的妇女当选，其他当选人按得票多少的顺序确定；（二）没有妇女获得过半数赞成票的，应当在委员的应选名额中确定一个名额另行选举一名妇女为委员，其他当选人按得票多少的顺序确定。”显然，该办法为在村委会选举中产生妇女代表提供了很具体的操作指导。同时，经过修订的《湖南省实施〈中华人民共和国村民委员会组织法〉办法》也明确提出："妇女村民代表应当占村民代表会议组成人员的三分之一以上。"这个"三分之一以上"的比例要求，比之前出台的《湖南省实施〈中华人民共和国妇女权益保障法〉办法》中的"百分之三十以上"的比例要求和《关于提高女性在村级组织选举中当选比例的指导意见》中的"不少于30%"的比例要求又有所提高，是一个新的"增量"要求。

2013年12月，在湖南省第九届村委会换届选举前，通过湖南省妇联与湖南省委组织部的沟通协调，湖南省委组织部下发《关于认真做好全省村党组织换届选举工作的通知》。通知明确提出，"每个县市区女性村党组织书记数量应在上届基础上有所增加"，同时"提倡村妇代会主任按照法定程序当选村民委员会成员，是党员的应按照党内选举程序选任为村党组织成员"。这个通知，一方面对女性当选村党组织书记提出了"增量"要求，另一方面把"妇代会主任"当选村委会成员和村党支部委员作为保障妇女参与村级治理的重要形式。

2014年1月，湖南省民政厅和湖南省妇联联合下发《关于依法保障女性在全省第九次村民委员会换届选举中当选的指导意见》。该指导意见要求："女性当选村民小组长的数量应在上届的基础上有所增加，增幅应当在10%以上"，"提倡女村主任数量应在上届的基础上有所增加，每个乡镇应新增至少一名女性当选村主任"。该指导意见把"女性当选村民小组长"作为一个重要形式指标，并对"女性当选村民小组长"和"女性当选村主任"提出了"增量"要求。

二　工作机制的后续发展：对考核和督导的进一步强化

湖南省妇联联合相关职能部门，通过进一步强化政绩考核与工作督导，促进政策文本相关规定的落地。

（一）将农村妇女参与村级治理纳入政绩考核

政绩考核是各级政府推动工作的常见和有力工作机制。在后续发展中，湖南省为了推动妇女参政，将妇女工作成效纳入考核党政领导班子和党组织主要负责人、将配备女干部情况纳入考核市州党委政府和省直单位的范围。

（二）将农村妇女进村“两委”目标落实纳入换届督查内容

在后续发展中，湖南省把推动农村妇女参与村级治理的重点放在推动农村妇女进“两委”上，并加强了对农村妇女进村“两委”目标的督导工作。2011 年 5 月，省委组织部、省民政厅、省妇联对全省第八届村委会换届工作联合开展督查，对妇女进村“两委”重点督查。2014 年 2 月、5 月省委组织部、省民政厅、省妇联先后 2 次分 6 个工作组深入全省 14 个市州联合开展换届选举工作督查，妇女进村“两委”是督查重点。

三　宣传工作的后续发展：以立体宣传争取话语权

宣传工作是扩大农村妇女参与村级治理影响力与话语权的重要抓手。在后续发展中，湖南省妇联进一步加大了宣传工作力度，以提高农村妇女参与村级治理的影响力，争取更大的话语权。

（一）建构立体宣传网络

湖南省妇联利用湖南传媒优势，在湖南日报、潇湘女性网、今日女报等媒体开辟“女村官故事”专栏，与湖南卫视《乡村发现》联合录制《美丽女村官》节目，还在自媒体蓬勃发展的大背景下创办了“湘妹子”微信公众平台。

（二）编辑出版读物

湖南省妇联组织编辑出版了《让她们走上村级治理大舞台》《农村妇女参与村级治理》《治村有方——湖南女村干部治村案例选》等专著及中英文画册《我持彩练当空舞》，拍摄制作中英文宣传片《湘村的美丽飞翔》。这些出版读物用宣传和培训的素材，使更多的人可以系统了解农村妇女参与村级治理的情况。

（三）表彰先进典型

湖南省民政厅和湖南省妇联联合表彰优秀女村主任和妇代会主任，宣传了宋海晏等 102 名优秀女村干部的先进事迹，以发挥典型的带动效应。

（四）利用地方戏曲进行宣传

湖南省妇联利用群众喜闻乐见的民间戏曲如花鼓戏等开展文艺宣传活动，营造农村妇女参与村级治理的良好氛围。

四 培训工作的后续发展：强化节点培训与重点对象培训

湖南省妇联把培训工作作为提高农村妇女干部能力和提高党政领导性别平等意识的重要工作机制，建立了以换届前后的节点培训和重点对象专题培训为主要内容的培训工作体系。

（一）强化换届前后的节点培训

湖南省妇联联合省民政厅等单位，以每次村民委员会换届选举为关键时间节点，开展换届选举前后两个时间节点的培训。换届前，主要加强对农村妇女的教育培训，以提高农村妇女参选当选能力。各级妇联联合组织、民政、林业等部门，对农村妇女，尤其是优秀农村妇女骨干进行参选前政策法规、竞选方法等方面的培训。换届后，则主要组织对当选后女村主任、女委员、妇代会主任、女大学生村官进行村务管理能力、农业现代技术等知识的专题培训。

（二）强化对重点对象的专题培训

湖南省妇联在培训工作中注重对影响农村妇女参与村级治理的各类重点对象进行有针对性的专题培训。一是对女性村委会成员、女性村委会主任和女性村党支部书记的专题培训。湖南省妇联结合改革发展重点和女干部成长特点，依托各级党校、行政学院、社会主义学院以及高校，举办多种形式的专题培训班，以提高女干部综合素质和履职能力。2014

年以来，湖南省妇联单独或与湖南省民政厅联合培训女村委、女村（社区）主任、女书记达1126人。二是对女大学生村官进行专题培训。女大学生村官是村“两委”中的一支重要力量。2009年以来，湖南省妇联先后3次联合省委组织部、省民政厅、省林业厅举办女大学生村官能力建设培训班、座谈会。三是对男性领导、民政干部、传媒人士进行性别平等意识培训。考虑到男性领导、民政干部和传媒人士等群体对农村妇女参政的认同度对农村妇女参与村级治理有着重要影响，湖南省妇联在开展培训工作时，注重联合相关部门对这类重点群体进行专项培训。2014年5月，湖南省委组织部和湖南省妇联在湖南省委党校联合举办男女平等培训班，这是全国首次面向市、县两级党政领导开展的男女平等基本国策专题培训。2012年2月，湖南省妇联领导对今日女报社全体员工开展媒体从业人员社会性别平等意识培训。2014年5月，湖南省妇联组织湖南卫视、湖南日报等9家省内主流媒体赴京参加全国妇联社会性别平等与媒体研训班，以提升媒体从业人员的性别平等意识。

第四节 结论

湖南省妇联组织的“农村妇女参与村级治理”项目，通过“借力”策略与“路径依赖”式延续，基本形成了以“政策创新、机制创新、宣传创新、培训创新”为主要内容的推动农村妇女参与村级治理的“四位一体”创新模式。从创新的实际效果来看，通过该项目的实施湖南省农村妇女参与村级治理的水平有了显著提高。2005年，湖南农村女性在村委会中的比例高达30.1%，远远高于全国女性村委的平均比例；2014年，湖南省第九届村级换届选举后女村委比例达到32%，村“两委”女性“一把手”占到了总数的5.1%，位居全国前列。

从创新的持续性来看，该项目2001年启动，截至2016年该项目前期的主要做法在后续发展中都得到了延续和深化。因此，我们认为，无论从创新的实际效果来评价，还是从创新的持续性来考察，该项目的创新都是比较成功的，其形成的“四位一体”创新模式有效推动了农村妇女参与村级治理。具体而言，该项目具有以下几个方面的特点。

从创新主体来看，该项目的创新主体妇联是个典型的“弱势部门”，其创新行为属于“弱势部门”创新。作为“弱势部门”，湖南省妇联本身并无实质性的决策权、资源分配权以及行政审批权等硬性权力，故十分重视寻求外部支持和联合外部力量。一是争取全国妇联、湖南省委、湖南省政府、湖南省人大等上级部门的支持。二是主动联合湖南省民政厅、湖南省委组织部等政府和党委部门，联合发文，联合督导。三是积极争取外部项目资源支持，成功争取了美国福特基金、中国－欧盟村务管理培训项目、联合国性别平等基金“推动中国妇女参政”项目等的支持，既增加了资金来源，又获得了业务指导，还增强了项目的政治影响力。四是充分利用电视、报纸等媒体的支持，通过媒体宣传来扩大项目影响力、增强话语权。

从创新内容来看，其主要内容是通过“政策创新、机制创新、宣传创新、培训创新”落实对法律有规定但在实践中被忽视的“农村妇女参与村级治理”的政治权利的保障。在现实农村政治生活中，“男女平等”的原则和“村民委员会中应当有女性”的法律规定往往由于传统文化的影响和地方政府重视程度不够等而没有得到很好的落实。湖南省妇联就是针对法律法规施行过程中存在的政策空间与操作空间，来开展“农村妇女参与村级治理”项目，以更好地从政策和操作两个方面保障农村妇女参与村级治理的政治权利。因此，从创新内容来看，湖南省妇联“农村妇女参与村级治理”项目属于“落实型”创新，也即“对中央提倡的某种目标或某项政策意图的回应”。[①] 这种“落实型”创新，一方面由于有国家法律或中央政策性文件的支持，具有很强的政治合法性，创新主体可以凭借这种政治合法性向省委省政府争取支持；另一方面创新主体可以联系地方实际情况，在国家法律和中央政策性文件规定的框架内，进行“操作化”和“增量化”创新，从而使创新项目具有较强的可行性。

从创新策略来看，湖南省妇联注重通过提高政策实施程序的“可操作化”和政策内容的“增量化”来推动农村妇女参与村级治理。在提高

① 杨雪冬：《过去10年的中国地方政府改革——基于中国地方政府创新奖的评价》，《公共管理学报》2011年第1期。

政策实施程序的“可操作化”方面，主要是在制定国家层面法律法规的省级实施办法时，把国家层面法律法规中的“应当”和“适当名额”等“柔性”政策化为“三分之一”和“三分之一以上”等“刚性”要求，同时还设计了确保农村妇女当选村委会成员的具体操作程序。在政策内容的“增量化”方面，则主要是在引导农村妇女当选“村委会成员”的基础上，逐步增加了引导农村妇女当选“村委会主任”、“村党支部书记”和“村民小组长”等“农村妇女参与村级治理”的形式，同时还在每届村委会换届选举的指导性文件中提出了当选“村委会成员”“村民委员会主任”等的女性数量应比上届当选数有所增加的要求。

从创新效果来看，无论是作为“弱势部门”的妇联，还是作为政治生活中“弱势群体”的农村妇女都在该项创新实践中受益。一方面作为“弱势部门”的妇联通过实施该项目提升了部门影响力，不仅各级妇联成为各级政府村委会选举领导小组的法定成员，而且妇联的相关建议被成功写入了湖南省的相关地方性法规；另一方面农村妇女参与村级治理的积极性和农村妇女当选村民委员会成员、村民委员会主任、村党支部书记等职务的实际比例都有大幅度的提高。

第十一章　江西农村村落社区建设中的模式调适与治理优化

——基于创新韧性维度的解读与思考

第一节　问题的提出

创新是国家发展的原动力，也是地方政府获取政治合法性的重要方式。通过创新，地方政府得以获取参与社会治理的手段与工具，实现治理绩效提升的目标。而且，国家也在地方政府提高行政效率和增进公共利益的创造性变革过程中逐步化解地方治理困境与危机，通过分散、多元的地方创新模式调适和治理优化为实现整体性的善政与善治奠定基础。

江西农村村落社区建设，是地方政府创新实践探索的产物。关于社区建设，学界一般存在两个维度的解读，一是将社区解读为生活共同体而强调社区建设回归生活世界的本质意涵，二是将社区视作国家治理的基本单元而强调社区建设的治理意义。作为我国农村社区建设的“第一块试验田”，江西农村村落社区建设综合体现了重构生活世界与优化国家治理两种要求。早在国家进行城市社区建设推广之初，江西省就开始尝试将农村社区建设作为地方治理创新的重点突破方向，通过在省辖部分地区挖掘社会力量参与社区建设，成立社区自治组织以完善基层治理，提升基层公共服务供给和公共服务品质。那么，江西农村村落社区在过去10多年的探索与发展过程中经历了怎样的模式调适与治理优化，其治理创新得以持续的内在原因是什么？为此，本章基于中国地方政府创新奖跟踪调查所获取的关于江西农村村落社区建设的相关材料进行个案分析，通过梳理其创新背景、探索历程以及形成的基本治理架构等尝试解答上述问题。

第二节　创新韧性：一个解读地方政府创新持续性的维度

创新的目的在于发展，学界关于创新持续性的探究不可避免地要关注未来[①]，并尝试以时间与空间两个维度来建立创新持续性研究的坐标系[②]。关于地方政府创新可持续性的研究，一般可以从时间持续与空间扩散两个角度来进行解读。所谓时间持续的角度，主要是通过时间维度来分析地方政府创新项目的存续问题；而空间扩散角度，则主要是通过空间维度来探究地方政府创新项目的辐射与扩散问题。其中，从时间维度来看，地方政府创新得以实现时间持续的关键在于制度化，即在制度化的过程中地方政府创新项目获得稳定保障与深化发展。王焕祥、黄美花将地方政府创新的实质视作一个制度变迁的过程，并基于时间维度对地方政府创新项目制度变迁的转化成本、交易费用以及创新效益等进行制度经济学的成本收益分析。[③] 刘伟、毛寿龙也将创新持续力的探究简化处理为创新项目在时间维度上的延续与存亡，把创新持续时间的长短作为评判创新持续力的重要标准。[④] 可是，从我国地方政府创新实践来看，大多数地方政府创新项目尚处于政策创新的阶段，还没有上升到制度创新的高度，其制度化过程仍然需要经过时间的积淀与选择。[⑤] 从空间维度来看，地方政府创新空间扩散则囊括了一系列学习、竞争、模仿乃至强制等过程。尚虎平通过对政府创新的代际基因遗传性分析指出，当前我国政府创新扩散主要还属于复制性、模仿性创新。[⑥] 郁建兴、黄飚基于地方

---

① Mary C. King：《可持续性究竟意味着什么?》，孙宁译，《经济资料译丛》2009 年第 1 期。

② 傅金鹏、杨继君：《我国地方政府创新的可持续性：影响因素与对策》，《理论导刊》2010 年第 12 期。

③ 王焕祥、黄美花：《中国地方政府创新的可持续性问题研究》，《上海行政学院学报》2007 年第 6 期。

④ 刘伟、毛寿龙：《地方政府创新与有限政府》，《学术界》2014 年第 4 期。

⑤ 刘伟：《社会嵌入与地方政府创新之可持续性》，《南京社会科学》2014 年第 1 期。

⑥ 尚虎平：《我国政府创新：复制、周期律与“诺门克拉图拉”阴影》，《社会科学》2014 年第 8 期。

政府创新实践的类型学分析将创新区分为目标创新与工具创新，分别探讨其创新扩散的适用性。[①] 卓越、陈诚则将梯度理论应用于政府创新扩散的解释中，指出创新扩散存在着梯度差别。[②] 张岚、曹伟则基于制度变迁的视角将政府创新扩散划分为强制性扩散和自发性扩散，指出创新扩散过程中存在着"伪创新"和路径依赖等困境。[③] 总的来看，无论是时间维度还是空间维度的创新持续性探究，都是基于创新项目展现的物理表征而做出的关于行为与结果的观察与思考，在一定程度上忽略了对创新项目本身的关注。

因此，本章主张通过创新韧性来解读地方政府创新项目的持续问题。所谓创新韧性，强调的是地方政府创新项目跨越时空维度而体现出的内在生命力。从词源上来看，"韧"的本意在于说明事物"柔而固"的性质，创新韧性概念的初衷则必然致力于阐释创新项目顽强生命力的内在意涵。

具体来看，创新韧性的解释维度以挖掘创新项目的本质特征作为逻辑起点。只有基于对创新项目本质特征的清晰理解和综合把握，地方政府才能有效推进创新发展。一般情况下，创新项目的本质特征立足于其自身发展诉求，集中体现为创新项目在建构、调适与契合过程中的适应性。而且，创新韧性的解释维度以其适应性的调适过程为研究内容。创新项目为了达到预定目标，必然需要以厘清其自身处境为前提，在实施政治、经济、社会与文化环境分析的基础上确立创新发展方向，制定创新发展规划。当然，创新发展的过程并非一成不变的，在创新探索的过程中不可避免地存在解决旧问题之后又产生新问题的情况，进而产生新的调适或变革压力，倒逼地方政府基于自身或外在环境变化而做出适应性调整，实现治理优化。为此，吴理财教授指出地方政府创新韧性在本质上反映出地方政府应对压力或挑战的能力。[④] 同时，创新韧性的解释维度

① 郁建兴、黄飚：《地方政府创新扩散的适用性》，《经济社会体制比较》2015 年第 1 期。

② 卓越、陈诚：《梯度理论在政府创新扩散中的应用研究》，《厦门大学学报》（哲学社会科学版）2015 年第 2 期。

③ 张岚、曹伟：《地方政府创新扩散的困境及其超越：基于制度变迁的视角》，《中共福建省委党校学报》2016 年第 1 期。

④ 吴理财、吴侗：《论地方政府创新韧性》，《江苏社会科学》2018 年第 1 期。

度还将实现善治作为价值目标。善治是实施地方政府创新的目标，也是人类政治发展的最终归宿。俞可平将善治概括为合法性、法治、透明性、责任性、回应、有效、参与、联结、公正等基本要素。[①] 尽管“中国地方政府创新奖”的申报与评比划分为政治改革、行政改革、公共服务及社会管理四个类别，但是每一类别都不可避免地关涉公共利益和社会进步与发展。江西农村村落社区建设则属于社会管理类别的创新，其在现有体制框架内，充分激发村庄内部活力，有效弥补了国家在基层治理实践中的缺位与不足。

第三节　个案引入：江西农村村落社区建设背景与历程

一　江西农村村落社区建设缘起

地方政府创新项目的背景是创新韧性维度解释的基础。对建设缘起的了解，有助我们厘清创新的环境背景、建设动机、行为主体关系以及发展目标等基本问题，明确创新项目的本质特征。

江西省率先开展农村村落社区建设的探索，是立足于本省实情的抉择。从地形来看，江西东西南三面环山，仅北部较为平坦，山地与丘陵的面积约占全省总面积的78%；从人口结构来看，江西省农业人口约3670万人，占全省总人口的80%以上。作为农业大省，江西的农村建设和发展状况直接关乎全省的经济和社会协调发展大局。农村村落社区建设，便是江西对农村建设与发展的积极探索，只有依靠农村社区建设改变农村的生产和生活环境，才可能打通农村经济与社会发展的关节，实现长足发展。正是基于这样的考虑，当时参与农村社区建设动员的领导就强调：“农村社区建设很重要，大力推进农村社区建设，对于促进全省经济和社会协调发展，提高人民的生活水平和质量，维护全省改革、发展和稳定的大局，巩固党的执政基础，都具有十分重要的意义。”[②] 由此

① 俞可平：《论政府创新的若干基本问题》，《文史哲》2005年第4期。

② 九江市民政局编《农村社区建设资料汇编（都昌篇）》（内部资料汇编），2003。

亦可得见，当时农村村落社区建设的目的主要在于发展经济。

同时，江西农村村落社区建设还存在得天独厚的优势。隔绝的山地与丘陵地形造就了江西农村社会的相对封闭性，使得江西自然村落保存相对完好。江西的自然村落作为社会天然孕育的产物，在相当大程度上具备滕尼斯笔下的“共同体”意涵。在滕尼斯看来，“关系本身即结合，或者被理解为现实和有机的生命——这就是共同体的本质……人们在共同体里与同伙一起，从出生之时起，就休戚与共，同甘共苦”。[①] 基于特定的地缘和血缘关系，自然村落在长期的发展过程中表现出费孝通所说“熟人社会”的特点，紧密的农村社会关系网络是开展社区建设的天然优势。这就为江西开展农村村落社区建设奠定了坚实的社会基础。

另一方面，江西省农村村落社区建设实践的探索还离不开相关领导干部的创新意识。基于对社会转型的敏锐把握，他们认识到农村社区建设是推进基层自治的重要方式，能够进一步提升基层治理水平。通过调研，他们发现当时的村治模式暴露出一个重要问题，即囿于行政官僚体制的惯性延伸，村民自治在实践层面并没有得到较为理想的落实，村民委员会作为村民自治组织主要工作往往在于承接来自基层政府的行政任务，而难以有效顾及下辖自然村的社会公共事务，无法肩负起村域范围内的“自我管理、自我服务、自我教育、自我监督”的重要职责。为此，省委省政府相关领导在开展城市社区建设的过程中意识到社区建设对于农村发展的意义，积极将农村社区建设落到实际工作中去。

二　江西农村村落社区建设探索的三个阶段

江西农村村落社区建设并非一蹴而就，而是在不断试点过程中摸索出来的。总体来看，江西农村村落社区建设历经了三个阶段的发展变迁。从创新韧性的维度来重新审视其建设探索历程，便会发现其与创新韧性内在生命力呈现的逻辑过程存在对应关系，每一阶段的转变都伴随着农村社区建设模式的调整与基层治理的调整与优化，展现地方政府创新的韧性。

---

① 〔德〕斐迪南·滕尼斯：《共同体与社会》，林荣远译，商务印书馆，1999，第52～53页。

第一阶段（2001～2003 年）是江西农村村落社区建设的起步阶段。当时江西还没有形成建设农村村落社区的清晰思路，主要是通过模仿复制城市社区建设经验来进行农村社区的模式建构，主要集中在九江市的部分地区，以行政村为单位展开创建试点。由于缺乏对当地农村社会的结构性嵌入，并没有对农村社会及其治理产生实质性的影响。

第二阶段（2003～2009 年）则是江西农村村落社区建设的调适阶段，建设重心开始下沉到自然村层面。自然村的农村社区建设重心地位以及“村落社区”的提法也在这一阶段的政府部门的官方文件中得以正式确立和明确表达，即“在乡镇党委、政府和村级组织领导下，开展以自然村或中心自然村带周边零星小自然村为范围的农村村落社区建设”。① 而且，为了更好地在自然村层面开展农村社区建设，自然村在基层政府的支持下成立了由自然村村民代表组成的“农村村落社区志愿者协会”（后改称“农村村落社区理事会”），进行自然村范围内的社会管理与社会服务工作。随着试点经验不断丰富、探索模式相对成熟，这一阶段的创新不仅在时间维度得以延续，还在空间维度得到辐射扩散。2006 年江西省政府办公厅转发了江西省民政厅的文件《关于在江西省范围内推广农村村落社区建设的实施意见》，开始了全省范围内的推广实施。而且，江西村落社区建设也在这一过程中开始受到全国范围的关注，于 2007 年先后斩获“全国首届村务公开民主管理制度创新奖”与“中国地方政府创新奖入围奖”。

第三阶段（2009 年至今）便进一步完善了江西农村村落社区建设的契合性，使农村社区建设更加具备韧性与活力。这一阶段，在将建设重心落实到自然村层面的同时，也将行政村纳入建设体系中，创造性地提出了“中心 + 村落”的新模式。所谓“中心 + 村落”模式，就是通过制度建设将行政村和自然村落紧密结合起来，使得村委会和村落理事会在形成制度性关联的基础上进行明确的职责分工，将自然村落自治组织发挥社会服务功能的优势与行政村承接政府部门行政资源的优势相结合，共同纳入农村社区建设。目前，“中心 + 村落”的农村村落社区建设模式

① 中共都昌县委办公室：《都昌县农村村落社区建设试点示范工作实施方案》（内部文件），2003。

主要在九江、南昌等地区持续推进。

三 “中心+村落”模式：江西农村村落社区的基本组织架构

地方政府创新韧性关键在于阐释创新项目的内在生命力，而这种内在生命力的呈现，需要经历一个建构、调适与契合的过程。经过三个阶段的发展，江西省的农村社区建设以自然村的村落社区为核心，自上而下整合多方力量，在借鉴城市社区建设经验的同时越来越贴合农村的实际情况，逐渐探索出了相对成熟的“中心+村落”的农村社区建设模式。具体来看，“中心+村落”的农村社区建设模式主要包括自然村、行政村及县乡地方政府等三个层级的组织体系。

“中心+村落”的农村社区建设模式的重心是自然村。在地方政府的支持下，自然村成立了“一会五站”的组织管理体系。其中，“一会”指的是前文提及的“农村村落社区理事会”，其主要负责统筹自然村层面的公共服务与管理，并与行政村及相关政府部门做好沟通协调工作。“五站”则是基于社区理事会成立的具体职能机构，具体包括“村落社区公益事业服务站”“村落社区卫生环境监督站”“村落社区文体活动联络站”“村落社区社会救助服务站”“村落社区民间纠纷调解站”。“村落社区公益事业服务站”主要负责村落公共设施的建设、公益服务事业的开展，以及公共财产的管理与保护；“村落社区卫生环境监督站”主要负责村落社区的环境卫生整治和相关的医疗卫生服务；“村落社区文体活动联络站”则主要负责村落社区的文化体育活动，通过开办图书室、普法班、科技班、文化站等形式宣传党和国家的方针政策、法律规范、科技知识，传递正能量，树立文明新风，加强精神文明建设；“村落社区社会救助服务站”则将工作重心放在村落社区范围内的“老弱病残”群体上，以达到互济共进的目的，形成社区良好风气；“村落社区民间纠纷调解站”则致力于社区内部的治安管理，维护社区良好安定的和谐氛围。需要特别说明的是，“一会五站”的骨干成员主要由老干部、老党员、老模范、老知识分子、老复员军人“五老”组成。一般而言，这些老年人时间相对充裕，具备丰富的基层经验和较强的工作能力，是村落社区建设的关键性人力资源。

行政村在“中心+村落”的农村社区建设模式中是“中心”，在管理与服务过程中起着承上启下的作用。在行政村层级，主要设有“一个中心、四个服务所”的组织管理体系，具体包括“农村社区服务中心”以及下设的“新农村新社区建设服务所”“公共事务服务所”“卫生保健服务所”“农业生产服务所”。其中，“新农村新社区建设服务所”主要负责具体落实村落社区建设的指导、协调工作，进而达到与村落社区层面的上下衔接、立体协调的效果；“公共事务服务所”则主要负责村民的政策咨询、信息服务、救助保障以及相关证件的办理；“卫生保健服务所”与“农业生产服务所”则分别负责所辖各村落社区的医疗卫生服务和农业生产服务工作。

除了村级层面的组织建构外，“中心+村落”的农村社区建设模式还在村级组织建构的基础上形成了涵盖政府和社会力量的系统管理机制。在县（市）一级建立由其主要领导挂帅的“村落社区建设工作委员会”，负责对上听取村落社区建设的指导意见，对下统筹安排村落社区建设工作。乡镇作为农村村落社区建设的基础政治主体，成立“村落社区建设指导委员会”，具体负责乡镇村落社区建设的总体方案，指导农村社区工作，协调、解决社区建设中的有关问题。

第四节　模式调适与治理优化

通过上文的论述，我们可以明确地方政府创新既非一成不变的，也非一蹴而就的，需要不断结合实际发展需求实施模式调适与治理优化。可以说，模式调适和治理优化，是地方政府创新持续性发展的必要条件。江西农村村落社区建设经历三个阶段，而三个阶段中又存在两次跨越性的模式调适。经过两次模式调适，农村社区建设越来越贴合江西农村的实际情况，建设思路越来越清晰，建设机制越来越完善。

一　下沉重心：从行政村到自然村的转变

第一次模式调适主要在于充分发挥江西农村社会的结构性优势，通过将农村社区建设重心下沉到自然村层面来激发农村社会建设活力，提升国家基层治理水平。不可否认，江西省第一阶段的农村社区建设模式主要是基于城市社区建设经验而建构的，并不契合农村社会实际，反而暴露了基层治理的弊端。经过一年多的试点实践，以省委领导为核心的改革推进者渐渐意识到以行政村为重心进行社区建设，事实上是强化了乡镇政府对于村级的控制权，并不能充分发挥农村社区对于社会事务的治理功能。因为，在这样的政策背景下，乡镇政府就可以借指导行政村的社区建设工作而将行政任务分派到村级层面，令原本作为自治组织的村委会不得不更多地承担行政事务。故此，村委会在农村社区建设中展现得更多的是来自国家与政府的“政治面孔”，而不是作为社会力量的代表来体现其“社会面孔”。这也就意味着，村委会在农村社区建设的过程中由乡镇政府及其相关部门牵着鼻子走，既不能发挥自主性，也有可能在建设过程中过于重视行政指令而忽视农村社区的社会服务职能，使农村社区建设沦为“看风向的空架子”“门面工程”，基层自治难以真实体现。

与此同时，第一阶段的探索也未能充分发挥自然村落的先天优势。农村社区建设不同于城市，作为充满陌生人的城市社区，其建设不可避免地需要经过一个社区关系网络的建构过程，而自然村落天然存在的熟人资源则已然具备社区建设的关系网络。诚然，社区作为一个社会场域，归根结底要依靠人与人之间密切的交往，并在交往的过程中达成共识形成对社区的归属感与认同感，从而体现出社区作为生活共同体的社会本质。自然村落凭借其地缘、血缘基础上形成的熟人资源，能够免除城市社区建设过程中关系网络建构的过程。而且，江西省以山地丘陵为主，行政村所辖范围较广，在奔波于各基层政府部门的行政任务执行的同时根本无法将社会服务落实到自然村落中去，而自然村落也在这一阶段的试点过程中处于边缘地带，难以感受到改革与创新的气息，正所谓“上面锣鼓喧天，下面死气沉沉”。由此，农村村落社区建设的重心下沉成为必然趋势。只有下沉建设重心，才能实现社区建设模式的本土化转变。

二　完善体系：自然村与行政村的结合

随着农村社区建设的不断深入，基于自然村的农村社区建设逐渐显露出相应的问题。其中最为重要的便是基于自然村建设而成的农村社区存在合法性问题。所谓合法性，指的是某种政治行为或政治秩序被认可的价值与规范。依照合法来源，合法性可以被划分为合利益性、合道德性与合法律性等形式，这里强调的农村社区建设合法性问题主要指的是合法律性的缺失。不可否认，自然村落主要是基于社会意义上的地域划分而形成的，与得到国家法律认可的行政村存在根本性的区别。由此，当时以自然村为单位构建的农村社区便缺乏国家体制力量的明确支持。村落理事会作为地方治理创新而确立的农村非正式组织，缺乏相应的稳定性，极易造成组织异化。调查发现，村落理事会组织异化主要存在两个倾向：一是行政化倾向，即许多政府职能部门将村落理事会及其下设服务站点作为职能延伸的平台，干涉理事会选举及决策，甚至将其纳入压力性的行政考评体系之中；二是经济化倾向，即迫使理事会改变其公共服务的职能定位，而过多地赋予其经济发展的职责和任务。这些都会影响农村村落社区建设的自主性和公益性，导致村落社区理事会成为与村委会同质化的组织机构。

“中心＋村落”的农村村落社区建设模式则将自然村和行政村有机结合起来，形成三个探索阶段中的第二次模式调适。由此，自然村和行政村可以基于地方治理的需要形成合理的职能分工，有效抵御重心下沉造成的社会空间压缩，助推形成国家与社会的良性互动。一方面，基于“中心＋村落”的组织架构，行政村层面的村委会能够充当治理体系的中介，对上承接政府及其职能部门的行政任务，对下指导村域范围内各自然村落公共服务工作的具体开展；另一方面，村落层面的理事会能够获取更为充分的社会自由度，代表社会力量参与到社会治理实践中来，为激发社会活力，实现国家与社会协调发展做出贡献。

第五节　总结与讨论

江西农村村落社区建设之所以具备较强的韧性，关键还在于其能够基于现实需求不断实施模式调适和治理优化，使农村社区建设能够与农村社会结构相契合，激发其内在生命力。不可否认，当前我国政府创新具备良好的政治社会环境，国家政策的支持、体制性空间的让渡、社会力量的参与推动以及创新行为的绩效激励等都为增强地方政府创新韧性做出了贡献。[①] 但是，创新项目的韧性归根结底还是要立足于自身发展环境与目标，通过确立符合地方发展实际的创新方案或建设模式来激发创新项目的内在生命力。只有立足创新项目建设实际，契合农村社会结构系统，地方政府创新才有可能摆脱持续发展的困境，实现创新发展的外引内化与长效推进。

需要注意的是，创新项目自身发展环境是动态的，立足于创新项目发展实际的韧性塑造必然是一个持续性的工作。尽管当前江西农村村落社区建设得益于及时的模式调适与治理优化，实现了项目创新的持续发展，但是就调研实际来看，目前的“中心＋村落”模式依旧存在相应的问题需要进一步完善。其一是社区建设的人员接替问题。随着自然村人口老龄化与空心化趋势日渐加剧，以“五老”为核心的村落精英参与的村落理事会缺乏长效机制，一旦这批具备能力与热情的老人卸任离村或亡故，便可能导致村落组织建设土崩瓦解。其二是“中心＋村落”模式的职能同构问题。尽管行政村与村落社区两个层面已做出原则性的职能分工，但是在实际运作中却依旧存在混淆两者性质与职能的情况，导致村落社区建设难以发挥治理功效。其三是资源整合问题。当前的村落社区建设依旧呈现“碎片化”特征，相关职能部门对于村落社区建设的支援与帮扶过于分散化，难以形成建设合力，无法从整体上推动农村的发展。为此，我们需要进一步思考体制机制完善对于维持政府创新韧性的价值与意义。

① 吴理财、吴侗：《论地方政府创新韧性》，《江苏社会科学》2018 年第 1 期。

第十二章　运动式治理的结构脱耦：地方政府创新可持续的困境及反思

——基于万载县“农村社会工作本土化”的案例分析

第一节　问题的提出

自改革开放以来，地方政府创新成为加快中国行政体制改革、推动社会善治的重要手段，创新也成为政府及社会共同探讨的热点话题，特别是“中国地方政府创新奖”对激发地方政府创新动力及挖掘地方政府创新经验发挥了十分重要的作用。但中国地方政府创新在实践中呈现一个循环式的悖论：尽管地方政府创新的探索层出不穷，地方政府创新可持续性的动力却不强，许多地方政府创新在经历“繁荣”以后往往会走向消亡。在这种背景下，许多学者从不同的视角，对地方政府创新可持续问题进行了研究。包国宪等在选取 112 个案例样本进行研究之后发现具有可持续性的创新案例（包括仍需确定的案例）只有 38 个，只占全部创新案例的 33.9%。[①] 高新军通过对比前四届“中国地方政府创新奖”的案例也发现，“那些曾经获得了中国地方政府创新奖的项目，差不多有三分之一名存实亡了”。[②] 陈国权等通过对地方政府创新的文献梳理得出，地方政府创新的动因主要包括发展型动力、竞争型动力及压力型动力三种类型，而创新型动力直接影响了地方政府创新的路径选择及其可持续

① 包国宪、孙斐：《演化范式下中国地方政府创新可持续性研究》，《公共管理学报》2011 年第 1 期。

② 高新军：《地方政府创新缘何难持续——以重庆市开县麻柳乡为例》，《中国改革》2008 年第 5 期。

性。[①] 张玉磊从制度演化的视角，认为“创新主体多元化的需求、地方政府的适应性、创新主体的‘企业家精神’、路径依赖、地方政府间的竞合关系、创新与非正式制度的契合程度、创新的制度化能力诸多因素”[②]，都会影响到地方政府创新的可持续性。为推动地方政府创新的可持续发展，刘伟提出地方政府创新要遵循“社会嵌入”这一理念，即“政府创新要与社会结构及社会诉求相契合，既要把社会力量及公众有效纳入到政策创新的制定与实施过程之中，同时也要把政策创新与社会环境有效衔接，这样才能推动地方政府创新的可持续性发展”。[③]

总体来看，现有的研究为理解中国地方政府创新动力提供了较好的理论基础及分析视角，但主要侧重于静态的结构功能论的范式，相对忽视对地方政府创新的运作过程的研究。吉登斯用“结构二重性”分析了社会结构与行动者之间的关系问题，“既不能将作为行动者的人看作是完全的自由人，也不能将它们看作‘社会的木偶’；行动者的能动性一方面根植于社会结构的土壤中并深受其制约，同时也通过‘反思性监控’等机制改造着已经存在的社会结构”。[④] 地方政府创新的可持续性依托结构化场域的动态性均衡，合法性与自主性成为地方政府创新动力的二重逻辑，它既约束了地方政府的路径选择，地方政府又凭借这种制约进行策略化的行动。在现有的治理结构的影响下，它取决于地方政府权力结构之间的协调程度：“在横向上体现地方社会形态与地方政府之间的制衡关系，纵向上表现为中央的支配权与地方治理权之间的约束关系。”[⑤] 也就是说，地方政府创新取决于创新的协调程度，创新越协调并能有效回应社会环境的变化，地方政府创新将越能可持续；而在“非协调性”的创

① 陈国权、黄振威：《地方政府创新研究的热点主题与理论前瞻》，《浙江大学学报》（人文社会科学版）2010 年第 4 期。

② 张玉磊：《地方政府制度创新何以持续？——制度演化理论的解析》，《四川行政学院学报》2013 年第 6 期。

③ 刘伟：《社会嵌入与地方政府创新之可持续性——公共服务创新的比较案例分析》，《南京社会科学》2014 年第 1 期。

④ 〔英〕安东尼·吉登斯：《社会的构成》，胡宗泽、赵力涛译，生活·读书·新知三联书店，1998，第 62 页。

⑤ 李佳佳：《从地方政府创新理解现代国家——基于“非协调约束权力结构”的框架》，复旦大学博士学位论文，2013，第 23 页。

新结构之下，地方政府创新的可持续性就较弱。对地方政府创新的运作过程的分析，有利于深入理解中国地方政府创新的现实面向及其困境，进而为中国地方政府创新的可持续发展提供理论与实践支撑。

为了解地方政府创新项目获奖之后的发展情况，探求地方政府创新可持续发展的内在规律及现实困境，笔者跟随课题组于2016年8月至10月对华中地区10多个“地方政府创新项目”进行了大型跟踪调研。万载县作为中部地区一个贫困县，通过探索“农村社会工作的新路径”获得了中国地方政府创新奖优胜奖。本章从发生学的视角，研究万载县“农村社会工作本土化”这一项目产生的背景、路径及困境，进而探讨中国地方政府创新可持续性的路径选择。

第二节 结构中的行动者：地方政府创新的动力分析

自改革开放以来，在国家与社会关系适度分离的背景下，社会的急剧转型导致了新的社会治理问题的出现，为回应社会治理的新问题，中央政府通过有选择性地向地方政府赋权来引导地方政府创新治理手段，地方政府由此获得了一定的创新政策空间，中国国家治理体系也开始焕发出新的活力。县级政府是连接国家与社会的纽带与桥梁，这种角色定位构成了县级政府创新的结构化空间。万载县农村社会工作的开展，既是农村社会转型倒逼的产物，也是国家政策引导的现实结果，同时也与学者型官员强力推动密切相关，三者共同构成了地方政府创新的动力机制。

一 农村社会发展的倒逼

社会工作是在工业社会来临的背景下，为解决社会转型带来的一系列社会治理问题，进而在城市社区开展的一种社会服务。农村家庭结构变化、农村文化转型及社会的个体化浪潮，导致农村社会转型局面特别复杂，如何应对社会转型带来的负面效应，成为各级政府的一项重要任务。尽管近年来国家对“三农”问题日益重视，但农村各种社会矛盾却不断凸显，传统的农村社会管理方式已不适应新时期社会发展的需要，农村社会的转型对农村治理的建设提出了新的要求。据万载县劳动就业部门统计，2007 年，万载县农村外出务工人员占农村人口的 14.2%，农村熟人社会的瓦解导致农村社会原有的非正式支持网络逐步瓦解，农村留守儿童、留守老人、留守妇女（以下简称“三留”人员）问题日益突出。在这种背景下，需要政府及社会正式支持网络的介入。为有效解决农村社会治理的新问题，万载县委县政府凭借农村社会工作创新农村治理方式，实现乡村治理方式转型与再组织化建设，以应对农村社会个体化所带来的农村社会失范的困境。

二 国家政策试点的引导

在农村税费改革及分税制的影响下，自上而下的动员式改革仍然是中国国家治理运作的一个重要面向，地方政府越来越依赖于中央政府自上而下的政策及资源支持，政策试点为地方政府创新注入了新动力。“在政策试点过程中，政策试点是一种‘等级制下的试验’，将有活力的基层建议和地方经验纳入国家层面的政策制定。”[①] 党的十六届六中全会通过的《中共中央关于构建社会主义和谐社会若干重大问题的决定》首次提出“积极推进农村社区建设”这一理念，将社会工作作为构建社会主义和谐社会的重要机制，并从政策与制度保障、人才培养、职业规范制定和从业标准的构建等层面，把“建设宏大的社会工作人才队伍”纳入党和国家人才发展大局，中国社会工作专业建设得到了国家政策的保障。2007 年 10 月，民政部公布了《民政部关于确定社会工作人才队伍建设试点地区和单位的通知》，万载县成为全国首批社会工作人才队伍建设试点单位之一。在政策试点的背景下，万载县农村社会工作获得了空前的政策合法性与驱动力，特别是 2008 年万载县顺利召开了全国农村社会工作人才队伍建设试点经验交流会以后，农村社区建设及农村社会工作的开展逐渐在万载县盛行。

---

① 刘伟：《政策试点：发生机制与内在逻辑——基于我国公共部门绩效管理政策的案例研究》，《中国行政管理》2015 年第 5 期。

三　学者型官员的强力推动

课题组通过调研发现，中国地方政府创新项目的出现，和项目推动者的个人经历及政绩需求密切相关。万载县农村社会工作的开展，与时任县委书记的强力推动紧密相关，时任县委书记具有国外留学的经验，对于国外社会工作的发展有十分深刻的印象，对于社会工作产生的社会功能也十分认同。进入新时期以后，万载县进入了快速城镇化的关键时期，2007～2012年万载县城镇化率提升了16个百分点，城镇化带来了农村社会的急剧变迁以及在此过程中出现的农村社区“空心化”、失地农民权益受损、农民工的城市融入受阻、干群关系紧张和群体性事件频发等问题，农村基层治理体系亟须重构。因为农村征地拆迁导致农民上访问题加剧，如何应对日趋复杂的“维稳”问题，成为万载县委县政府的重要任务。时任县委书记在2010年公开发表的一段讲话中提到，“在2010年上半年，万载县上访形式异常严峻，特别是非法上访、无理访现象明显反弹，创造了万载县发展史上的几个‘新纪录’：一是创造了赴京非正常访人数的‘新纪录’，全市赴京非正常访总共才23人次，而万载县就有12人次，比其他9个县市区总数还多；二是创造了‘八一’涉军非正常访的‘新纪录’，是今年全省唯一一例”。为解决日趋复杂的上访问题，时任县委书记依托全国社会工作人才队伍建设试点这一历史性机遇，在万载县力推农村社会工作的开展，试图凭借农村社会工作机制的创新，维护农村社会的和谐稳定。

第三节　从试点到推广：地方政府创新的运作机制

县级政府作为社会系统中的行动者，需要在日常生活实践中理性地面对资源及规则的约束做出行动选择，既要被社会系统结构化，同时又通过行动改变了社会结构，这种结构化场域也就成为万载县“农村社会工作本土化”的动力机制及外在空间。万载县委县政府通过资源整合及制度创新等手段，有效推动了农村社会工作在全县范围的开展。从万载县农村社会工作的发展历程来看，其经历了政策试点、逐步扩展及创新再生产三个阶段。

一　政策试点：政府体制资源的整合

“在政策的实施过程中，需要先找准一个点，在点上探索政策实施的特殊性，以此来验证一般政策的科学性与适应性，点本来只是政策试点的一种载体，然而现实中的点已经成为了目的本身，并且以此为基础构建了一套自我复制、自我循环的系统。”① 万载县被确立为全国首批社会工作人才队伍建设试点单位以后，为加快农村社会工作的试点，通过建立领导小组及典型塑造等形式，实现了政策试点自上而下的资源整合。

“领导小组作为一种广泛存在于各级党政部门的非正式机构，是以议事协调为目的而长期存在的一种特殊政治组织模式。”② 为加快农村社会工作的开展，县委县政府颁布了《万载县关于开展社会工作人才队伍建设试点工作的实施方案》，从工作发展、职责落实和职业管理等层面，初步形成了比较科学的农村社会工作人才队伍建设体系和制度体系。万载县成立了由县委书记任组长，县委组织部部长及分管副县长任副组长，组织、宣传、人社、财政、民政等17个部门共同组成的农村社会工作人才队伍建设领导小组，负责领导、监督、协调全县社会工作的开展。同时，在县民政局、县直部门及其他群团组织都成立专业化的社会工作服务室；在乡镇（街道）、村（居）委会及一些村落社区设立社会工作服务机构。社会工作领导小组建立以后，农村社会工作从单纯县民政局主导转变为县委县政府的统一行为，强化了政策试点工作的效力。

领导小组建立以后，万载县确立了“一年试点探索、两年打开局面、三年初见成效”的发展目标，为推动农村社会工作的稳步有序进行，通过采取边抓点示范边摸索实践的办法，选取了11个县直部门和全县30%的乡镇（街道）、10%的村（居）委会为示范点，从机构养老服务、留

① 李元珍：《典型治理：国家与社会的分离——基于领导联系点的分析》，《南京农业大学学报》（社会科学版）2015年第2期。

② 杨志军：《运动式治理悖论：常态治理的非常规化——基于网络“扫黄打非”运动分析》，《公共行政评论》2015年第2期。

守儿童教育、社区文化等方面入手扎实推进社会工作人才队伍建设。在各乡镇（街道）选择一些基础比较好的村（居）委会和城乡社区打造一批可看、可学、可用、可辐射、可复制的样板。根据万载县的实际情况，选取了县福利中心、康乐街道务前社区、老城镇卢洲村落社区为试点单位，展开针对“三留”人员的社会工作，初步创立“1+3”的社会工作人才队伍建设模式，农村社会工作取得初步成效。为保障试点工作的有序进行，县委县政府将社会工作列入年度经济社会主要工作考核考评范围，并把社会工作经费纳入万载县各级政府与部门的财政预算，由县财政每年拨款15万元，并以每年5万元的额度增加，相关部门给予相应的资金配套，建立常态化的政府财政投入机制。同时，为弥补县级政府财政投入不足，县政府将万载县福利彩票公益资金及慈善捐款的30%用于支持社会工作，并对参与社会工作的企业进行税费减免。通过多方面的资金筹措，有效保障了农村社会工作人才队伍建设的资金。

二　常规与动员：创新的结构性扩展

在我国国家治理体系的运作中，常规与动员作为两种有效结合的方式，是弥补基层政府治理资源不足及提升治理效率的手段。“常规机制建立在分工明确、各司其职的组织结构之上，稳定性、程序化的各种例行活动是其典型特征；而动员机制恰恰需要通过超越常规的紧急动员过程、突破已有的组织结构才能得以驱动和运转。”① 经过一年的探索与实践，万载县通过常规与动员两种方式的有效结合，加强了制度体系的再创新，推动了农村社会工作在全县的结构性扩展。

随着社会工作从试点逐步向全县推行，万载县农村社会工作呈现政府职能部门分工不明确的局面。在这种背景下，万载县颁布了《关于加强社会工作人才队伍建设，推进社会工作发展领导小组及明确其职责的通知》，对社会工作的领导小组进行了调整，增加了相关部门的介入，领导小组几乎涉及所有的政府部门，并进一步明确了各单位的职责。在县级层面，县民政局设立专业社工股，定编3人，具体指导全县农村社会

---

① 周雪光：《运动型治理机制：中国国家治理的制度逻辑再思考》，《开放时代》2012年第2期。

工作的开展，并成立了县级社会工作协会、相关义工协会。同时，在县司法、教育、文化、卫生及老龄办等部门及各乡镇（街道）设立 2 个专业的社工岗位，并成立社会工作中心，形成了县级社会工作专业化岗位体系。为改善社会工作人才队伍不足的困境，依托定编不定岗的形式，在县城 6 个社区、各中小学、村庄或者村落社区设置了 1～2 个社工岗位。通过明确政府相关部门职责及建立社会工作协会，建立县、乡镇、村三级社会工作人才岗位体系，有效实现了政府主导与社会有效参与的格局，推动农村社会工作制度化与常态化发展。县社会工作协会成立以后，万载县加快了社会工作机构的孵化，先后成立了百合社会工作服务社、义工联合会等组织，并在充分挖掘村落社区传统资源的基础上，将“两委”成员及社区老人纳入社会工作人才队伍建设中，将村落社会组织整合进农村社会工作人才体系中，建立了社会化的社会工作人才队伍体系。依托政府自上而下的组织体系，落实社会工作的政策保障，逐步建立了县、乡、村三级联动的社会工作专业岗位，推动了农村社会工作的专业化发展。

“中国政治是一种高度动员型体制，会议是政治动员的重要手段；经由会议的方式，文件得到自上而下的传达。”[①] 针对农村社会工作的政策及制度建设与现实适应情况，万载县先后颁布了《关于加快万载县农村社会工作的实施方案》《万载县推进“三院”、社区居委会社会工作实施方案》等文件，针对不同社会工作类型制定不同的政策方案，进一步完善了农村社会工作的制度化建设。同时，为推动农村社会工作专业化发展，又出台了《万载县社会工作职业水平评价实施方案》《社会工作专业岗位设置方案》等文件，加强了社会工作的专业化、制度化发展。从 2009 年开始，万载县不断组织各单位的社会工作者参加全国社会工作职业水平考试，并于 2011 年制定了《万载县关于做好 2011 年度社会工作者职业化水平考试有关事项的通知》，规定每年增加人力、物力的投入，争取建立一只专业化的社会工作队伍。通过制定社会工作实施及人才队伍建设的相关文件，有效推动了社会工作的常态化、制度化发展。政策

---

① 〔美〕詹姆斯·R. 汤森、布兰特利·沃马克：《中国政治》，顾建、董方译，江苏人民出版社，2003，第 13 页。

文件制定以后，经过会议的形式将文件精神在全县传达，并明确各级政府及部门的责任分工，强化考核机制，实现了农村社会工作在全县全面开展。通过常规与动员有效结合的方式，明确“社工、义工及从工”的不同角色定位，使每名社工、从工都对接3名左右的义工，形成了专业社工带领义工、从工辅助社工服务，义工协助社工服务的模式。凭借探索专业化的社会工作机制，万载县逐步建立县、乡、村三级社会工作机构，建立了由30人组成的本土专业社工队伍，由1000人组成的从业社工队伍，由2000多人参加的志愿者服务队伍，服务对象也从弱势群体扩展到有需求的社会公民，在全县范围内形成了“有困难，找社工”的浓厚氛围。

三　“合法性再造”：创新的扩散及再生产

“地方政府创新可持续性的窍门是‘合法性承载’，合法性承载越高，能获得的政府注意力分配越多，或者获得更高层政府的采纳及推行，且更容易（上升为高一级政府的政策）被制度化。”[①] 万载县在加强政策试点与拓展的同时，也通过加强对外合作等形式，推动创新的扩散及再生产，进而提升创新的合法性。

经过多年的探索与实践，万载县初步建立了制度化的农村社会工作机制，但农村社会工作人才仍然十分匮乏，在短时期内又无法培养出相应的人才队伍，为此万载县加快了与高校在社会工作领域的合作，通过与省内外高校签订协议的形式，把万载县打造为社会工作专业师生的实习基地，依托专家讲座、实地学习等方式，有效提升了农村社会工作人员专业化水平。高校专业社会工作者（师生）和现实社会工作者（准社工）的合作，推动了农村社会工作专业化的发展，让社会工作的理念在村落社区得到传播，进一步提升了社会工作的效能。政策试点需要在短期内形成良好的效应，如何提炼万载县农村社会工作本土化的经验，也成为万载县政策试点的一项重要内容。通过寻求对外合作，撰写了《万载县农村社会工作经验》及《万载县社会工作典型案例》等制度文本，

① 徐岩、范娜娜、陈那波：《合法性承载：对运动式治理及其转变的新解释——以A市18年创卫历程为例》，《公共行政评论》2015年第2期。

进一步将制度创新进行提炼，形成了“党委统一领导、政府主动推动、部门密切合作、整合现有资源、社工义工联动、公众广泛参与、广大群众受益”的农村社会工作本土化的“万载县模式”。

在加强农村社会工作模式提炼的同时，万载县也凭借多种渠道加强对外宣传，进而推动创新的扩散与再生产。为扩大农村社会工作的影响力，万载县逐步开展了“十个一”的社会工作宣传活动：开展一次社工、义工万人出征献爱心活动，制作一本《万载县社会工作资料汇编》、一张“万载县涌动社工潮”光碟、一本社工画册、一本《社会工作知识手册》，开办一档社工电视栏目、一个社工网站电视、一系列的社会工作宣传展板，排演一场具有万载县特色的社工专场晚会，开通一辆社工直通车。在各服务所（站）开设了社工热线、社工信箱、社工告示栏等绿色通道，定期开展农村社会工作的宣传活动，营造了较好的农村社会工作氛围。同时，为做优农村社会工作品牌，万载县充分利用媒体及交流会等形式，通过举办“国际社工节”“社会工作交流会”等活动，邀请相关部门领导莅临指导，并邀请国内主流媒体进行跟踪报道，进一步提升政策创新的合法性。通过创新品牌的包装与再生产，万载县被评为“全国首批农村社会工作人才队伍试点示范县”，农村社会工作本土化经验也在全国推广。

第四节　制度紊乱：地方政府创新的结构脱耦

从根本上来说，地方政府创新作为一种制度建构的过程，与当地的政治、经济、社会及文化的发展密切相关，而制度建构的过程要求将一个新的系统融入原有的社会大系统之中，这种融入必然要求与社会系统的运行相协调，否则将会引发系统紊乱及社会发展的失衡。万载县农村社会工作制度建构的内外紊乱，导致了地方政府创新的结构性脱耦：“‘脱耦’意味着地方政府创新的结构与功能的分离：组织的实际做法同正式安排出现一定程度的脱节，通过脱耦，地方组织的角色出现了行动与结构相分离、‘正式规则’与‘非正式规则’‘正式目标’与‘非正式目标'‘话语体系’与‘行动体系’等相分离的总体格局。"[①] 万载县农村社会工作从2007年开始，已经过去了十几年，尽管在农村治理领域取得了较好的成就，但在各种因素的影响下这一项目的创新动力逐渐弱化，也为其后来的停滞埋下了伏笔。

一　压力型体制下地方政府创新动力的弱化

万载县农村社会工作本土化是政府强力推动的产物，且这一项目过度依靠时任县委书记的推动，很容易走向“人走政息”的困境。在压力型体制的影响下，县级政府兼具“代理人”及“经营者”双重角色，很容易导致政策试点的目标充满不确定性。万载县作为中部地区一个典型的贫困农业县，通过将社会工作引入农村治理体系这一场域，弥补了社会工作在农村地区发展的空白，有效应对了社会转型带来的农村治理失范等问题，在短时期内较为有效地解决了上访带来的“维稳”问题。因为万载县农村社会工作的发展过度依赖政府的强力推动，其发展所需资金基本来源于政府的财政拨款，由于万载县属于贫困的农业县，政府无法给予足够的资金保障，直接影响了农村社会工作的后期发展。2007年万载县财政收入仅为4亿元，2009年也仍然不足6亿元，社会工作在现实中无法产生立竿见影的效果，这与以经济发展为中心及官员政绩导向相违背，政府对社会工作投入不足的困境不断显现。万载县农村社会工作政府每年拨款仅为15万元，这对于社会工作的发展来说是杯水车薪，除了能够满足少数基础设施的建设外，事实上无法发挥作用。县委县政府尽管制订了将万载县福利彩票公益资金及慈善捐款的30%用于支持社会工作的计划，然而在实际执行过程中，在各方面因素的抵制下，这一政策最后成为一纸空文。行政力量的过度介入，也导致了社会工作理念及发展路径的扭曲，农村社会工作成为行政力量的附属物，在行政力量退出之后，其必然会停滞。在项目实施前期，形成了举全县之力推动社会工作发展的局面，因为这一项目在执行过程中没有形成常态化的制度体系，在项目执行的后期动力不足的困境不断显现。时任县委书记调离

① 孙志建：《中国城市摊贩监督缘何稳定于模糊性治理——基于“新多源流模型”的机制性解释》，《甘肃行政学院学报》2014年第5期。

万载县以后，这一项目的发展面临动力枯竭的局面，万载县农村社会工作本土化的“繁荣”局面便随之停止。

二 公共服务下乡背景下社会需求的脱耦

制度建构的过程是一种“自上而下”与“自下而上”相互结合的过程，制度在自上而下强制输入的过程中，需要较低行动者的自下而上的关注、理解及再生产。社会工作在中国还处于起步阶段，基层社会对社会工作的价值理念和功能效果的认同感不强，个别干部群众甚至认为社会工作无非就是个案工作的谈心谈话或者组织小组工作的娱乐活动，在思想认识上还没有真正加以重视。“现代国家机器的基本特征是简单化，国家的简单化就是张简略的地图，他们并未成功地表达他们所描述的真实社会活动，他们的目的也不在此；他们只表达了官方观察员所感兴趣的片段。”① 从西方专业性的社会工作发展历程来看，社会转型带来了一些社会治理问题，需要外在社会力量的介入，为社区居民提供一种服务形式，然而它的服务群体具有特定的局限性。尽管在快速城镇化的背景下，万载县农村社会对于社会工作具有一定的需求，但从总体上来看，农村社会的弱势群体还处于解决生存问题的阶段，对于教育、医疗等基本服务具有很强的需求，而对于社会工作的需求并不强烈。公共服务下乡需要相应的文化网络为支撑，如果国家权力的介入忽视了地方特性，将会导致国家治理的失败。尽管农村社会工作在早期对服务对象特别是弱势群体（老人、妇女及儿童）产生了一定的社会效应，其精神生活层面也得到很大改善，这些问题却无法依靠社会工作来单向度解决。同时，在社会个体化浪潮的影响下，农村社会以血缘、地缘为基础的社会关系结构开始瓦解，且这种社会变迁是在现代性与传统性并存的社会背景下发生的，社会转型导致了碎片化的血缘及地缘关系，农民从家庭等社会整合机制有限度脱域以后，原子化的个体特别是农村留守妇女、老人、儿童等作为乡村社会的边缘人，对于专业性社会工作这一起源于西方城市社区的社会救助手段，仍然存在很大排斥心理，进而导致了社会工作

① 〔美〕詹姆斯·C. 斯科特：《国家的视角：那些试图改善人类状况的项目是如何失败的》，王晓毅译，社会科学文献出版社，2004，第3页。

无法在农村社会找到合适的土壤。

万载县自完成了民政部“农村社会工作人才队伍建设”的试点工作以后，制度体系的内在紊乱带来了这一创新项目后期发展面临内生动力严重不足的问题，是一个典型的“获奖即终止”的创新项目。虽然万载县农村社会工作仍然在开展，但是除了前期孵化的社会工作人才、社会工作机构等仍然存在外，从总体上来看这一创新项目事实上已经停滞了。

第五节　总结与讨论

从万载县“农村社会工作本土化”这一地方政府创新项目的发展历程可以看出，地方政府创新缺乏相应的政治生态环境支撑，地方政府创新的动力主要依托于领导者的个人意愿，缺乏制度化、弹性化的创新环境。在现有的治理结构的影响下，地方政府创新往往以结构脱耦的面向呈现：在国家政策试点的背景下，地方政府为有效回应社会需求，依托常规与动员等路径创新地方治理的形式，然而在特定目标实现以后却逐步呈现偏离于社会及政策目标的过程。在制度创新的再生产路径中，创新不再是走“从群众中来，到群众中去”的群众路线，而是地方政府基于国家政策的框架，根据自我考量建立的制度体系。而随着国家政策及资源支持的减少，在社会需求无法有效输入及执政者调离的背景下，地方政府创新也就随之停滞了。

地方政府创新作为国家治理运作的场域，是制度建构与规则再生产的过程，而地方政府作为社会系统再生产的行动者，既需要服从社会结构的制度安排，同时又要在这一场域中保持相对自主性。自分税制及农村税费改革以后，政策试点及项目制成为中国国家治理的新面向，也使项目制下中国国家治理陷入新困境。地方政府依托国家政策的试点，在获取政策及项目推动的合法性以后，往往会以政策扭曲乃至创新停滞的面貌呈现。“由政治与行政互渗的现实所赋予的县政权既是公共资源管理者又是经营者的权力地位（由权力资源构成）、并由授权关系（官方的而非社会的）所强化的权威基础（合法性），决定了县政权的财政活动范围与财政能力，从而造成县政权组织与国家和社会的利用竞争关系（自主性）。”[①] 县级政府的这种特性导致了县域地方政府创新层出不穷，特别是在当前中国政策试点的背景下，县级政府能够迅速整合资源，进而探索地方治理创新的路径。国家是一个自相矛盾的实体，国家的理念在现实中会遭受地方知识及实践的纠葛，进而改变国家的形态及现实社会秩序。地方政府借助地方政府创新这一媒介，将国家政策的试点当成获取资源及个人升迁的路径。尽管万载县“农村社会工作本土化”这一创新项目在某种程度上契合了农村社会的实际需求及国家治理的现实需要，项目的推行者也确实具有创新的内在动力，但在压力型体制及官员调动的背景下，形象工程及“人走政息”等困境也随之来临。在创新路径上，从试点到推广的创新模式能够打破科层制下“按部就班”的组织及管理架构，在跳出一种官僚制的同时实质上又建构了一种官僚体系，地方政府创新无法有效建立常态化的制度体系，地方政府创新在经历轰轰烈烈的“繁荣”以后，在实践中灰飞烟灭。如何杜绝地方政府创新与社会需求相脱节进而导致创新项目成为政府形象工程，如何杜绝地方政府创新“人走政息”或者获奖即消亡的局面，都是值得反思的。

在当前地方政府创新的路径中，应建立国家与地方制度的沟通与谈判渠道，将国家与地方紧密联系在一起，并改革非均衡性的中央与地方关系，建立制度化的中央与地方的关系及地方治理机制。在强政府弱社会的格局下，如何催生民间社会更多的自主性活力，如何发现民间社会的合理定位，从而塑造政府与社会共赢的治理格局，可能是推进中国地方治理现代化及中国地方政府创新都应该重视的问题。[②] 从万载县“农村社会工作本土化”这一项目的发展历程及其社会效益来看，依靠政府来强力推动农村社会工作这一路径，在现实中可能无法取得成功，这一项目虽然停滞，却并不代表农村社会工作在农村社会没有意义。加快农村社会工作的发展，是创新农村社会治理的重要路径，但依靠政府强力推

① 周庆智：《中国县级行政结构及其运行——对 W 县的社会学考察》，贵州人民出版社，2004，第 255 页。

② 俞可平：《中国地方政府创新案例研究报告（2011—2012）》，北京大学出版社，2014，第 119 页。

动的“脱嵌化治理”方式已经不适应社会发展的需要。推动政府介入与社会需求的对接，将农村社会工作有效扎根于农村社会需求的土壤之中，可能是万载县农村社会工作本土化的有效路径。在中国社会转型的过程中，本土化社会工作与专业型社会工作并存，两种社会工作类型共同影响着中国社会工作的未来发展方向。万载县农村社会工作本土化所面临的困境，在某种程度上说是中国社会特别是中西部地区社会工作共同面临的困境。在行政性社会工作已经不能完全适应、专业型社会工作依托的组织体系又未建立起来的情况下，构建两种社会工作路径的互动关系，将专业型社会工作的理念有效移植到行政型社会工作模式中，逐步引导中国社会工作的内生性发展，可能是中国农村社会工作本土化的有效路径。同时，农村社会工作体系的建立，要求与农村社会结构的变迁紧密相连，通过专业型社工与行政型社工的相互合作，并与农村社会结构及农民的基本服务需求相契合，构建均衡有效的社会工作体系，在尊重现代理性及乡村特性的基础上，将正式制度植入非正式制度体系之中，进而推动中国农村社会工作本土化发展。

第十三章　无缝隙对接与治理术：社会治理创新路径及逻辑

——基于江西省“安置帮教模式”的案例分析

第一节　问题的提出

自十八届三中全会通过的《中共中央关于全面深化改革若干重大问题的决定》首次提出“社会治理”这一概念以后，社会治理日益成为学界探讨的热点话题。安置帮教是一种引导特殊群体重新走向社会的治理机制，在当前司法改革的大背景下，做好刑满释放人员的安置帮教工作，全面提升特殊人群管理与服务水平，对于维护社会和谐稳定、重构社会治理体系具有十分重要的意义。

通过梳理现有文献发现，学界对于安置帮教的研究主要集中于安置帮教的定位、问题及改善路径的探讨。有研究者通过比较中外相关经验认为刑满释放人员的回归指导和出狱保护主要有两种模式——欧美国家的出狱人保护制度及东亚地区的更生保护制度，而政府主导下的安置帮教制度是我国社会治理的重要机制。[①] 有研究者则从维护社会和谐稳定的视角，针对当前我国安置帮教工作存在的“部门衔接不足、社会力量参与有限”等问题，认为我国安置帮教工作应该从“拓宽安置帮教工作领域、创新安置帮教工作机制、完善安置帮教工作相关法律法规、建立专门的安置帮教基金及加快过渡性安置基地建设”等层面加以改

① 柳玉祥：《以社会保护为重点的安置帮教工作改革探索》，《中国司法》2016 年第 11 期。

进。[①] 在为数不多的文献中，有研究者从生命历程的视角，认为与惯常司法实践依据“破坏—屏蔽—恢复”的指导原则强调对受害者权益的保护不同，安置帮教工作遵循“诊断—干涉—重塑”的运行逻辑对侵害者进行改造，为切实提升安置帮教工作的社会治理效应，需要社会力量广泛参与。[②]

现有的研究相对成熟，为完善我国安置帮教工作提供了较好的理论支撑，但现有研究侧重于从法学及社会学的视野，探讨我国安置帮教工作的完善路径，少有文献从国家治理的视野探讨安置帮教的内在逻辑。安置帮教作为保障公民权益进而实现社会治理的一系列制度建构，本质上是政府为实现国家长治久安而实施的，以维护社会正义和社会秩序为核心的一系列国家治理行为和制度安排。特别是在党的十八届三中全会提出“推进国家治理体系和治理能力现代化”这一时代命题以后，推动社会治理体系的现代化，具有重要的理论与现实意义。基于此，本章将国家治理引入安置帮教这一场域，将其作为一种治理范式探讨现代国家治理术的应用。诚如福柯（Michel Foucault）所言，“对人的治理本质上首先应该考虑事情的本性而不是人的恶习，对事物的整治首先要考虑人的自由，考虑他们想做什么，考虑他们的利益是什么，考虑他们之所想，所有这些都是相互关联的要素。权力的物理学或者说把自己理解为在自然的要素中的物理运动的权力。权力把自己理解为一种调节，它只能通过人的自由才能运转”。[③] 安置帮教为现代国家治理的重要机制，对安置帮教的运作过程的分析，有利于透视现代国家社会治理的路径及治理术的运作逻辑，进而探索社会治理现代化的有效路径。本章将在社会治理的视角下，研究江西省安置帮教“无缝对接”的运作过程，并在国家治理术的视野下，探讨这种治理的内在逻辑。

---

① 胡善平、王鹏：《安置帮教社区矫正面临的困境及社会学分析》，《长江师范学院报》2011年第4期；安置帮教工作完善与创新研究课题组：《安置帮教工作完善与创新研究》，《中国司法》2014年第7期。

② 王华菊、才凤伟：《诊断、干涉和重塑：安置帮教工作的运行逻辑》，《中国人民公安大学学报》（社会科学版）2015年第4期。

③ 〔法〕米歇尔·福柯：《安全、领土与人口》，钱翰、陈晓径译，上海人民出版社，2010，第38页。

第二节 从碎片化到“无缝隙”：安置帮教的范式转化

改革开放以来，随着单位制的逐步解体，社会利益的诉求呈现多元化的面向，基层社会的碎片化带来了社会治理新的挑战。一是在城镇化及社会流动加快的背景下，社会关系的碎片化日益显现；二是社会的个体化导致了基于户籍、地域等的社会整合机制的失效，社会群体利益诉求的碎片；三是由于传统社会管理体制与社会转型不相契合，社会治理结构的碎片日益显现。刑满释放人员是兼具高危与弱势双重特性的特殊群体，加强对其的安置帮教工作，对于实现社会治理现代化具有重要意义。

我国的安置帮教是在党委、政府的统一领导下，依靠各有关部门和社会力量对刑满释放人员进行的一种非强制性的引导、扶助、教育、管理活动。[①] 截至2017年底，全国全年新接收社区服刑人员52.4万人，办理解除矫正52.1万人，现有社区服刑人员70万人。全国各地安置帮教机构共衔接刑满释放人员64.4万人，共安置62.2万人，安置率为97%，帮助62.8万余人，帮教率为98%。[②] 安置帮教是通过为刑满释放人员提供过渡性安置，实现对刑满释放人员进行物质及精神生活的再塑造，进而对刑释人员进行帮教及安置。在现实的运作中，对于刑满释放人员的管理，涉及司法、公安、社保、卫生、民政、工商、税务等10多个职能部门，部门之间缺乏有效的信息沟通及合作机制，导致了安置帮教工作的碎片化。“由于缺少相应的部门协调及利益整合机制，许多职能部门在部门理性的考量下，往往采取‘趋利选择性’的策略，导致了在社会治理过程中形成‘各自为政’的局面，无论是在空间结构、利益关系还是治理架构等层面，社会治理都呈现出一种碎片化的格局，并对社会秩序

---

① 中央社会治安综合治理委员会、公安部、司法部、劳动部、民政部、国家工商行政管理局：《关于进一步加强对刑满释放、解除劳教人员安置和帮教工作的意见》（综治委〔2004〕4号）。

② 中国法学会：《中国法治建设年度报告（2017）》，法律出版社，2018。

产生了十分严峻的挑战。”[①] 对于刑满释放人员来说，在回归社会的早期需要面临重新认识及融入社会等许多难题，安置帮教工作做不好，很容易导致刑满释放人员重新走上违法犯罪的道路，进而威胁社会的和谐稳定。因此，创新刑满释放人员的社会治理机制，对于维护社会和谐稳定及有效预防和减少重新犯罪，都具有十分重要的意义。

2009 年 8 月，江西省社会治安综合治理委员会出台了《关于建立监所与社会无缝对接机制，加强预防刑满释放、解除劳教人员重新违法犯罪工作的若干意见》，加快了安置帮教工作体制机制的创新。江西省通过积极创新社会治理体系，建立了安置帮教“整体性治理”的新机制：依托信息化的数据库，强化各个政府部门的合作，强调以帮助刑满释放人员为导向，建立健全安置帮教“无缝对接”机制，进而提升社会整体性治理的绩效。“无缝隙政府”又称“无界限的政府”，指的是政府能够行动迅速并可以提供品种繁多的、用户化和个性化的产品和服务，并整合政府所有的部门、人员和其他资源，以一种整体的而不是各自为政的方式提供服务。[②] 无缝隙政府理论是在新公共管理理念的影响下，探讨公共服务从碎片化向整体性的转型。总体来看，“无缝隙政府”服务范式的构建包括“治理功能、治理层级、公私合作治理”三个面向的策略整合。[③] 在治理功能层面，“无缝隙政府”通过强调顾客导向来提升服务的效能。江西省司法厅通过创新全员接送机制，依托信息化机制，变传统管理为数字化管理，变接收式管理为介入式服务，将管理嵌入服务中；并通过创新帮扶机制，变单一物质帮扶为综合帮扶救助，实现了从管治向服务的转型。在治理层级层面，无缝隙政府强调创新协同治理机制，变分散型管理为一体化管理。江西省通过建立安置帮教领导小组，在全国率先研发并应用了“安置帮教数据库”，通过数据库把监所、司法、公安、民政、人保、工商、税务等部门联动起来，量化了各部门的程序和工作职

---

① 李德、于洪生：《城市社区无缝隙治理：特征、条件与实践路径——以上海市徐汇区长桥街道为例》，《探索》2016 年第 1 期。

② 〔美〕拉塞尔 · M. 林登：《无缝隙政府：公共部门再造指南》，汪大海、吴群芳等译，中国人民大学出版社，2001，第 2 页。

③ Perri 6, Diana Leat, Kimberly Seltzer, Gerry Stoker, *Towards Holistic Governance: The New Reform Agenda*, New York: Palgrave, 2002, pp. 28 – 31.

责，简化了工作流程，提高了工作效率，形成了帮扶合力。在公私合作治理层面，“无缝隙政府”强调公私部门之间的整合，构建政府部门、私人部门以及非营利性机构之间的互动共治机制。江西省司法厅率先在全国建立了监所、司法局与企业共建安置帮教基地机制，通过政策支持、基地孵化、政府购买等方式，搭建社会力量参与安置帮教工作的平台，构建了“监所、司法、基地、企业”四位一体的安置帮教工作机制。

经过多年探索与实践，江西省司法厅在经费保障、人员保障及体制机制等层面，加快安置帮教制度体系的创新，实现了安置帮教从碎片化到“无缝隙”的范式转化，并产生了较好的社会治理效应，安置帮教“无缝对接”模式也开始在全国推广。

第三节 “无缝对接”：安置帮教的运作过程分析

无缝隙政府作为对传统公共行政理论的变革，其核心是政府体制的“再造”，使政府运行的每个环节都相互协调、步调一致，形成一个整体性的运转流程，进而构建一种整体的而不是碎片化的服务形式。无缝隙政府并不是对政府部门进行简单的整合，而是构建了一种“大脑式组织模式”：“一是全息性，即组织的各个部分拥有整个组织的全部信息，可以利用部分再造或再现整个组织；二是信息的分权化和分散化；三是功能的全方位性，虽然各个组成部分存在着高度分工，每个部分又都拥有其他部分乃至整个组织的功能。”[①] 从安置帮教的运作过程来看，江西省探索了集“源头预防、信息衔接、全员接送、过渡安置及就业扶助”于一体的安置帮教机制，实现了安置帮教工作流程的无缝对接（见图 13－1）。

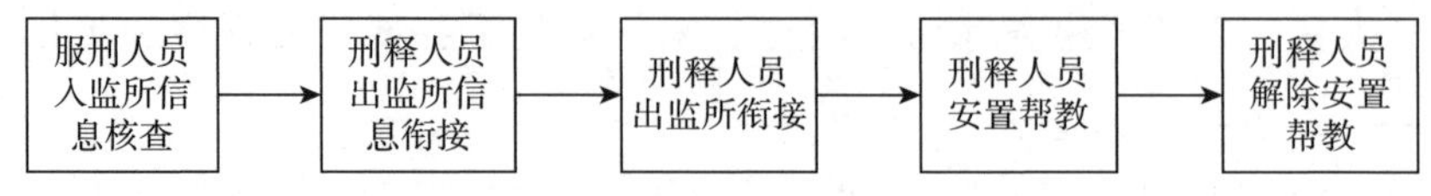

图 13－1 刑释人员安置帮教工作流程

① 张璋：《无缝隙政府的组织设计》，《学习时报》2003 年 11 月 3 日。

一　源头预防

江西省司法厅通过采取监狱、劳教所和地方安置部门联动治理的机制，探索了安置帮教源头预防机制。地方安帮部门通过主动进监所帮教，共同向服刑在教人员做安置帮教的工作。为提高教育帮扶水平，江西省司法厅不断丰富警示教育手段，在全省范围定期开展刑满释放及社区服刑人员警示教育专项活动，安置帮教部门通过与监所采取多种形式开展法制教育，促进服刑人员学法、知法、守法。服刑人员在刑满释放前，监所对其进行为期3个月的出监教育，包括法制教育、道德教育、就业教育、国家对刑满释放人员安置帮教政策教育、刑满释放人员落户、就业困难登记、专业技能培训和心理健康咨询等内容，加强适应社会需要的技能培训，使服刑人员掌握基本的谋生技能，提高社会适应能力。充分发挥文化载体的引领和教育作用，丰富文化教育内容，满足不同文化层次服刑人员的需要，监所与安置部门共同组建专业化、高素质的心理咨询队伍，积极开展心理测试、心理咨询、心理辅导、心理矫正，干预服刑人员心理危机，消除服刑人员心理疾病。同时，在服刑人员刑满释放的前一个月，监所及时对服刑人员的表现、心理认知及个人特长进行打分与登记，为服刑人员刑满释放以后进行精准化的安置帮教提供基础。

二　信息衔接

为有效加强安置帮教的部门合作，创新社会综合治理机制，江西省通过建立刑满释放人员安置帮教数据库，将每一名刑满释放人员的监所改造表现、个人特长、社会关系、出监（所）风险评估等200多项数据入网，实现了安置帮教工作的信息衔接。截止到2016年，江西省刑满释放人员信息录入及核实率已达到100%，纳入数据库管理的人员达23.8万余人。安置帮教数据库向上对接了全国刑满释放人员信息管理系统，实现了与全国数据的互联互通、实时共享；通过启动乡乡通工程实现了向下拓展，保障了系统在江西省所有乡镇（街道）司法所精准落地；同时，数据库横向连通了公安、民政、劳动、社保等部门，实现了对所有服刑在押人员、刑满释放人员基本信息自动核查比对，依托向外延伸从源头上避免了错误信息。通过完善网上交接、网上流转、网上审批模块，江西省刑满释放人员安置帮教数据库实现了安置帮教工作的信息衔接，真正做到了电子痕迹、全程可追溯，实现了刑满释放人员监所改造、出监所接送及在地帮教的全程动态跟踪，实现了对刑满释放人员的可查、可控、可帮，有效杜绝了人员接送衔接上的漏洞，有效建构了安置帮教工作的部门合作机制，解决了安置帮教工作信息衔接难的问题。

三　全员接送

刑满释放人员的接送机制，是保障安置帮教工作从监所到社会有效对接的重要环节。2010 年 12 月，江西省委省政府办公厅联合出台了《关于进一步加强刑满释放人员安置帮教工作的实施意见》，提出了“进一步落实衔接措施，加强对刑释解教人员的管理，建立健全了对接机制，从制度上保障了监所与社会的无缝对接”。2011 年及 2012 年江西省司法厅又分别出台了《关于印发无缝隙对接工作的几个问题的说明的通知》及《安置帮教无缝对接工作责任查究制度》等文件，完善了相关考核监督工作制度，规范了运行机制。要求任何一名刑满释放人员出监所时，必须由其户籍所在地的司法所或者村（居）委会人员接回。执法全额保障接送经费，基层司法部门每接回 1 名刑满释放人员，严格按照市内 300 元、省内 1000 元、省外 1500 元的标准给予经费补助。针对减刑、假释、重大节庆日等特殊情况、特殊时段难以有效衔接的问题，建立了兜底接送机制，对由于减刑、假释、改判等特殊原因，临时变更释放日期的人员，监所及时电话通知地方安置部门。在江西省每个司法行政机关都成立了兜底接送小组，配备专人专车，对临时通知或者其他突发事件可能导致无人接送的进行兜底接送，确保重点人员严格不漏，一般人员全面覆盖。

四　过渡安置

过渡安置是指刑满释放人员在出监所半年内，按照当地城乡最低生活保障标准，发放生活补助费，半年后仍未就业且符合低保条件的人员，纳入城乡最低生活保障范围。对“无家可归、无亲可投、无业可就”等特殊人群开展过渡性安置，由财政保障提供为期 3 个月的免费食宿，解决他们临时生活困境。在进一步落实半年生活补助、补助过渡性安置经费等帮扶措施的同时，江西省司法厅联合省综治办、省发改委等14部门共同出台了《关于加强刑满释放人员救助管理工作意见》，紧紧围绕“巩固救助基础、畅通救助渠道、明确救助保障”三大重点任务，进一步明确各部门在刑满释放人员救助管理工作中的职责，用实用、管用的措施将各部门的帮扶政策串联起来，形成了一个完整的救助体系，按照托底线、救急难、可持续的原则，对符合救助条件的刑满释放人员实施分段救助，使大量的“隐性”刑满释放人员转变为“显性”。通过完善督办考核机制，把刑满释放人员过渡安置纳入部门考核指标，实时督办、每月督办、每季通报、半年总结及考核，强化部门协调机制。

五 就业扶助

为有效保障刑满释放人员的就业扶助，江西省通过将监所、司法、公安、民政、人保、工商、税务等部门联动起来，创新部门协同机制，变分散型救助为一体化帮扶。2010年7月，出台《关于加强刑释解矫正人员安置帮教衔接工作的补充意见》（赣综治办〔2010〕19号），解决部门衔接、人员落实和经费保障等问题；规定“企业每安置一名‘三无人员’且工作期限满一年以上的，由县财政补助该企业工作经费10000元”。同时，江西省司法厅会同人力资源和社会保障厅、财政厅等部门先后下发了《关于全面推开罪犯劳教人员职业技能培训工作的通知》《关于进一步做好刑满释放解除劳教人员安置帮教工作的通知》等文件，加强了刑满释放人员就业扶助的政策保障。在刑满释放人员即将离开监所的一年内，相关部门通过对刑满释放人员组织开展职业培训，对通过考核的人员颁发相关职业资格证书。通过将企业引入监所，在监所举办职业招聘会，帮助刑满释放人员在离开监所以后实现马上就能进入工厂工作的愿望。同时，将刑满释放人员纳入下岗失业人员范围，按照相关规定享受工商、税务、金融等再就业优惠政策，对于无家可归、无亲可投等特殊刑满释放人员，可以按照相关政策将其安排进入过渡性安置帮教基地，与企业职工同工同酬。通过整合省、市、县三级资源，重点打造安置帮教中心基地，通过建立监所、司法局、企业联合共建协调机制，将江西省特殊人群安置帮教基地纳入以管理中心为纽带的就业体系，促成资源共享，定期召开协调会议，帮助解决资金支持，协调落实税收减免、贷款优惠政策等，有效保障刑满释放人员的就业帮扶。

第四节　脱嵌、调适与再嵌入：现代社会的治理机制

安置帮教是现代国家的重要机制，安置帮教“无缝对接”充分展示了国家治理术的运作过程。在福柯的治理术中，“技术”作为塑造主体的核心机制，包括生产技术、符号技术、权力技术和自我技术等分类体系，而权力技术及自我技术是现代社会治理的重要媒介。[①] 安置帮教“无缝对接”作为一种制度创新，是安置帮教工作规范化、法制化及体系化的重要体现。在斯科特看来，“制度包括为社会生活提供稳定性和意义的规制性、规范性和文化认知性要素，以及相关的活动与资源”。[②] 在斯科特关于制度的概念范畴内，“规制性、规范性和文化认知性”作为三个内在的维度，也是现代国家治理术应用的重要面向。

一　规制性治理：个体的脱嵌

规制性治理是指国家治理的实施者或者空间载体，发挥一种“规制矫正”及“监控器”的功能，通过对个体的生活场景进行清晰记录，形成一个较好的规训场域以此确立强制性的规则来影响个体的行为。从某种意义上来说，安置帮教“无缝对接”是从管治到服务转型的重要体现，但现实中安置帮教却无法摆脱强制性规制而成为一种社会均衡术。总体来看，规制性治理主要包括两个层面：空间规制及惯习规制。

空间规制是监所及安置帮教部门依托国家强制性权力，塑造一种干预个体惯习的空间场域。在福柯看来，“全景敞视建筑独特的结构设置——四

---

① 〔法〕米歇尔·福柯：《什么是批判：福柯文选Ⅲ》，汪民安译，北京大学出版社，2016，第 54 页。

② 〔美〕W. 理查德·斯科特：《制度与组织——思想观念与物质利益》，姚伟、王黎芳译，中国人民大学出版社，2010，第 56 页。

周是个被横向分割成多个囚室的环形建筑，中心是座隔着玻璃可以环顾四周的瞭望塔——形塑了一个个可以被随时观看和一眼辨认的空间单位，'在被囚禁者身上造成一种有意识的和持续的可见状态，从而确保权力自动地发挥作用'"。[①] 监所教育改造是安置帮教工作的重要基础和源头保障，地方安置帮教是教育改造的延续和取得成功的关键，而空间规制是其重要的干预机制，通过对服刑人员进行空间规制，进而实现空间的"脱嵌"。刑满释放人员可以分为危险、弱势及稳定三种类型，以此可以确立不同的安置帮教路径，特别是对于危险性刑满释放人员，应该采取高危控制措施，以盯防及控制为主。但现代社会是一个流动开放的社会，社会的流动性及陌生化导致了社会治理的复杂化，在服刑人员刑满释放以后，管理的失效将会导致监控环节的弱化。通过创新管理服务方式，将信息化技术应用到特殊人群的治理工作之中，搭建江西省特殊人群治理的信息化枢纽，提升治理效率及水平。通过应用 GPS 技术对特殊人群开展实时定位监管，防止社区服刑人员"脱管""漏管"，应用"天网"工程实行视频监管，对有再次违法犯罪等倾向的重点服刑人员开展行踪抽查，有效解决"人机分离"问题，有效实现过程控制、同步监督和精确管理，使工作评价更为科学客观。

现代国家治理过程中，基于身体的空间规制并不是不能真正发挥治理的功效，但是基于"仁慈"的精神规训，通过对刑满释放人员行为习惯层面的强制性纠正与改造，可实现心灵"脱嵌"。惯习作为内生于个体的实践意识，是个体"前生活史"的表征。在布迪厄看来，"惯习是一种可持续、可转化的倾向系统，它作为结构化的客观的统一的实践的发生基础而发挥作用"。[②] 在服刑人员服刑期间，对照《江西省服刑人员行为规范》等标准，通过"亲属探访""谈心""思想政治教育"等形式，依托柔性的潜移默化的规训形式塑造相应的场域空间，对服刑人员的惯习进行强制性规制。服刑人员刑满释放以后，基层司法所定期开展思想教

---

① 〔法〕米歇尔·福柯：《规训与惩罚》，刘北成、杨远婴译，生活·读书·新知三联书店，2007，第 226 页。

② 〔美〕戴维·斯沃茨：《文化与权力：布尔迪厄的社会学》，陶东风译，上海译文出版社，2012，第 116 页。

育及法制宣传等工作，强化惯习规制的持续性，通过强化改造与帮扶的无缝对接，有效实现对服刑人员的惯习的改造，使其心灵“脱嵌”。

“清晰性作为国家机器的中心问题：固定姓氏的创建，度量衡的标准化，土地调查和人口登记制度的建立，自由租佃制度的出现，语言和法律条文的标准化，城市规划以及运输系统的组织等看来完全不同的一些过程，其目的都在于清晰化和简单化。”① 如果刑满释放人员回归社会信息衔接不到位，将会导致其盲目流向社会，安置帮教工作将无法真正产生作用。依托信息化这一技术机制，实现了“全景敞视主义”机制从监所向社会各个细微领域的延伸，进而实现了规制性治理的无缝对接，在社会中形成了一种在场或不在场的监视机制，变地方安置帮教工作部门被动式接收管理为主动介入式服务，有效避免了刑满释放人员脱管、漏管、失控的问题。2010～2016 年，江西省刑满释放人员出监所接送率由70.85%上升至99.98%，刑满释放人员重新违法犯罪率由2.7%下降到1.51%，连续六年持续呈下降趋势，公众安全感及社会满意度持续上升，有力地保障了社会的和谐稳定。

二　规范性治理：社会化的调适

所谓规范性治理，是指依托社会生活中的制度，形成包括价值观及规范在内的规范系统，进而形塑特定的社会角色。刑释人员通过监所暂时“脱嵌”以后，通过规制性的惯习转换以后，面对快速变化的社会，进行社会化的调适是其重新塑造社会角色的重要机制。

刑满释放人员回归社会后的前6个月，由于生存环境大大改变，其思想状态也会有大的起伏，是再次违法犯罪的高发期。这一关键时期，同时也是安置帮教工作最易取得成效的时期。为帮助刑释人员更好地适应社会规范，重塑社会角色，基层司法部门通过创新帮教机制，探索集“看、听、议、说”等于一体的社会化机制，让刑满释放人员进行社会化的调适。看，是看电视。基层司法部门通过录播央视法治栏目，定期对安置帮教对象开展法律常识及公民道德教育，《今日说法》《道德观察》

① 〔美〕詹姆斯·C. 斯科特：《国家的视角：那些试图改善人类状况的项目是如何失败的》，王晓毅译，社会科学文献出版社，2004，第2页。

《法律讲堂》成了刑满释放人员最爱看的电视节目。听，是听课。司法所设立三尺讲台，让刑满释放人员重新回到课堂，让民警成为服刑人员的授课老师，精选13堂民警骨干教师精品课，加强社会规范的解读。议，是评议。司法部门每月定期开展相互评议，组织开展民警讲评、刑满释放人员自评、刑满释放人员小组成员互评活动，评议刑满释放人员的社会表现，促进刑满释放人员的思想转化。说，是说心声。基层司法部门组织演讲比赛，引导刑满释放人员主动向自己的亲人、向受害人真诚忏悔。

现代社会是一个基于分工的“职业化”与“专业化”的社会，个体社会角色的建构也有赖于以社会分工为基础的职业化整合。为有效加强对刑满释放人员的规范化治理，江西省司法部门通过创新帮扶机制，变单一物质帮扶为综合帮扶救助，根据刑满释放人员的生存能力、家庭情况、经济水平，开展差异化帮扶。监所根据社会发展需求，针对服刑人员的个人特长，组织他们参加职业技能培训和鉴定（考核），确保大部分服刑人员在刑满释放时，能够学会一定的职业技术，取得劳动保障部门核发的国家职业资格证书。江西省司法厅通过在每个监所建立职业培训学校，开设了服装与加工、家电维修、中式烹饪、计算机操作等20多个实用项目，由监所组织培训，人保部门负责考核发证，财政部门按照每人600元的标准提供经费补贴。至2012年底，江西省有3.8万名服刑人员接受了职业培训，其中3.5万人获得国家职业资格证书，获证率达92%。通过整合社会力量，截至2017年江西省共建有过渡性安置基地260余个，先后安置了2000余名“三无”刑满释放人员，帮助刑释人员顺利回归社会。如信丰县司法局通过与瑞晶家饰公司合作，将公司建设成为信丰县安置帮教基地暨社区矫正劳动教育基地，打造了“就业帮扶+劳动教育+多媒体学习教育”的模式，累计安置了22名刑满释放人员，对刑释人员的社会化调适发挥了重要作用。通过过渡性安置、职业培训、就业推荐、政策扶持等手段，为刑满释放人员回归社会初期提供基本生活保障，有效解决了刑满释放人员因贫重新走向违法犯罪道路的问题。

在过渡期给予刑满释放人员政策上、经济上、生活上、心理上的特殊保护，变重新犯罪风险期为帮教黄金期，确保其平稳渡过极易重新违法犯罪的高风险期，为刑释人员适应社会提供较好的平台。

三　文化认知性治理：个体的再嵌入

文化认知性治理，是指通过对个体文化认知层面的重塑进而重塑个体身份达到再嵌入。文化认知性治理，是规制性治理与规范性治理的延续，是强调在结构中行动的个体，具有相应的自主认知性。身份的污名化导致安置帮教对象在社会再嵌入过程中的“排斥”与“区隔”，进而导致刑满释放者社会身份的再生产过程中的结构性困境。但这一群体在重新融入社会的过程中，由于自身能力、教育和质素等方面的原因，并深受社会制度、结构及社会政策的束缚，很可能成为社会的边缘人，或者重新走向违法犯罪的道路。正如戈夫曼（Erving Goffman）所说，“受污名者，内心深处的自我认识就是做个‘正常人’，不过往往正确的觉察到，无论别人如何声称，其实他们并不真正‘接受’他，也不准备‘平起平坐’的对待他。他发现自己拥有的某种特征成了污染源，而他情愿自己没有这种特征，羞耻于是极可能油然而生”。[①] 刑满释放人员回归社会以后，身份的污名化导致了其对自我的否定，由于先前社会关系网的消失或者变化，会产生自卑心理和孤独感，急需社会的信任及情感支持，以重新嵌入社会。

为有效解决安置帮教对象文化认知性困境，江西省搭建了心理矫治教育平台，建立健全规范、科学的市、县、乡三级心理矫治运作体系，加强对刑满释放人员的心理救助。江西省司法厅与江西省心理咨询师协会、南昌大学心理健康中心共建了“心理咨询专家工作站”“心理矫治实训基地”，在江西省实现了“分级诊疗、重点约谈、专家矫治”的心理矫治服务体系。基层司法部门积极开展多样化的思想教育、法制宣传讲座活动，聘请心理咨询专家定期坐诊，利用心理矫正专业设备，对心理健康水平较低的刑满释放人员进行各种专业治疗，改变其不正当认知方式，完善其人格，降低其重新犯罪的风险，促进其思想转变。D 某是江西赣

① 〔美〕欧文·戈夫曼：《污名——受损身份管理札记》，宋立宏译，商务印书馆，2009，第 9 页。

州人，父母在其年幼时因车祸去世，由于缺少家庭关爱，性格十分内向，初中时便辍学步入社会，并结交了一批社会上的闲散人员，依靠偷盗、抢劫混日子，后因盗窃罪被判处有期徒刑六年。D某刑满释放以后，内心极度自卑乃至害怕和别人说话。为了让其更好地适应社会，司法部门便将其安排进安置帮教基地，并聘请心理咨询专家对其一对一辅导。通过心理治疗，D某变得开朗，并成功找到了工作，开始慢慢适应社会。在这一案例中，安置帮教不仅涉及政府，还包括心理咨询师及社会工作者，治理技术不再是单纯的强制性的规制，而是通过柔和的认知性治理来形塑内在精神，进而实现个体的再嵌入。

第五节 结论与讨论

安置帮教是一种中国特色的社会治理与权利救济机制，从历史的视角来看，安置帮教制度的建构内含着“人权”及维护社会秩序的双重逻辑，其发展也遵循从“人治”向“法治”转型的社会治理模式的变迁。江西省司法厅通过探索安置帮教的“无缝对接”的新机制，实现了从社会治理的碎片化到无缝隙治理的转型，并探索实现了安置帮教对象的“脱嵌”、“调适”及“再嵌入”。“无缝隙治理”作为社会治理现代化的重要尝试，核心是现代信息技术的应用，这种技术性治理的路径，有利于提升国家治理的精确度，但这种治理路径也可能导致“制度问题技术化”的困境。缺乏共同目标理念的系统整合，仅仅借助信息及干涉机制能否整合自主性、外部性以及社会调和三种规范性价值，仍然是一个需要在实践中继续探索的问题。[①]

刑满释放人员是特殊人群，对于刑满释放人员的社会治理，需要防止身份的“污名化”在社会系统再生产过程中的延续，进而导致社会治理的“内卷化”。自党的十八届三中全会《中共中央关于全面深化改革若干重大问题的决定》提出“废止劳动教养制度，完善对违法犯罪行为的惩治和矫正法律，健全社区矫正制度”以后，安置帮教的社会化成为我

① 丁延龄：《社会治理创新的反思理性法模式——以反思环境法为例》，《政法论丛》2015年第4期。

国安置帮教工作的发展方向。无缝隙政府理论的核心是坚持顾客导向，强调公民的服务需求，在当前社会治理现代化的背景下，建立一个权责明确、相互补充的安置帮教体系，理清政府、市场及社会三者在安置帮教中的边界与责任，是安置帮教“无缝对接”的改革方向。通过改变政府现有角色，加快服务型政府的建设，并逐步向社会及市场让渡部门职责，建构政府、市场及社会“无缝隙治理”的格局，同时强化社会治理的“反思性监控”机制，这样才能真正实现安置帮教工作“无缝对接”，进而推动社会治理的现代化。

第十四章　新型城镇化中的乡镇政府绩效考核体系创新的路径及影响

——基于高安市的案例分析

第一节　问题的提出

乡镇政府作为国家与社会的连接点，其职责的发挥对于推动社会经济的发展及维护社会的和谐稳定具有重要作用。而乡镇绩效考核体系作为乡镇政府职能定位的“指挥棒”，对于激发乡镇政府的积极性及推动农村社会经济的发展具有十分重要的意义。

笔者通过梳理现有研究发现，学界对于乡镇政治锦标赛及绩效考核的研究主要集中在以下几个方面。一是乡镇政治锦标赛现实形态的探讨。政治锦标赛作为考察我国官员晋升及地方政府竞争的重要范式，一直被国内学者运用于解释我国领导干部提拔及地方政府竞争的内在逻辑。“政治锦标赛作为一种政府治理范式，是指上级政府通过对下级政府的官员设立的考核竞争制度体系，竞赛优胜者将获得晋升，而竞赛标准由上级政府决定，它可以是 GDP 增长率，也可以是其它可度量的指标。”[①] 一些学者将“政治锦标赛”引入乡镇政府考核体系的研究中，试图理解我国乡镇官员选拔及乡镇政府运作的现实形态。如陈潭与刘兴云通过对一个县级市的乡镇干部晋升进行个案研究，检验了政治锦标赛这一官员激励范式在基层地方官员晋升中的解释力，并认为推选博弈、排名博弈与借势博弈是地方官员晋升博弈的三种基本类型。[②] 二是乡镇政府考核体系困境的研究。如秦晓蕾通过个案研究发现，乡镇政治锦标赛中的控制与博

① 周黎安：《中国地方官员的晋升锦标赛模式研究》，《经济研究》2007 年第 7 期。

② 陈潭、刘兴云：《锦标赛体制、晋升博弈与地方剧场政治》，《公共管理学报》2011 年第 1 期。

弈虽可以使乡镇政府的行为与上级政府的政策执行保持相对一致，实现了基层政权的相对稳定，但功利化的绩效考评体系也为乡镇政府与上级政府提供了变通与共谋的空间，进而导致乡镇绩效考核制度体系价值导向的偏离，割裂了政府与社会民主话语的联系。[①] 吴理财通过问卷分析得出，自农村税费改革以来，从“管治”到“服务”成为乡镇政府职能转变的重要面向，但由于乡镇财力不足、考核激励机制不足与外在压力不强等深层次原因，乡镇政府的职能转变极其迟缓。[②] 三是乡镇绩效考核体系创新的路径分析。如白现军通过解读徐州乡镇政府绩效考核制度的创新，提出由“一刀切”式的传统乡镇政府绩效考核模式向“分类别”式的乡镇政府绩效考核模式的转化，对于破除“政治锦标赛”的弊端，加快基层政府绩效考核制度创新具有重要的借鉴意义。[③] 鲁华君与陈学群则在科学发展观的视野下，认为乡镇政府绩效考核体系的优化应该从“调整考核指标、吸收公众参与、加强制度建设及强化结果激励”[④] 等路径加以推进。

笔者通过梳理现有文献发现，学界对于“政治锦标赛”的研究较为成熟，对于乡镇政府层面的研究相对较少，相对忽视了乡镇政府的特性，过于强调这种锦标赛的控制层面，将乡镇政府作为政治锦标赛体系的被动参与者，忽视了乡镇政府的自主性。在吉登斯看来，“既不能将作为行动者的人看作是完全的自由人，也不能将他们看作‘社会的木偶’；行动者的能动性一方面根植于社会结构的土壤中并深受其制约，同时也通过‘反思性监控’等机制改造着已经存在的社会结构”。[⑤] 乡镇政治锦标赛是县乡政府博弈的重要场域，在压力型体制下的政治锦标赛博弈中，乡镇政府并不是完全被动的主体，乡镇绩效考核体系的运行依托乡镇政府

---

① 秦晓蕾：《我国乡镇政府绩效考核控制、博弈中的异化及改革路径》，《江苏社会科学》2017 年第 3 期。

② 吴理财：《“管治”到“服务”——关于乡镇政府职能转变的问卷调查》，《中国农村观察》2008 年第 4 期。

③ 白现军：《从“一刀切”到“分类别”：乡镇政府绩效考核制度创新——徐州模式解读》，《行政论坛》2013 年第 5 期。

④ 鲁华君、陈学群：《科学发展观视野下乡镇政府绩效评价科学化的探索》，《甘肃行政学院学报》2009 年第 4 期。

⑤ 〔英〕安东尼·吉登斯：《社会的构成》，李康、李猛译，生活·读书·新知三联书店，1998，第 62 页。

自主性的发挥，理性化的乡镇政府往往通过选择性治理来维持政治锦标赛体制的运行。新型城镇化作为对于传统城镇化的扬弃，日益成为“政治锦标赛”及地方政府竞争的重要场域，并对基层治理体系的重构产生了新的影响。基于此，本章拟将政治锦标赛引入新型城镇化这一场域，在政治锦标赛、乡镇自主性与选择性治理的视野下，探讨乡镇政府考核体系的现实形态及基层治理的现实面向。

2013 年，中组部颁发了《关于改进地方党政领导班子和领导干部政绩考核工作的通知》，要求各地根据实际情况，切实将政治、经济、社会、文化及生态等各个方面作为各级政府绩效考核评价的重要内容，制定适合本地经济社会发展的科学考核指标体系。在这种背景下，许多地方政府开始创建新型的政府绩效考核体系，探索基层治理的新路径。自 2013 年以来，高安市为加快新型城镇化建设，通过探索“同类竞争、分类考核、打造效益政府”的乡镇政府绩效考核体系，形成了乡镇政府绩效考核的“高安市模式”。本章以高安市乡镇政府考核体系创新为个案研究，探讨新型城镇化背景下乡镇政府绩效考核体系创新的路径，并在研究这种绩效考核体系创新的成效与限度的基础上，探讨乡镇政府的职能再定位。

第二节　传统政治锦标赛背景下乡镇政府的“无为而治”

政治锦标赛是压力型体制下的政治激励范式，乡镇政府是县市政府的委托—代理者，县市级政府通过量化绩效考核体系及绩效排名来形塑基层政治生态，进而达到对乡镇政府的控制。“在压力型体制的结构框架下，上级政府为有效贯彻某些重要的政策事项，往往将它们确定为‘政治任务’进行分解，并在政治与经济层面给予相应的惩罚及奖励，保障下级政府能够及时完成。”[①] 而在农村税费改革以后，乡镇政府由于缺乏稳定的财政收入，财权与事权不匹配，日益从“汲取型政权”向“悬浮型政权”转变。“乡镇政府不仅对于垂直单位缺乏相应的管理权限，对于

① 杨雪冬：《压力型体制：一个概念的简明史》，《社会科学》2012 年第 11 期。

内部单位的人事权也仅限乡镇体系内部，乡镇政府日益成为一级权力残缺的政府。”① 农村税费改革导致了县级政府对乡镇政府控制力的加强，乡镇政权对于乡村社会的控制力日益变弱，但这并不意味着乡镇政权自主性的彻底消失，相反，乡镇政府在公共政策执行过程中采用“选择性治理”或者曲解政策的武器，维持着日常运行。

高安市作为中部地区经济基础较好的一个县级市，下属的23个乡镇（街道）经济社会的发展存在基础性、区域化、类型化差别，如何发挥乡镇政府的自主性，准确找到各自发展的定位，成为高安市新型城镇化建设必须面对的问题。高安市传统经济和社会发展考核奖励办法存在四个方面的问题。一是强调“一刀切”。各乡镇均围绕财政收入、工业和民营经济、招商引资、固定资产投资等与GDP密切相关的指标运转。尽管乡镇政府绩效考核体系侧重性较强，但无论是在指标内容上还是在权重上几乎都一样，由于考核体系激励性不强，乡镇的自主性选择空间较小，进而影响了乡镇政府的积极性。二是强调“大而全”，考核办法总计19个大项115个小项，既包罗万象又具体细致，各个部门的考核加起来为“一本书”。三是强调平衡性。各项工作除主要指标外，其他考核分数权重均衡。四是激励性不强。传统的考核办法一切围绕指标转，对所有乡镇（街道）进行标准化的测量，不管你是擅长“长跑”还是擅长“游泳”，都是“一把尺子”量到底，乡镇政府疲于应付，乡镇发展误入困境。

由于每个乡镇都遵循着一样的考核规则，工业型乡镇与农业型乡镇同场竞争比赛，各个乡镇只注重与经济指标密切相关的财政收入及工业发展等，而事实上忽视各地不同的发展条件及发展特色。无论是传统农业乡镇还是工业型乡镇，为了考核有个好分数，不得不顶着压力拼命追求工业经济指标，这迫使乡镇干部拿出大量时间和精力外出寻找工业项目。但由于工业基础好的乡镇，每年只要保障经济指标的正常发展，考核指标就可以轻松超过其他乡镇，小镇弱镇即使在其他层面再怎么努力也无济于事，进而形成了乡镇绩效考核的“高矮定律”：年度考核中矮子总是矮子，高子总是高子，矮子总成不了高子，高子咋说都是高子。与工

① 李晗：《城市郊区化背景下乡镇治理的制度困境》，《人民论坛》2014年第32期。

业乡镇相比，农业乡镇农业指标在考核中占优势，但工业乡镇工业指标占据主导型优势，利用同一标准进行考核，导致乡镇盲目发展。各个乡镇为了应付自上而下的绩效考核，被迫采取选择性治理这一武器，即在治理的过程中，乡镇政府在自我利益考量的基础上，有意对公共政策的执行进行一定程度的曲解乃至进行目标替代，进而导致基层治理绩效低下甚至政策失灵的局面。高安市出台的乡镇考核体系几乎都采用定性考核，除了一些“一票否决”的考核指标外，考核结果的好坏对于乡镇官员没有明显的激励作用，考核结果对于乡镇官员晋升的影响较小。在传统考核体系“指挥棒”的操纵下，许多乡镇官员大多保持一种不求有功但求无过的心态，而对考核结果的好坏并不十分关心，高安市乡镇考核体系陷入“考核怪圈”的悖论——“强者跑得轻松，越跑越没动力；弱者跑得疲惫，越跑越没信心”，“无为而治”成为乡镇政府现实运作的重要面向。

十八大以来，党和政府将新型城镇化提升到国家经济社会发展的战略高度。为增强高安市经济发展动力，高安市委市政府制定了新型城镇化发展战略，并将其作为乡镇政府及各市直部门绩效考核的重要内容。2012 年高安市政府工作报告明确指出：“按照‘前瞻性、科学性、指导性’的原则，坚持‘稳中快进、迎难而上’主基调，按照‘经济发展抓产业、城市建设攻新区、共建共享促和谐、转变作风强保障’的工作思路，制定了‘一个中心城，两个副中心，六个卫星镇’的新型城镇化发展规划，通过新型城镇化引领经济社会发展的新常态。”新型城镇化涉及经济社会发展的方方面面，对地方政府提出了更多的要求，需要政府内部体制的改革与创新来达到治理体系的优化，进而提升政府公共管理与服务的绩效，如何创新乡镇政府绩效考核模式，有效激发乡镇政府的积极性，成为高安市新型城镇化建设的一大课题。

第三节　同类竞争与分类考核：乡镇政府绩效考核体系的重构

为有效推动新型城镇化建设，高安市通过探索新型乡镇政府考核体系，加快了基层治理体系的重构。2013 年 2 月，高安市制定了经济社会发展考核奖励新条例，并以市委办公室的名义下发了《高安市 2013 年乡镇（街道）和部门实绩考核细则的通知》，在不断修正与完善考核细则和奖励办法的基础上，探索了同类竞争与分类考核的管理办法，让乡镇绩效考核体系不断科学化与规范化，引导各乡镇根据自身特性探索发展道路。

一 明确空间定位，科学划分类型

为加快新型城镇化建设，高安市成立全市经济社会发展考核工作领导小组，由市委主要领导担任组长及副组长，成员由各相关单位主要领导担任。在新型城镇化的规划上，高安市委市政府于 2013 年提出了“对接省会、决战新区、开明开放、美丽高安”的发展主战略。在县域定位的基础上，明确了“一核、两翼、三轴”（一核指中心城区；两翼指市域两个副中心八景镇和大城镇；三轴指 320 国道沿线城镇产业发展轴、高胡一级公路沿线陶瓷产业发展轴、华林山旅游产业发展轴）的发展格局。在乡镇经济社会发展定位层面，以地理分布、产业布局、资源禀赋等综合因素为依据，将全市 23 个乡镇（街道）划分为“金三角”（以工业为主导的 8 个乡镇）、“银三角”（以农业为主导的 5 个乡镇）、“绿三角”（以文化休闲和生态保护为主导的 5 个乡镇）、特色传统农业（农业基础好的 3 个乡镇）和建设管理主导型（中心城区规划范围内的 2 个街道办）五类区域。在考核对象上，做到统一与分类相结合。高安市在精心调研、反复论证的基础上，提出“一核、两翼、三轴”的区域规划以及“金三角、银三角、绿三角”的产业布局，各乡镇的建设和发展都要服从于这一战略布局，此即“统一”。乡镇与全市的关系就好比地球与太阳的关系，地球始终围绕太阳公转，但各乡镇在“公转”的同时，也要“自转”，此即“分类”。在服从全市城乡统筹规划和产业发展布局的前提下，每个区域内的乡镇更具相似性和可比性，鼓励各乡镇（街道）根据自己的地理位置、发展定位和产业特色扬长避短，主抓重点工作，发展优势产业，壮大镇域经济。

二 定性与定量相结合，引导同类竞争

在具体的乡镇绩效考核指标制定层面，通过规定动作和自选动作，坚持定性与定量相结合的方式，强调同类竞争，实施分类考核，提升考

核体系的科学性及可行性。在规定动作层面，针对每个乡镇不同的发展定位设置权重有别的考核内容及分值。而在自选动作方面，增设“特色工作”考核项目，让各个乡镇自行申报三个具有代表性的特色项目，年终由市政府审核以后确定评分结果。通过分类考核的“指挥棒”，让乡镇政府从烦琐的考核中解脱出来，对考核项目进行大幅精简与调整，将乡镇政府的考核项目划分为8大项：发展质量、发展方式、发展后劲、发展成效、党的建设、特色工作、民主测评、群众满意度（见表14－1）。精简后的考核办法只有8个大项26个小项，考核指标从原来厚厚的一本书变成四张纸，既简洁明了又突出重点，为考核体系的操作化与精确化奠定基础。根据乡镇（街道）地理位置、产业特色、发展定位等因素进行综合考核，在考核项目上做到“兼顾一般”与“突出重点”相结合，对不同区域的同一指标设置相应的分值权重，每类考核分别有考核重点和目标评价体系，定性和定量相结合的方式，进一步强化了“因地制宜、协调发展”的思路，让每个乡镇都有机会出新出彩。

表14－1 2014年乡镇（街道）考核体系基本结构

单位：分

指标分项	考核内容	建设管理主导型	工业主导型	传统农业主导型	现代农业主导型	旅游服务业主导型
发展质量	财政收入	1	9	9	8	7
	工业和民营经济	2	8	7	3	3
	生态保护	8	1	3	8	9
	节能减排	9	2	1	1	1
发展方式	高新技术产业	3	7	4	4	3
	现代服务业	9	3	2	2	8
	农业农村工作	2	2	6	9	4
	城镇化率	6	8	8	5	5
发展后劲	固定资产投资	9	7	7	7	9
	开放型经济	2	7	7	7	5
	安全生产	2	2	2	2	2
	信访维稳	7	4	4	4	4

注：高安市乡镇考核指标体系总共有8大项，限于篇幅只列出前3项与新型城镇化紧密相关的考核指标，此3项占考核比重的60%。

三　注重群众参与，强化公民导向

新型城镇化核心是“人”的城镇化，而政府绩效考核体系作为引导政府行为的重要工具，如何强化公民导向也成为高安市乡镇政府绩效考核体系创新的重要问题。为保障乡镇政府考核体系与新型城镇化战略相契合，高安市对考核主体进行了调整，在8个考核项目内设“民主测评”及“群众满意度”2个指标，突出了群众的外部评价效力。民主测评分为内部测评与外部测评两个方面，内部测评主要是本级政府内部工作人员的测评，外部测评主要是群众评议，两项分值分别为4分和6分，群众满意度权重更大。测评结果通过网络、公告栏等向社会“晒”出来，每年定期实施两次群众满意度调查，真正做到民主与民意相结合，把人民群众是否满意作为检验乡镇工作成效的重要标准。通过“民主测评”及“群众满意度”让乡镇政府各项工作在接受县级政府考核的同时，也接受人民群众的评价，使考核主体直接通过考核项目反映行政绩效，确保各项工作充分接受干部群众的评判，较好地体现对上、对下负责相一致的原则。

四　突出考核成果，强化激励机制建设

奥尔森认为，“除非一个集团人数很少，或者除非存在强制或其他某些特殊手段以使个人按照他们的共同利益行事，理性的、寻求自我利益的个人不会采取行动以实现他们共同的或集团的利益”。[①] 为了切实调动乡镇政府的积极性，加快高安市新型城镇化建设，在考核结果上，通过考核与考评相结合的激励机制，来激发乡镇政府的积极性。在考评结果的设置层面，设立1个综合先进奖和9个单项先进奖、6个综合先进单位奖，考评结果当作党委、政府选人用人的重要依据。根据综合得分情况，每个区域评出乡镇（街道）综合先进单位1个，其余综合先进按得分高低确定，共评出10个，各奖励3万元。根据得分情况，乡镇（街道）评出发展质量、发展方式、发展后劲、发展成效、节能减排、生态保护、

① 〔美〕曼瑟尔·奥尔森：《集体行动的逻辑》，陈郁、郭宇峰、李崇新译，格致出版社，2011，第2页。

党的建设、信访维稳等8个单项先进，每个单项先进分别奖励前5名，各奖励2万元。乡镇（街道）评出10项特色工作，各奖励1万元。部门评出12项特色工作，各奖励1万元。高安市通过强化考核结果的激励作用，改进地方党政干部政绩考核工作，调整考核主体、考核方式与指标体系，强调定量与定性结合，突出人本理念，考核结果与用人制度挂钩，考核指标与工作实绩相关。

第四节　乡镇自主性的发挥与选择性治理的强化

政治锦标赛的实质是“为增长而竞争”，通过在地方政府之间引入竞争机制，在竞争之中推动经济社会的发展。在新型城镇化的理念下，高安市乡镇政府考核体系的建构在某种程度上遵循了绩效理性的逻辑，在绩效考核导向、理念及目标等层面，以理性的方式与途径实现了政府的最优绩效，并在很大程度上实现了政府绩效与社会发展绩效的有机统一。在绩效理性的引导下，有效激发了乡镇政府的积极性，在短期内推动了高安市新型城镇化的建设。

自2013年以来，高安市通过探索同类竞争与分类考核的乡镇绩效考核体系，推动了乡镇差异化发展及效益化政府的转型。实施分类考核办法后，改变了“一把尺子量到底”、不论长短方圆一律搞“一刀切”的传统考核模式，让各类乡镇在同一起跑线上进行同类竞争，“游泳健将”与“短跑飞人”不再拼赛跑，每个乡镇在规定的空间内都有自己的发展主动权，在发展中根据实际走特色发展之路。各乡镇（街道）在分类考核、差异竞争的“指挥棒”下，根据自身的地理位置、资源优势、产业特色和区域划分找到了适合自己的发展路径和方式。分类考核办法实施以来，由于每个乡镇都有机会在绩效考核中得第一，充分调动了乡镇政府发展的积极性，各乡镇都根据工作重点调配人力、财力，做到了集中优势力量做最重要的工作。自实施分类考核体系以来，高安市各项经济指标不降反升，以2014年为例，财政总收入实现30.36亿元，比上年增长21.3%，占GDP的16.57%，而税收占财政总收入的比重达到86.01%，同比提高了2.31%，实现了经济总量与发展质量的“双提升”。中国社科院2016年发布的《中国县域经济发展报告》显示，高安市跻身全国县域经济投资潜力百强，列江西省第1位、全国第80位，高安市经济社会开始迈入新的发展阶段，并被列为全国城乡统筹发展工作联系点。

从理论上来说，乡镇绩效考核体系的理想目标是实现经济社会发展效益的最大化，既能实现上级政府的政策目标，又能实现乡镇政府的制度化竞争，同时还能保障社会福利的最大化，提升公共服务效能。高安市乡镇政府绩效考核体系创新的目的是通过提升乡镇政府的自主性，让乡镇政府的行为与新型城镇化的战略相契合。通过分类考核与同类竞争，高安市解决了“干好干坏一个样”“干快干慢一个样”的问题，有效调动了乡镇政府的自主性。但在强激励的锦标赛的影响下，乡镇政府更多的是考虑对上负责，上级政府特别是县级政府所关注的重要政策是乡镇政权角色定位及行动的动力源泉。[①] 我国绩效考核体系是一个单一的对上负责的体制，民众的话语无法有效输入绩效考核体系之中，民众满意度在事实上无法对乡镇政府的考核产生实质性的影响，乡镇政府只关注上级政府的委托任务。乡镇政府自主性的强化，进一步导致了乡镇政府选择性治理的强化。尽管高安市乡镇考核体系实行民主测评机制，但民主测评由组织部牵头，群众满意度调查由纪委牵头，测评中因测评人员对情况不完全了解、群众文化程度的差异，考核准确率、科学性难达预期，因为在事实上排除了普通大众的参与，绩效考核体系的优化也无法真正呼应社会的需求，进而导致了乡镇治理的责任性及回应性不强，降低了绩效考核体系优化的治理成效。

“由政治与行政互渗的现实（党政合一）所赋予的县政权既是公共资源管理者又是经营者的权力地位（由权力资源构成），并由授权关系（官方的而非社会的）所强化的权威基础（合法性），决定了县政权的财政活动范围与财政能力，从而造成县政权组织与国家与社会的利用竞争关系

① 温丙存：《三维型政权：新型城镇化进程中的乡镇政权——基于贵州省桐乡的拓展个案研究》，《中国农业大学学报》（社会科学版）2015年第2期。

（自主性）。”① 由于乡镇考核体系及考核目标的实现与监控过程较为繁杂，对于乡镇政府绩效的监控需要承担较高的行政成本，工具理性成为县级政府政策制定及实施的基础。县级政府作为乡镇政府考核体系的政策发起者，既是乡镇政治锦标赛的规则制定者，同时也是乡镇政府竞争的裁判者。高安市23个乡镇（街道）划分为五种发展类型，不同的分类代表了不同发展定位，各乡镇在明确了空间定位及发展导向以后，在政绩导向的诱导下，会选择将有利于实现自我利益的领域作为工作中心，而有意忽视其他领域的发展。如D镇是一个传统的农业型乡镇，在工业发展上无法做出较大的成就，在先前的绩效考核中几乎年年处于倒数的位置，但实施分类考核以后，D镇通过明确自身发展定位，充分发挥自我优势，主抓特色工业发展与城镇化建设，2014年多项考核结果排全市前列，该镇党委书记调任市委宣传部部长。由于县政的开展服从于新型城镇化这一战略，而各乡镇经济发展的质量及社会效益却不是绩效考核的重点，同类竞争与分类考核的乡镇绩效考核体系，在无形中为乡镇政府选择性治理披上了“合法性”的外衣。

新型城镇化作为一项系统工程，涉及经济、社会、文化、人口及土地等方方面面，“其内涵关键是人的城镇化，最终目标是最大限度保障人民利益、尊重人民意愿，以促进人的全面发展”②，地方政府必须通过系统性创新来保障新型城镇化的价值导向。高安市通过创新乡镇绩效考核制度体系，加快了经济社会发展的同时，也在很大程度上扭曲了新型城镇化的价值导向，将其作为经济发展的一种媒介。绩效考核体系作为高安市新型城镇化政策的重要推进机制，在城镇化的指向标下，经济指标分值仍然占整个考核指标体系的60%，GDP导向成为乡镇政权日常行动的重要逻辑，各乡镇政府通过充分发挥各自的优势而发展经济，进一步激化了乡镇政府选择性治理的趋向。在我国农村治理的现实运作中，基层政府在执行来自上级部门特别是中央政府的政策时，往往依托“上有

① 周庆智：《中国县级行政结构及其运行——对W县的社会学考察》，贵州人民出版社，2004，第255页。

② 黄莺：《我国北部省份欠发达地区新型城镇化建设探析——以河北省欠发达地区为例》，《华中农业大学学报》（社会科学版）2017年第4期。

政策、下有对策”的手段，来应对这些政策要求以及相关考核，进而导致了基层治理的政策脱耦现象。[①] 农村税费改革导致乡镇治理资源的减少，乡镇政府的财政来源主要包括土地出让、项目发展及企业税费缴纳等，招商引资及经济发展成为乡镇政府的头等大事，而新型城镇化战略为乡镇政府自利化提供了动力。在现行的县乡治理结构框架下，理性化的县乡政府在乡镇考核体系这一机制上实现了某种合谋，通过考核强化乡镇政府的自主性，以新型城镇化加快县域经济社会的发展，而这种合谋进一步强化了基层政权选择性治理的形态，使新型城镇化成为经济锦标赛的场域。也就是说，政治锦标赛体制的创新导致了基层治理的“溢出效应”：在政治锦标赛无法产生有效激励机制的背景下，基层将会产生“无为而治”的局面；而在有效的政治锦标赛体制的影响下，又进一步强化了基层“选择性治理”的困境。

第五节　结论与讨论

通过对高安市乡镇绩效考核体系创新这一个案的研究笔者发现，控制及自主是政治锦标赛的内在维度。“在当下的农村社会，同时存在着两种悖论：一方面，上级政府试图通过建立基于考核和奖惩的行政压力保持政令的贯通，而在现实中上级政府又不得不通过行政压力来确保公共政策的执行；同时，下级政府面对上级政府的考核压力往往具有一定自主性，有选择性地将治理资源投入那些有利实现本级政府利益的领域，而相对忽视那些与自我利益关系不大及上级政府不很关注的领域。”[②] 压力型体制及政治锦标赛体制的纠葛，是乡镇政府选择性治理的制度基础，这也是出现“上有政策、下有对策”现象的内在根源，在极大程度上扭曲了新型城镇化的发展路径，进而阻碍了基层治理现代化的转型。“基层政府的选择性治理及不规范运行，与官员的个人道德关系不大，它更多

① 周雪光：《基层政府间的“共谋现象”——一个政府行为的制度逻辑》，《社会学研究》2009 年第 12 期。

② 陶郁、侯麟科、刘明兴：《张弛有别：上级控制力、下级自主性和农村基层政令执行》，《社会》2016 年第 5 期。

的是由相应的制度和机制，以及国家与社会之间的畸形关系所导致的。”[①] 乡镇政府选择性治理的破解，要求加快乡镇绩效考核体系的变革，通过坚持法制化、民主化及标准化的价值导向，将乡镇政府的职能定位为建立在法制及民主基础上的服务型政府，并在良性的县乡关系的控制及博弈中，推动农村治理的现代化转型。

规范有效的乡镇绩效考核体系需要依靠相应的法律制度，从而推动乡镇绩效考核的法制化与规范化发展。在乡镇绩效考核体系的制定过程中，需要提升考核指标、程序及结果的法制化程度，强化基层政府的行政问责制度，切实压缩乡镇政府绩效考核的非正式化运作空间，改革乡镇官员晋升激励机制，从晋升条件、资格及程序等层面加以明确规定，保障官员晋升及乡镇政府考核的透明化及法制化。同时，通过加快乡镇政府依法行政的步伐，明确绩效考核责任主体，让乡镇政府的运转在法律的要求内做到公平、公正、公开，进而为乡镇治理的法治化提供一个良好的环境。

同时，标准化作为政府职责界定的重要机制，理应成为乡镇政府绩效考核体系建构的重要原则。乡镇绩效考核体系的变革，需要坚持标准化的原则，在理顺县乡关系的基础上，重新界定乡镇政府的权责。作为县级政府的代理者，乡镇政府绩效考核体系的变革，需要改变现有的压力型考核体系，确定明晰的县乡政府治理权责，将压力型控制的县乡关系转变为合作共治的关系。当下级政府能够取得相应的独立地位时，原先的考核对象将可能成为伙伴，上下级政府之间的合作及改善政策执行效果的可能性将会增大。[②] 要破除基层政权选择性治理的弊端，在政府考核体系的设计层面，要将上级政府的控制力与乡镇政府的自主性有机衔接，在治理资源及治理规则层面赋予乡镇政权治理能力，同时拓宽民意表达的渠道，破除GDP导向的政府绩效考核体系，促进乡镇政府从经营型政府向服务型政府转型，这样才能加快基层治理的现代化。

① 李世敏、吴理财：《县政选择性治理的破解之道》，《哈尔滨工业大学学报》（社会科学版）2016年第5期。

② 李芝兰、刘承礼：《当代中国的中央与地方关系：趋势、过程及其对政策执行的影响》，《国外理论动态》2013年第4期。

乡镇绩效考核体系的变革，民主化是不可缺少的因素。民主作为一种国家治理机制，也是推动政府职能转变的重要力量。绩效考核作为一个相互联系的动态过程，必须通过建立动态化、民主化的绩效评价机制，对整个考核过程进行规划，才能得到精准化的考核结果。2017 年 2 月，中共中央办公厅、国务院办公厅印发了《关于加强乡镇政府服务能力建设的意见》，提出“到 2020 年，乡镇政府服务能力全面提升，服务内容更加丰富，服务方式更加便捷，服务体系更加完善，基本形成职能科学、运转有序、保障有力、服务高效、人民满意的乡镇政府服务管理体制机制”。乡镇治理的现代化需要大力发展农村协商民主建设，增强农村治理的参与性及回应性，通过政府与社会沟通与合作，拓宽普通大众参与乡镇政府绩效考核的渠道，改变单一化的对上负责的乡镇绩效考核体系。加强乡镇治理的民意输入机制建设，同时完善反馈及问责机制，在乡镇绩效考核的过程中，切实把民众的满意度嵌入乡镇治理体系的建构之中，并真正引入第三方评估机制，建立健全政府与社会共同参与的多元主体考核机制，真正从“压力型考核”向“公众参与式”评价转型①，进而消解乡镇政府选择性治理的动力。

基层治理公共性的成长与建构同现代国家政权建设及基层民主的发展密切相关，乡镇政府选择性治理的破解，需要国家与公民之间的良性互动，只有基层公共性与民主性在乡镇绩效考核体系这一场域扎根成长，乡镇服务型政府及农村治理的现代化才能真正实现。

① 黄俊尧：《从“压力型考核”到“公众制度化参与”——地方政府绩效考评模式的转型与路径依赖》，《甘肃行政学院学报》2010 年第 4 期。

第十五章　“三会四自一平台”：农村公共建设机制创新

——安徽省南陵县调查与思考

第一节　问题的提出

众所周知，在农村税费改革之前，我国农村公共建设主要依赖农民筹资，这种农村公共建设投入体制，究其实质乃是延续着城乡二元治理逻辑，国家财政主要保障城市建设，而对农村公共建设投入过少，导致城乡公共建设严重失衡，以致城乡发展不均衡问题越发突出。农村税费改革以后，我国不但改变了农村公共建设的投入机制，而且逐年加大对农村公共建设的投入，建构了稳定增长的公共财政支持农村公共建设的新的制度安排方式，这是一个巨大的历史性进步。

然而，包括农村小型公共基础设施建设在内的农村公共建设，基本上仍然沿用政府“自上而下、包揽代建”的模式。这种模式存在诸多显而易见的问题：一是以政府为主位，对投资、使用、管理、建设和监督进行全方位把控，与村民自治提倡的农村公共建设由与之利益关联的村民民主协商、民主决策、民主监督等原则相背离；二是农村公共建设项目仅以发包的单一形式来招投标，承包商往往基于利益最大化考量，以工程建设中的偷工减料来弥补在招投标中所花费的高成本，从而影响工程质量；三是项目的申报、审批、招投标等前期工作时间较长，后期又不重视管护，这些农村公共设施建成后投入使用通常周期短且效率低；四是工程项目的运作绕开了村级组织与村民这两个受益群体，原本是惠民的工程却得不到群众认可；五是基层政府与群众沟通少，导致基层政府与群众关系进一步脱嵌、疏离。很显然，在这个模式中，项目的选择及实施行政色彩浓，群众参与度低。[①] 整个过程基本上都是政府主导的内部行为，因为缺少自下而上的农民利益表达机制，所实施的农村公共建设项目并不一定符合农民生产生活的实际需要，常常是“政府办好事、群众不满意”，甚至“好事办成坏事”，群众不但不买账还怀疑某些基层干部从中牟利、搞政绩工程，难免陷入“塔西佗陷阱”。

更为重要的是，这一原本关乎农民利益的农村公共建设工程，却绕开农民群众和乡村组织，由与之没有利益关切的企业应标承接进行具体建设，乡村干部主要作为项目的配合者，而非治理主体[②]，使得工程质量得不到有效监督，即便建好了后期也无人管护，常常无法有效运行，难以发挥作用，沦为摆设。这种建设方式，给一些资源分配者与工程承接者创设了许多寻租和行贿的空间，衍生出大量的腐败问题。农村税费改革之后，随着国家逐年加大对农村公共建设的投入力度，改革和创新农村公共建设体制机制，以适应新时期农村建设和乡村振兴的需要，便成为亟待探讨的重大现实课题。

在这个方面，安徽、四川等地较早进行了农村公共建设体制机制的创新探索。2007 年，安徽省最早将大中型水库移民后期扶持工作列入全省民生工程，并在全国首创了库区移民项目村民自选、自建、自管、自用和政府监管服务机制，由民选的“移民理事会”从村民选择的项目中确定自建项目的地点、形式。这种把农村公共建设的自主权交还给农民的“村民自建”机制效果好，深得民心。[③] 后来，安徽省将这种“村民自建”机制从水库移民项目渐次推广到农村水利建设甚至农村所有公共建设之中。2012 年 5 月 29 日安徽省人民政府办公厅专门发出通知，在全椒县、金寨县、南陵县开展农村公共建设管理体制改革试点，“推行村民自选、自建、自管、自用和政府监管服务机制（简称村民自

① 汪兴福：《破解村庄公共建管难题的有效路径——对南陵县“三会四自一平台”治理模式的调查与思考》，《理论建设》2017 年第 5 期。

② 陈锋：《分利秩序与基层治理内卷化——资源输入背景下的乡村治理》，《社会》2015 年第 3 期。

③ 陆子修、吴昭仁、何开荫：《把农村公共建设的自主权交给农民——安徽省水库移民后期扶持项目民主管理调查与思考》，《村委主任》2011 年第 11 期。

建）”。[①] 四川成都自2011年以来也开展了“引入村民要素、全程参与”的农村中小型公共基础设施项目建设的“村民自建”试点，最大限度地发挥村民的主动性、积极性和创造性，使村民成为项目建设的真正主体，切实对村民赋权——做到项目建什么、怎么建、效果怎么样，村民说了算。[②] 应该说，“村民自建”是农村公共建设的一种有益探索。

国内学者对这种新型农村公共建设机制进行了学术探讨和总结。譬如，马晓河等基于安徽省水库移民后扶项目的调研认为农村公共建设管理体制改革的方向是“还权于民”，通过对村民自主建设机制的阐述以及同政府代建机制的比较来凸显村民自建机制的优越性，并就全面推广提出了对策建议。[③] 林芳等对安徽省两种公共建设管理体制给农民带来的“双重收益”进行实证比较，提出村民自建体制比政府代建体制更能提高农民的直接或间接的增收效率。[④] 刘振中比较分析了安徽省27个移民村与29个非移民村两种公共建设体制运行的效率，发现移民农户和移民村受村民自建机制影响，明显改善了贫困状况。[⑤] 邓立新通过对成都市农村中小型公共设施“村民自建”试点的调研，认为这种新模式提高了农村公共产品的供给效率，同时也为农村公共产品供给均等化提供了制度支持。[⑥] 李斌基于安徽省N县的研究发现，将村民参与引入村级公共设施建设的项目制治理，建立村民自建的多维参与机制，可以改善农村公共设施的建设绩效，实现乡村地区参与式发展。[⑦] 汪兴福基于对安徽省南陵县“三会四自一平台”治理模式的调研，提出这种新的治理模式是“村民自

① 安徽省人民政府办公厅：《关于开展农村公共建设管理体制改革试点有关问题的通知》（皖政办秘〔2012〕86号）。

② 邓立新：《农村公共产品供给效率与制度构建——对成都市农村中小型公共设施“村民自建”试点的调查思考》，《经济体制改革》2014年第3期。

③ 马晓河、刘振中、黄蓓：《还权与民：农村公共建设管理体制改革的方向——安徽省水库移民后扶项目实行村民自主建设机制的调查报告》，《宏观经济研究》2011年第10期。

④ 林芳、刘振中：《农村公共设施建设体制改革效应——基于皖省农民“双重收益”比较的视角》，《经济与管理研究》2014年第11期。

⑤ 刘振中：《中国农村公共设施建设体制创新与社会公平》，《中国农村观察》2015年第3期。

⑥ 邓立新：《农村公共产品供给效率与制度构建——对成都市农村中小型公共设施“村民自建”试点的调查思考》，《经济体制改革》2014年第3期。

⑦ 李斌：《项目制治理、村民参与和乡村公共设施建设——基于安徽省N县项目制治理改革试点的研究》，《安徽行政学院学报》2015年第1期。

建”新机制的进一步完善和发展，不仅有助于解决政府代建的一系列问题，同时还促进了基层民主。[①] 就目前的研究来看，一类是通过比较分析来论证“村民自建”机制的合理性与优越性，另一类则是将其放置于村民自治的框架中来思考村庄公共事务的治理。但是，对于这一新机制何以能够运行并取得良好效果的具体机理缺乏应有的分析。笔者认为，这一机制要想真正发挥作用，还需要相应的治理结构、有效平台和运行体系予以配合。安徽省南陵县在实践中所探讨的“三会四自一平台”经验，是一项重要的制度创新。

第二节 “三会四自一平台”新机制

笔者 2017 年暑假有幸随中部地区地方政府创新获奖项目跟踪调查团队，实地调研了安徽省南陵县工山镇万安村的小型农田水利“村民自建”项目，访谈了南陵县发起“三会四自一平台”创新项目的县领导、镇村干部和当地农民。

南陵县位于安徽省东南部，是芜湖市管辖县之一，全县总人口 55.14 万，农业户籍人口占 86%，农业从业人员占 33.8%。近年来，南陵县连续保持对农村公共建设投资的快速增长势头，但受体制机制制约，项目精准性不够，综合效益低，群众满意度不高。为破解这些难题，2012 年，南陵县委县政府决定以农民急需的小型农田水利建设为突破口，申报获批为全国唯一的农田水利建设投资和建管体制改革试点县、全省农村公共建设管理体制改革试点县。在具体实践中，探索出“三会四自一平台”新机制。由南陵县委县政府组织牵头，县农改办具体负责，按照“一年试点、两年推广、三年覆盖”三步走的要求，在全县普遍推广这一新机制。2012 年选取万安村中干渠综合治理、马仁村农田整理作为试点，2013 年实施范围推广至美好乡村、农村道路、土地整理、农村文教卫等项目，2014 年起将公共建设改革成果全面覆盖运用到全县农村公共建设领域。短短 3 年间，全县新增、改善农田灌溉面积 13.6 万亩，有效灌溉

① 汪兴福：《破解村庄公共建管难题的有效路径——对南陵县“三会四自一平台”治理模式的调查与思考》，《理论建设》2017 年第 5 期。

面积达88%；新建乡村公路168公里；重点整治美好乡村中心村34个，受益群众达10万余人，约占全县农业人员的54%；工程还附带创造了不少就业岗位，吸引本地1000余人就业。

一 组织架构

具体来说，首先在村一级组建“三会”，构筑“一核两委三会”的公共治理架构，实现村民自治功能的再造。在坚持村级党组织为领导核心的前提下，强化村民委员会和村务监督委员会的自治性作用，由村民代表大会推选产生村民议事会、项目理事会，由村委会、村务监督委员会产生“监事会”，从而组建“三会”。在农村公共建设项目方面，“议事会”议事、“理事会”干事、“监事会”察事。即“议事会”负责收集村民意见建议，提出拟建项目并由村民代表大会决定；“理事会”作为项目业主，负责项目的具体实施；“监事会”负责项目实施的全程监管。

近几年，“议事会”这种新型制度安排逐渐被越来越多的农村地区所采用。这一以事为中心，以当事人及利益相关者为成员，村民参与、村干部协助的新治理模式，被认为是破解基层民主运转乏力难题的有效路径。[①] 甚至，还实现了村民自治与政府治理的共赢。[②] 它能有效促进基层治理、官民合作治理、信任危机治理以及农民参与式治理。[③] 南陵县在具体实践中，进一步拓展了“议事会”的内涵与外延。基于农村公共建设，形成了“三会”组织架构，不仅在民主协商、民主监督上，还在出资出劳等方面做了更为细致的划分，将各个治理主体的权责嵌入链条式运作之中，使其实际运行更加合理，更具可操作性，从而保障村民自建机制能够顺畅地运转起来。

---

① 徐勇、沈乾飞：《村民议事会：破解“形式有权，实际无权”的基层民主难题》，《探索》2015年第1期。

② 杜鹏：《村民自治的转型动力与治理机制——以成都“村民议事会”为例》，《中州学刊》2016年第2期。

③ 王中华、刘宇丽：《村民理事会的基层治理功能及其完善策略》，《山西农业大学学报》（社会科学版）2014年第11期。

二　运作机制

与此同时，又将村民自建进一步细化和操作化为“四自”运作机制。以项目为连接纽带，实行村民“自选、自建、自管、自用”，充分发挥群众的主体性、积极性、创造性，实现了民意与政府意图的有效对接。

在此基础上，与之配套地建构了县镇村“三层”权责体系。在项目选择上，实行“规划民议、项目民选、方案民定”，村负责编制项目库、镇负责绘制项目图册、县负责制定项目规划；在项目建设上，实行“工程民建、支出民审、质量民督”，村负责协调服务，县镇负责技术指导；在项目管护上，实行“产权清晰、养用民营、效益民评”，县镇负责项目确权，村为项目管护主体。由此，进一步明晰和规范了县、镇、村和村民的各自权责，建立起“县规划、镇统筹、村负责”的协同治理体系。

三　整合平台

在前述基础之上，以县为单位建立“主体+多元”的资源整合平台，以此实现社会各要素资源的优化配置。南陵县按照“统一规划、集中投入、渠道不乱、用途不变，各负其责、各记其功、优势互补、形成合力”的原则，全面整合各级各部门的人、财、物，对农村公共建设进行集中投入、连片完善。同时，以政府投入为杠杆，根据受益与贡献相对等的原则，调动群众的积极性、主动性，引导群众投资投劳、捐物让地；通过民办公助、委托管理等多种形式，引导社会资金的积极投入和人力资本的有效开发，吸纳多渠道、多层次和多样化的资源到项目建设上来，从而破解农村公共建设资源投入“散、乱、少”的不经济、低效益、微受益的难题。

第三节　“三会四自一平台”运行机理

南陵县“三会四自一平台”能够有效运行，与其搭建组织平台、建立协力参与机制、建立协同治理体系并形成相互匹配兼容的运行机制不无关系。

一 搭建组织平台

任何建设或治理机制的运转都需要依托一定的组织载体，同一目标下的各种主体在明晰各自权责范围并处在一定的场域中才能发挥各自的功能效用。以往“政府代建”的运作方式大多绕开了乡村组织和农民群众，项目资金一般在县一级甚至市一级即以招投标的形式直接发包，承包方再直接进入乡村，乡村干部仅作为项目实施的配合者，而非治理主体。再加上村集体经济发展滞后、经济实力薄弱，村级组织几乎没有可以利用的集体资源，在一定意义上失去了对村庄秩序的维护能力和对村民的组织动员能力。此外，目前的村级组织兼具“对上传达民意”与“对下执行政令”的双重身份，难以承载更多的公共服务职能。

南陵县在农村公共建设中，通过构建“一核两委三会”的组织架构，既为村民提供了利益表达平台，切实保障了村民权益，又给乡村社会“赋权增能”，不但激发了乡村社会活力，而且增强了乡村社会行动力，从而恢复和提升了乡村公共物品的合作供给和自我生产能力，培育和改善了乡村社会自我治理能力，最终实现了政府治理和社会调节、居民自治的良性互动。

改革开放 40 年以来，我国农村的嬗变源于国家政策调控下的三次重大改革。一是家庭联产承包责任制改革，实现了生产资料的集体所有权和农民经营权的分离，直接促使农民从人民公社体制中脱嵌出来成为独立的经济个体，激发了农民生产积极性，在一定程度上提高了农业生产效率。二是实行村民自治，让农民直接行使民主权利并进行自我管理，解决国家权力撤至乡镇后导致的村庄治理空隙问题。三是农村税费改革将农民从各种税费摊派中解脱出来，减轻了农民负担。不难发现，历次改革存在着内在承接性与连通性，可以看作国家不断向农村基层放权的过程。力图将农民和农村集体从传统体制中解放出来，并试图理顺农民与集体、国家政权之间的关系。[①] 然而在向农村放权的过程中，却引发了乡村治理“空转”或“内卷化”困局。自农村税费改革后，乡村政权日

① 项继权：《改革 40 年：农民和集体不断解放的过程》，《华中师范大学学报》（人文社会科学版）2018 年第 5 期。

渐脱离普通农民，由汲取型变成悬浮型，基层政权同农民之间的关系趋于松弛、疏离。① 从而使得农民基于政策感知对中央政府保持较高信任度，而对基层政府所作所为保持较低的信任度。尽管大体上是在放权，但村民始终处于边缘位置，丧失了政治参与的效能感，也就逐渐失去了政治参与的热情和动力。南陵县实施农村公共建设管理体制改革，推行“三会四自一平台”新机制，重新激活了乡村社会活力，一方面让村民享有建设自主权，切实获益，另一方面调动各主体的参与积极性，使乡村基层治理有机运转起来，实现协同治理下的利益最大化。

二 建立协力参与机制

在“三会四自一平台”新机制中，通过“权”“益”结合让村民充分参与进来，通过“吸纳”与“追求”将乡村精英有效吸引进来，通过“倒逼”与“竞争”将基层政府的积极性调动起来，建构一种新型的协力互动关系。

（一）村民：“权”“益”结合

农村公共建设“村民自建”新机制要发挥优势，关键是调动村民的积极性，切实发挥其主体性作用。

首先，赋权于民。南陵县所探索的“三会四自一平台”，无论是其中的“三会”还是“一平台”，都是围绕“四自”来构建的，目的是确保“村民自建”能够在农村公共建设中真正得以落实，而“村民自建”的内核便是赋权于民，让村民在农村公共建设中真正发挥主体性作用，让村民掌握项目投资的所有权与建设权，通过自选、自建、自管、自用的机制保障村民的决策、管理、监督和使用权，同时引入相应的规则与程序来保障权力运行的透明化，最终实现农村公共建设效益的最优化。

很显然，这种赋权于民、让村民作主的农村公共建设新机制，不仅可以有效提升农村公共建设的效益，而且可以切实推进村民自治深入发

---

① 周飞舟：《从汲取型政权到“悬浮型”政权——税费改革对国家与农民关系之影响》，《社会学研究》2006 年第 3 期。

展。可以说，这是村民自治精神在农村公共建设领域的一种有效实践方式。

其次，内在激励。农村公共建设和村庄公共治理的绩效取决于村民的有效参与，而村民参与的动力主要来源于村民政治效能感与经济获益两个方面。南陵县通过建构“三会四自一平台”，不但大大增强了村民参与农村公共建设的政治效能感，村民借此既可以有效表达利益诉求，又可以增进主体性身份认同。更为重要的是，它内含着一种利益关联机制，把村民参与、村民自建行为与其公共利益内在地耦合在一起，从而激励着村民更加主动地参与到农村公共建设中来。

（二）乡村精英：“吸纳”与“追求”

在日趋个体化的乡村社会，切实让“三会四自一平台”有效运转起来，从而达成农村公共建设“村民自建”，离不开乡村精英（特别是“新乡贤”）的积极参与。

一般而言，乡村精英是指乡村干部、乡村能人、乡村文化人等，他们扮演着代理人、当家人、经纪人等不同角色，起着一定的黏合作用，通过他们可以将农民与国家、乡村与城市连接起来。① 但是，乡村精英这个概念并不必然地具备“贤德”“威望”“威信”等意涵，而乡贤这个概念却具有十分浓厚的道德修辞，一般是指有贤德、有威望的乡村精英或积极分子。换言之，乡贤是扎根于乡土文化的社会力量，他们一定是乡里德行高尚，且于乡里公共事务有所贡献的人。② 简言之，所谓乡贤不仅指乡村的贤达人士，而且指具有公共精神的“公共人”。因此，“新乡贤”不单是一般意义上的乡贤，还是新时代核心价值观在社会层面上的践行者。

从实地调研来看，南陵县“三会四自一平台”新机制之所以能够运转起来并发挥积极作用，与其有效吸纳乡村精英特别是新乡贤主动参与农村公共建设分不开。他们以“三会”为平台，可以实现他们回馈乡土、造福桑梓的价值追求；在具体的“四自”实践中，可以发挥其组织、动

① 李里峰：《乡村精英的百年嬗蜕》，《武汉大学学报》（人文科学版）2017 年第 1 期。

② 王先明：《“新乡贤”的历史传承与当代建构》，《光明日报》2014 年 8 月 20 日，第 1 版。

员、引领、示范等重要作用。

尤其是在当下，中国乡村正经历着一场急剧的社会变革，个体化是这场变革最深刻的内容。在许多乡村，这些日益崛起的个体不乏阎云翔所说的“无公德的个人”①，他们“已显示出强调权利而忽视义务和他人个体权利的趋势”，自我主义盛行于无公德的个人间的交往中。② 对他们而言，个体或家庭的利益远远超过了公共利益。③ 这样的个体，既不能形成有效合作也不会关心和热心农村公共建设。因此，越是个体化的乡村，越需要有公共精神的乡村精英或新乡贤去组织、动员、引导普通村民去参与农村公共建设。

与一般意义上的村民自治不同，在这种“村民自建”的农村公共建设场域，这些乡村精英更能通过自身的积极参与来表征其“新乡贤”的社会价值，达成其价值追求，因为农村公共建设本身具有显而易见的“公共性”或“公益性”。与之相比较，基于村民选举竞争的村民自治，在现实中往往被异化或污名化为假公济私、追逐私利的“名利场”，与这些乡村精英的价值追求相悖。所以，有不少乡村精英不屑于参与村庄选举和村委会工作，却愿意参与村庄公共建设和公益事业。

（三）基层政府：“倒逼”与“竞争”

“三会四自一平台”新机制之所以得以提出、得到推行并取得良好成效，与其创新者即南陵县政府的行为逻辑相耦合。

“三会四自一平台”是南陵县政府对农村公共建设“村民自建”机制的进一步创新和发展。县乡政府既是我国压力型体制的基层建筑，又不得不直面农村基层种种现实问题，始终处于体制性压力和社会性压力的双重挤压或“倒逼”之中，以致他们在具体执行上级政策、落实工作任务时不得不基于“事本主义”进行各种创新。所谓“事本主义”就是

① 阎云翔：《私人生活的变革：一个中国村庄里的爱情、家庭与亲密关系（1949—1999）》，龚小夏译，上海书店出版社，2006，第 261 页。

② 阎云翔：《导论：自相矛盾的个体形象，纷争不已的个体化进程》，载〔挪威〕贺美德、鲁纳编著《“自我”中国：现代中国社会中个体的崛起》，许烨芳等译，上海译文出版社，2011，第 2 页。

③ 吴理财、吴侗：《乡村振兴社会建设应先行》，《江汉论坛》2018 年第 4 期。

通常所说的“就事论事”、“以解决实际问题为导向”和“把事情做好”的务实原则。[①] 农村税费改革之后，这些并未摆脱既有体制性压力的县乡基层政府，一方面面对国家逐年加大对农村公共建设投入，必须切实负起使用好公共财政资金、高效建好农村公共基础设施的责任，另一方面又必须回应乡村人民要求积极参与与之利益相关的农村公共建设的愿望以及他们对政府包揽代建机制的不满，这倒逼县乡政府不得不去推动创新。

此外，在资源总量有限的条件下，基层政府也必须通过“政绩竞争”获取更多的体制、政策和资源支持，以改善当地的经济社会发展水平，而创新便是一种有效的“政绩竞争”的工具。基层政府常常会衡量创新的成本与效益，“如果组织或操作一个新制度安排的成本小于潜在制度效益，就可以发生制度创新”。[②] 南陵县政府通过“三会四自一平台”创新，解决了农村公共建设中供需脱节、效益低下等问题，赢得了农民的信任。同时，还有助于激发社会活力，从而获取更多的治理资本。或许更为重要的是，这些创新业绩得到了上级领导的肯定与支持，可以获取更多的资源支持和政策优惠，促进公共福利的进一步改善。

三　构建协同治理体系

南陵县通过推进农村公共建设管理体制的改革，构建“三会四自一平台”新机制，重塑县镇村三级权责结构，建立“县规划、镇统筹、村

① 国内学者关于“事本主义”的理解主要有两种。一种认为，所谓“事本主义”本质上是某种以能力及绩效为基础而发展进退的关系取向，即在组织内部的上下属关系中是以下属能力作为基础而发展的，在组织外部也是以合作伙伴所可能带来的绩效或收益为基础而发展的，从而在组织场域往往会表现出比较明显的看重能力、绩效及收益的获致性倾向（参见沈毅《迈向“场域”脉络下的本土“关系”理论探析》，《社会学研究》2013年第4期）。另一种认为，事本主义逻辑主张就事论事，不触碰既有体制，只是触及行政体制的工具性层面，即依靠行政体制按照既有规范完成项目任务，而并没有改变行政体制中的权力运行机制。同时，事本主义逻辑强调对规则的遵守，使项目在既有规则范围内运作，从而增强了可控性（参见李祖佩《项目制的基层解构及其研究拓展——基于某县涉农项目运作的实证分析》，《开放时代》2015年第2期）。笔者基本上是从后一种意义上使用“事本主义”，这一概念最早是由马克斯·韦伯提出来的。

② 杨瑞龙：《我国制度变迁方式转换的三阶段论——兼论地方政府的制度创新行为》，《经济研究》1998年第1期。

负责、村民参与”的协同治理体系，让不同主体通过明晰各自的权责界限回归到“自己的位置”，找到基层群众与政府之间最佳契合点和合作治理的最大公约数。

县政府作为项目的推动者，一是提供资金，但并不对资金的用途进行具体的限制和干涉；二是制定项目规划，规定项目资金的使用范围并定期审核，防止资金的违规滥用；三是提供技术指导，对村民自建进行技术培训；四是负责项目确权，明确政府、村集体和村民的各自权力边界，既有利于农村公共建设项目的实施，又有利于项目建成后的管理与维护，使项目发挥其实效。

镇政府主要是辅助县政府工作，具体落实和统筹、协调各村的公共建设。村组织则负责项目的具体实施，一是征集村民意愿，在村民议事会上经过民主协商，按照轻重缓急来确定项目；二是根据本地实际制定项目预算，经上级审批后由村委会负责执行。村委会由过去的办事人转为引导者，从各种矛盾纠纷中抽身而出，通过对“三会”的引导，指导“村民自建”。村民则承担起工程建设的主要责任，通过民主协商，形成共识，自己建设村庄公共工程。村民成为处理村庄公共事务的主体，发挥着主体性作用。以往干群矛盾难以化解甚至不断加剧，大多是因为乡村干部脱离群众，用干部意志代替村民作主，或者是乡村干部事事亲力亲为反而没有给村民参与村庄公共建设和公共事务的机会，即便乡村干部做的是好事也被人怀疑从中牟利，从而产生误解。

总之，在协同治理体系中，政府、社会、基层组织以及村民均处于相互依赖的合作网络之中，产生联系与互动。政府在政策制定、资源分配等方面起着总领全局的作用。村集体组织通过“三会四自一平台”新机制，上连政府，下接村民群众，使党和政府的路线、方针、政策与农民群众的愿望、利益、要求形成有效衔接，成为“政府与农民群众沟通的有益桥梁和纽带”。村民通过参与整个项目的运作，更深切地体会到公共参与、合作治理的价值和意义，逐渐由被支配的个体转向村庄的公共行动主体，在具体的参与、合作中增强对政府的信任感与政治效能感，并逐步培养乡村公共精神。

第四节　“三会四自一平台”的限度及问题

南陵县“三会四自一平台”是对农村公共建设体制机制的一项重要创新。但是，这项创新也有其限度，在具体推行中存在一些问题亟待解决。

一　“村民自建”的限度

南陵县“三会四自一平台”是围绕农村公共建设“村民自建”机制发展起来的，建立“三会”和“一平台”都是为了落实“村民自建”机制，从而实现村民自选、自建、自管、自用。也就是说，“三会四自一平台”的内核是“村民自建”。因此，“村民自建”机制的局限性便决定了“三会四自一平台”在农村公共建设领域的限度。

从调查来看，“三会四自一平台”主要适用于村庄内部技术性要求低、与村民利益相关的小型农村公共建设项目。其中的“三会”基本上是从村庄内部产生的，其功能也因此被限定在村庄范围之内。所以，涉及跨村的公共建设项目，就需要乡镇政府或联村成立相应的组织才可以协调，达成合作。既然可以由村民自建，这些农村公共建设项目的技术要求就不会高，否则就需要专业性建设力量负责项目施工。笔者在南陵县政府访谈时，该县发改委副主任便指出：“（村民自建）项目选取要精准。技术含量与公共安全比较高的项目（比如修建桥梁），若交给百姓做，则达不到质量保障。”参加座谈的县委副书记也谈道：“（村民自建）技术要求不能太高，一定是适合群众投工投劳的。技术含量高的（项目）请第三方来做，但是自选依然让群众充分参与，自建方案交由百姓讨论。”[①] 因此，适用于“村民自建”的项目有限。然而，更为重要的是，这些农村公共建设项目必须跟村民的利益相关，没有直接利益关联的农村公共建设项目村民并不关心，参与度低，也不可能实现村民自选、自建、自管、自用。

---

① 南陵县政府座谈记录，2016 年 8 月 18 日。

二 “三会”运行的基本条件

在“三会四自一平台”中，“三会”是实现农村公共建设“村民自建”的主要机制和组织载体。但是，“三会”有效运行却取决于参与“三会”的村民的素养和村干部素质。在这里，村民的素养至少包括这样一些基本内容：一是具有一定的公共精神或公益心；二是熟悉自己在“三会”中的权责；三是具备基本的民主参与、民主协商和民主合作的能力；四是掌握农村公共建设工程项目的运作流程、规范、要求以及与之相关的基本专业技能。更为重要的是，村级“两委”班子必须过硬、团结且有威信、有战斗力和凝聚力。

在实地调查座谈时，南陵县委群工部部长就曾谈道：“三会成员素质要过硬，村党支部要选准，这决定了项目实施成效。目前，农村大部分人才出去了，剩下的是年纪比较大的村民，致富能手比较少参与，我们担心这些人不能组织项目实施。由于理事长把握项目整个过程，监事会对项目全程监督，因此这部分人的素质非常重要。若工作正派，则项目实施好。若有私心，就会出现偏差，后续质量不能保证……部分村领导干部不愿意采取这种方式，觉得麻烦，不如招标。一方面可以回避工作矛盾，另一方面也省事。”① 县财政局副局长也谈到这一问题，他说：“自建不是每个村级组织都有能力来搞，村干部能力高的，百姓整体积极性高的，道德约束与自控能力强的，才有资格做自建项目。”②

由此可见，“三会”能否发挥有效作用与参与者关系极大。事实上，无论是村干部还是参与其中的村民能够达到上述基本条件的并不多，这也从一定程度上限制了“三会四自一平台”在农村公共建设中的运行和推广。

三 基层政府的监管和服务

实行农村公共建设“村民自建”机制，并不表示基层政府可以当“甩手掌柜”，把这些工程项目完全交给村民就可了事。相反地，它对地

① 南陵县政府座谈记录，2016 年 8 月 18 日。

② 南陵县政府座谈记录，2016 年 8 月 18 日。

方基层政府的管理和服务提出了更高的要求。就像萨拉蒙（Lester M. Salamon）所说的那样，首先是对管理的挑战，其次是对责任的挑战和对合法性的挑战。尤其是在管理上，“随着公共项目过程中权力被分散，且涉及众多独立的主体，原本在直接政府行为中可以由政府内部临时解决的问题，就变成了必须在预先估计到且写入与第三方签订的具法律效力的合同中。类似地，激励机制必须设计合理，既要足以鼓励有益的行为，又不能导致暴利收入；必须在复杂的决策链条的众多节点上达成共识；必须将离散的组织打造成具有共同行动能力的有效网络。其中的每一项任务不仅需要广博的项目知识，还需要足够的策略技巧、对不同工具在操作过程中涉及的指标的详细了解、对各种工具涉及的多方机构的内在需求有所认识以及对工具应用的具体背景有精细的洞察”。[①] 因此，政府运用的包括“村民自建”机制、购买服务、公私合作等在内的新的公共政策工具，并非新公共管理、新公共服务运动所标榜的那样可以成为万能灵药，它们也会向政府提出新的挑战。

譬如，在座谈中南陵县委群工部部长就指出：“目前‘四自’村经常提出账报不掉的问题，而规范需要过程。财政、税务都有自己的管理制度，若运用到‘四自’上则需要规范性突破，包括资金的使用与管理。”参加座谈的一位县委副书记认为：“现在，使用财政资金原则上要公开招投标。市里、省里规定，招投标成本占总投资成本比例过大可以不招投标。一般地，项目经费达到 10 万元就要招标，今年市委一号文件规定 3 万元就要公开竞价。这项要求与实施‘村民自建’相冲突，具体管理的干部怕审计担责。此外，村里做工一般是打白纸条，但是在现有的财务制度中打白纸条是最底线的错误。然而，开票就要交税，节约不了成本，基层以此为由节约资金，而财务部门不认，要求正规发票。”[②] 因此，为了进一步推进和健全农村公共建设“村民自建”机制，就有必要对现行的农村公共建设的招投标、项目资金使用与管理等体制机制进行相应的改革。

---

① 〔美〕莱斯特·M. 萨拉蒙：《新政府治理与公共行为的工具：对中国的启示》，李婧、孙迎春译，《中国行政管理》2009 年第 11 期。

② 南陵县政府座谈记录，2016 年 8 月 18 日。

从目前来看，“三会四自一平台”中的“一平台”还主要局限于农村公共建设项目资金的整合、管理和项目规划等功能，县乡政府在农村公共建设的管理和服务上仍然有很大的改进和提升空间。譬如，工程项目经费的报销、账目等可以交由乡镇财政代办，村民并不掌握财会技能。此外，地方政府也要在农村公共建设上进一步推进“放管服”改革，从农村实际出发破除诸多的“条条框框”，确保“村民自建”机制能够简约、顺畅、高效地运转。

四　公共性缺失与选择性参与

当前农村正处于个体化转型之中，传统的集体主义精神日益消解，而新的公共精神却没有及时建立起来，于是衍生出大量“无公德的个人”，这些人不会关注公共的利益，更不会投身公共事务治理和公益事业建设之中；极难形成有效的合作，他们只想着搭便车、坐享其成，遑论通过彼此合作去生产乡村必要的公共物品。[①] 在这样的农村，即便有部分村民能够参与农村公共建设和公共事务，基本上也是一种“选择性参与”——这种参与一般是有前提条件的，往往与利益挂钩，利益延伸至哪里，哪里才有参与。在项目选取、规划设计、具体实施、后期管护等方面，每个利益相关的村民都想着为自己争取最大的利益，而几乎不会去考虑公共的利益或者长远的利益。目前，一些留守在村的老人之所以愿意参与村庄公共建设和公共事务，大多是受到社会主义新传统的影响，而新一代农民却对村庄集体几乎没有认同感、归属感，更谈不上参与意识，千方百计地逃离农村拥抱城市。因此，公共性的缺失和村民选择性参与也在一定程度上限制了“三会四自一平台”的良性运行及其功能的有效发挥。

习近平总书记在党的十九大报告中提出以乡村为本位的“乡村振兴”发展战略。要实现乡村振兴，就必须大力进行农村公共建设，全面推进农村公共事业的发展。当务之急是解决乡村个体化问题，把原子化的农民重新连接起来，让他们再次嵌入乡村社会，激发乡村社会的活力，充

① 吴理财、吴侗：《乡村振兴社会建设应先行》，《江汉论坛》2018 年第 4 期。

分发挥乡村社会的主动性和能动性，使其能够主动承接和配合国家对农村的公共建设。

第五节　总结

本章基于南陵县实地调研，发现该县在农村公共建设项目运作上的“三会四自一平台”不但有效建构了一套农村公共建设的“村民自建”机制，而且通过建立一套制度安排有效促进了县、镇、村三级协同行动和合作治理。它不仅拓展了村民自治领域，激发了村民参与公共事务的积极性，而且促进了村庄公共性的重建，带动了乡村治理体系的改善。[①]

乡村治理主要包含基层政府与乡村社会两个场域，要实现“善治”，就不能仅停留于静态的关联，而是要使两者有机运转起来，嵌入同一张治理网络当中，通过公共交往、制定公共规则、培育公共精神，形成新的社会资本，促进乡村政治生态系统的良好循环。具体来说：一是明确多元主体各自的责任与定位，二是基于共识之上的分工协作，三是引入激励机制的内在驱动。基层政府组织对乡村社会输入资源与供给制度规范，进行有效管理、监督，并落实于公共服务上面。“村民自建”机制的引入，解决了以往农村公共建设与村民需求脱节、错位的问题，村民在参与之中切实增强了政治效能感，地方基层政府通过切实有效的管理和服务维护和提升了政府的公信力，村集体组织也从具体操办者角色中抽离出来，将议事权、监督权、行动权交予村民，有效化解了干群之间的误解和矛盾。村民同村“两委”组织以及基层政府之间建立了制度性合作关联，从冷漠被动到积极参与，改变了以往的疏离状态。

不过，在乡村个体化转型的背景下，面对村庄公共事务，村民行动容易陷入“搭便车”等合作困境之中以致产生“公地悲剧”，因此团结村民、凝心聚力、开展有效合作是当前农村公共建设和公共事务治理的关键。促进村庄共同体重建、推进乡村有效治理，除了要注重乡村行动者——新型农民的共同体意识和公共精神的培育和发展以外，更需要探

① 李新宇：《坚持以“三度”为主线，全面推进美好乡村建设》，《芜湖日报》2015年6月17日，第3版。

索和建构一套适用于乡村社会的制度和机制来维系与激励这些行动主体。个体作为“理性人”并不总是追逐个人利益，在一定的社会结构条件下，人们追逐个人利益的行为会产生“潜在功能”，从而促使有益于群体整合的观念制度的产生和延续。[①] 英国人类学家道格拉斯（Mary Douglas）认为，制度通过赋予认同、形塑记忆与遗忘、进行分类对社会秩序的维护以及不同个体、群体间合作起作用。[②] 村民的认知产生于新的制度，其中暗含的信息与规则，尤其是激励机制的存在，反过来又促进村民新的身份认同。但是类似于“三会四自一平台”的制度安排，目前仍处于试点阶段，新的制度规则和激励机制有待建立健全。

无论是在农村公共建设中，还是在乡村振兴战略中，“村民自建”抑或乡村合作显然是乡村建设和振兴的一项重要机制。尽管这一机制在当下的实践有其限度，并存在诸多实际的问题，却不能因此而低估它在乡村建设和乡村振兴中的价值和意义。一个新的农村公共建设或乡村治理机制，只有在不断创新和深化改革中才能得到进一步完善和持续发展。

---

① 周雪光：《制度是如何思维的?》，《读书》2001 年第 4 期。

② 〔英〕玛丽·道格拉斯：《制度如何思考》，张晨曲译，经济管理出版社，2013。

第十六章　公共服务与竞争机制：小城镇公益事业民营化跟踪调查

小城镇公益事业民营化的探索和实践根本目的是为集镇居民提供更好的公共服务和公共产品，满足人民群众日益增长的多样化的物质文化需求，它本质上是一种治理的变革和创新。20 世纪 90 年代初我国便开始逐步推行公益事业民营化改革，如今许多地方都在开展公益事业民营化运动。从公共性视角出发，一方面这种将民间力量和资本、市场运营理念以及企业竞争精神引入公益事业领域的新模式，已经凸显了这种治理理念和方式的创新性和有效性。另一方面，公共利益在这种新的治理模式下能否得到基本保障和实现是一个重大疑问，在进一步分析和审视中，我们也发现公益事业民营化在实际运作过程中还存在不少问题。

安徽省舒城县干汊河镇小城镇公益事业民营化创新项目，荣获第二届中国地方政府创新奖优胜奖。为配合北京大学中国政治学研究中心对“中国地方政府创新奖”的跟踪调查，受中国地方政府创新奖组委会的委托，调研小组对干汊河镇小城镇公益事业民营化创新项目进行了实地跟踪调查和走访，通过了解其改革背景、项目内容及变化，归纳分析背后原因，从而把握地方政府的改革创新逻辑，并对项目改革创新的进一步深化提出对策。

第一节　创新缘起：动力与逻辑

每一项改革必定有其动因。对项目缘起的考察，能够了解项目改革创新的背景及其背后的动因，从而有利于把握地方政府创新的动力机制及其逻辑。

一　创新动力

过去十多年干汊河镇政府一直有建造自来水厂的计划，但因投资巨大而无法实现。2000 年下半年，干汊河镇政府为了满足集镇居民安全用水的需求，实现集镇居民对洁净自来水的长期愿望，提出了公益事业民营化的设想，对自来水厂建设和经营权进行招标，让民营资本介入集镇自来水厂的建设与运营。2001 年安徽省舒城县干汊河镇在乡镇党委书记的带领和指引下，组织相关人员到其他有经验的地方进行实地考察和学习，并将其他地方的实践经验和模式与干汊河镇的具体情况相结合。经过系统的分析、探讨以及谋划，乡镇领导干部在党委书记的指导下做出了具体的行动方案：第一，实行民营化，由民营者而不是政府来具体操作，政府主要起监督管理作用；第二，要公开竞争，实现透明化，保障基层群众公共权益的维护和实现；第三，采取竞争式招标，提高基层公共服务水平。另外乡镇政府给予民营者一定的资金补贴，起到了一定的激励作用。干汊河镇政府在民间资本的推动下，在自来水厂的建设与运营等方面取得了不错的效果，到 2003 年底集镇共有 300 多户居民用上了洁净的自来水。

干汊河镇政府对公益事业进行民营化改革和创新的动因主要有以下几个方面。

其一，基于群众需求的回应：集镇居民对公益事业建设与发展的迫切需求。随着改革开放的持续深入，经济社会的不断发展以及国家惠农政策、民生工程等的贯彻落实，集镇居民的权益意识不断增强，公共服务需求日益呈现多样化与多层次的特征，这就要求乡镇政府积极履行职责，为集镇居民提供基本的公共服务和公共产品以保障和实现其正常生活的运转。因此，基于经济社会加速转型背景下集镇居民对公益事业快速建设与发展的迫切需求，干汊河镇政府领导班子将市场机制和竞争规则引入小城镇公益事业的建设与运营中，大力推动小城镇公益事业的民营化改革。

其二，基于财政压力的倒逼：镇政府缺乏充足的公益事业建设资金。自 2006 年 1 月 1 日废止《农业税条例》，全面取消农业税后，这种制度性的变革使得农民得到了极大的解放，实现了与城市居民在税负上的平等地位。另一方面农业税的取消带来的一个重大影响就是乡镇政府失去了从底层民众中收取财政资金的制度和政策基础。同时，我国地方政府财政体制的不完善，分税制的不彻底等因素使得乡镇政府的财政收入十分微弱，这就促使地方的财政税收结构面临着重大而艰巨的变革。另外，乡镇是我国政府最为基层的单元，相对于其他层级政府来说，更贴近基层民众，承担着大量的公共服务职能，需要强有力的财政支持。干汊河镇政府收不抵支，财政压力异常大，迫切需要弥补自身公益事业建设的资金缺口。

其三，基于创新主体的改革发展魄力：项目改革者的创新精神和远见卓识。任何一项创新和改革都有一位伟大而坚定的引领者。干汊河镇党委书记具有强烈的创新意识，果敢且有魄力，对基层经济社会建设和发展拥有高度的前瞻性。在党委书记的带领和指导下，乡镇领导班子提出公益事业民营化的创新理念，把握社会主义市场经济发展的本质规律，引入市场运营机制，发扬企业家竞争精神，充分整合、利用民间的闲散资金，将理论与实践相结合，探索出了小城镇公益事业民营化的发展道路。

二　创新逻辑

干汊河镇公益事业民营化是干汊河镇政府探索基层公共服务路径的一种创新，目前在安徽省舒城县已经成为一种模式，在之后的基层公益事业的建设和发展中将不断实现制度化、规范化和常态化。作为一项创新项目，干汊河镇公益事业民营化的创新之处有三点。

其一，小城镇公益事业民营化大胆突破旧有观念的禁锢，勇于打破原有体制的束缚，以群众的实际迫切需求和集镇经济社会的可持续发展作为想问题、办事情的出发点和落脚点，以民为本，自听取民意始，至实现民意终，切实保障和实现群众的基本权益，提升集镇的公共服务能力和水平，进一步促进集镇的全面发展。

其二，小城镇公益事业民营化这种治理理念和方式能够切实转变政府职能，包括职能行使方式、职责范围、管理对象、功能重心以及行政职能行使的性质等，实现了以经济建设为主向以公益事业和基础设施建设为主的转变，实现了以“服从为主”向以“服务为主”的转变等，推动政府从基层公益事业的直接投资者和管理者向公共服务建设监管者的转变。同时，这种引入市场竞争机制的运作模式调动了民营者参与公益事业建设与运营的积极性，大大激发了社会建设和发展活力。

其三，小城镇公益事业民营化将拍卖、承包、招标等形式的市场竞争机制引入基层公益事业的建设与运营中来，加强了政府与市场和企业的联系与合作，不仅提高了公益事业运营过程的透明度和规范性，而且也提升了公益事业的建设质量和服务水平。同时，这种运作模式也将有助于促进政府机构改革。

干汊河镇小城镇公益事业民营化从本质上来说是一种地方治理的改革和创新，切实转变政府职能，推动政府从公益事业“台前”的直接投资者向“幕后”的监督管理者的角色转变，将政府监管与机制有机结合，在降低政府工作成本、减轻行政压力的同时，调动了社会组织以及个人的积极性和创造性，激发了社会活力，形成了一种市场机制运作与政府行政监督相结合的公共治理与服务模式，有助于促进基层社会持续健康发展。

第二节　创新运行：问题与限度

在对舒城县干汊河镇的实地调查和走访中，调研小组了解到，县以及乡镇领导干部等人对小城镇公益事业民营化这种公共事业发展的新理念、新思维和新实践给予了高度评价，并表示将继续坚定小城镇公益事业民营化创新项目的发展理念，坚持该创新项目的正确发展方向和前进道路，并不断拓宽、延伸项目的发展领域，努力为基层群众提供更多、更加优质的公共服务。但是该创新项目在发展和运营过程中还存在一些有待完善的地方。

其一，群众对项目的认可度低。群众在观念上难以接受和认可公益事业民营化的理念和方式，对创新项目的发展意见难以统一。这种观念上的落后导致公益事业民营化工作很难顺利推进下去。因此，群众的思想观念更新和转变是创新项目进一步发展和运行亟待解决的一个重大问题。这也涉及治理的合法性问题，即人民群众是否参与和认同。庞大的群众基础是党和政府一切工作的前进动力和内在支撑。如果没有人民群众的支持和认可，政府的治理就毫无意义可言。

其二，政府对项目的支持力度小。政府对项目的关注和重视不够，同时在项目的后续发展上不能进行有效的支持和维护，如政策和制度的保障以及财政资金的支持等，以及具体如何对项目给予有力的支持等方面还是一个比较模糊的概念，从而使得项目的进一步发展和运营得不到有力维护和保障。

其三，项目规模偏小，受益群众范围小，且专业化程度偏低。由于乡镇政府自身的权限、覆盖范围、财政支撑等方面的限度，项目在规模上、效益上、专业化程度上存在诸多缺陷。因此，提高行业的集中度，扩大项目辐射范围和受益群体，继续坚持市场运营机制，加大竞争力度，以强化民营者的自觉性并且不断提升自身知识技术的精湛度，实现公益事业民营化、规模化、专业化运作，也是治理的一种有效性问题。治理需要合法性，人民群众获得的利益大小也是检验治理有效性的基本标准，因为治理的根本目的就是为人民提供更多更好的服务，促使公共利益最大化。

其四，项目民营者的公益道德与能力问题。一些项目民营者缺乏基本的公益心和责任感，在开展公共事务、提供公共服务方面能力还有待进一步提高。当民营者的私人利益与公共利益存在矛盾和冲突时，民营者利用公共项目和公共资源谋取私利，忽视基层群众的公共利益，从而使得公共利益被边缘化。这些问题的存在都使得项目无法顺利实施并实现预计的目标。

其五，民营化项目的选择问题。公益事业民营化这种创新服务理念和方式，并不适用于所有的公益项目和事业，即公益事业民营化在项目适用上存在一定的选择性。一方面是基层民众的观念认可和接受程度问题，另一方面是项目本身的可行性问题。所以在项目的选择和适用上要切合实际，全面慎重考虑，既要迎合人民群众的需求，又需提升项目运营的可行性。

其六，监督管理问题。公益事业民营化初步实施之后并非意味着政府可以撒手不管，由民营者任意操作。实际上，项目的顺利运行不仅需要群众的监督和民营者自身的规范化运作，政府的监管也是不容忽视的。但是在实际操作过程中，一方面项目运营者本身操作存在规范化问题，另一方面政府对此缺乏规范、有力的监督管理，群众监督仍然存在很多不规范问题。实际上，政府如何在自身既有的监督管理基础上引进群众的有力监督，进一步提升项目运行的规范化和有效性是一个值得深思的大问题。

第三节　创新发展：持续与推进

自2001年创建以来，干汉河镇小城镇公益事业民营化创新项目一直在持续运转，并且将这种民营化机制和竞争模式进一步延伸，不断拓宽其运营领域和范围。目前，该创新项目在集镇自来水厂建设与运营、集镇卫生保洁、幼儿园和小学建设与运营、公祭堂建设与运营、政府文印服务、有线电视服务和车辆管理等公益事业中进行了民营化改革。在实地跟踪调查和走访中，调研小组了解到，该创新项目之后将会在更多的公益事业领域进行探索和尝试，不断提高基层公共服务能力和水平。当前，该创新项目之所以能够持续运营，是基于以下几点。

一　创新者的持续跟进

小城镇公益事业民营化创新项目的主导者一直在关注和跟进该项目。一方面，主导者了解和熟悉项目的具体情况，在推动过程中面临的困难和阻力小；另一方面，作为项目的主导者，必定希望项目能够可持续发展，满足群众的基本需求，实现和保障群众的基本权益，增强群众的满意度和认同感，并且主导者自身也能够在项目持续运营中获得威望和成就感。因此，项目主导者的坚持和努力推动了公益事业民营化创新项目的持续运营。

二　政府的重视与支持

创建之初，上级政府对项目进行了审批并通过了该项目的申请，给予了极大的精神鼓励和物质帮助，由此项目的运营获得了高层领导的重视与支持，从而调动了项目实施者的积极性，增强了项目建设和发展的动力，进而推动了项目的高效运营。

三　项目选择与群众需求的有效对接

一个项目能否顺利运行，关键在于是否迎合群众的需求，即服务的可及性问题。干汉河镇小城镇公益事业民营化在项目的选择上十分准确，如自来水、卫生保洁等公益事业，符合时代的发展趋势和群众的迫切需求，因此能够得到群众的高度拥护和支持。项目选择对接群众的需求，并且公益事业的运行和落实，及时破解了群众的生活难题，满足了群众的基本需求，实现和保障了群众的基本权益，因此得到群众的一致好评和认可，在项目实施过程中群众能够给予大力配合，从而减轻了项目运营的困难与阻力，增强了项目实施者的积极性和工作动力，进而推动了项目的顺利发展。

四　民营者高度的责任感和公益精神

就民营者自身来说，其生存和发展就是为了实现利益最大化，并且在当前市场经济不断繁荣的推动下，民营者更是扮演着理性经济人的角色，以牟利为己任。但是，没有高度责任感和公益精神的民营者，是不能承担起发展公益事业的重任的，不能实现和保障群众的公共利益，而只是一味地谋取自身的利益，从而导致公共利益与私人利益发生矛盾与冲突。因此，民营者高度的责任感和公益精神是推动该项目进一步发展的重要因素。

干汉河镇小城镇公益事业民营化创新项目虽然一直在运营，但是并没有实现进一步的推进和提升，主要受以下因素的影响。

其一，项目创新者的调离，后来者持续推进的动力不足。一方面，虽然项目创新者能够持续关注，但是由于没有身处“第一现场”，故无法亲力亲为，进行一些实质性的指导和操作。而项目创新者相对于其他人来说，具有对项目建设与发展无可替代的优势。另一方面，由于项目创新者的调离，后来者对创新项目缺乏建设动力，更多的是坐享其成，而不愿意进一步推进。在某种程度上说，后来者或许认为该项目不是自己主导的，因此不愿意在别人的基础上推进，而倾向于创新由自己主导的项目。这就使得创新项目一直无法有突破性的进展，还是维持原有的发展轨迹。

其二，制度保障的缺乏。制度化一直是经济社会发展需要考虑的重要因素之一。小城镇公益事业民营化创新项目的建设和发展主要是依靠人的主观能动性，受人的影响大，主要依托人的自觉性意识，缺乏相应体制的保障和支持，这就可能存在极大的随意性和不稳定性。这种不确定性和风险性导致项目的可持续发展面临诸多挑战和困难，同时缺乏创新的持续动力和激励机制。因此，人的不确定性和制度保障的缺乏导致创新项目难以持续进行。

其三，文化观念的限制，无法突破旧有观念的束缚。虽然小城镇公益事业民营化创新项目的主导者勇于打破旧有观念的束缚，将市场经济的竞争机制引入公益事业的建设和运营中，整合、利用民间资本，调动民营者参与公益事业的积极性，但更多的人还是难以改变原有的思想观念，习惯于以往的工作氛围，固守原有的工作作风，不愿意也不善于引进新的工作机制，因此缺乏时代创新的思维和意识，不能很好地适应经济社会的快速转型和发展，无法适应创新型社会的发展要求，在面临新时期的新要求和新挑战时手足无措，最后被时代抛弃。

第四节　思考与讨论：项目的可持续发展

安徽省舒城县干汊河镇小城镇公益事业民营化创新项目已经形成了一种模式化运作，通过引入竞争机制，改变了政府的工作方式和公共事业的运作机制，取得了一定的成效。但是，小城镇公益事业民营化创新项目作为一项新事物，还需要在项目选择、运营程序以及监督管理等方面进一步规范和完善，不断向更高的目标发展，实现高效能的可持续发展。

小城镇公益事业民营化创新项目的进一步提升与发展，必须重视和加强以下几点。

一 更新群众思想观念，增强项目认可度

加强创新项目的宣传和推广，促使广大人民群众突破陈旧思想观念的束缚，打破对事物创新的心理障碍，不断加强对创新项目的了解和认同，让基层群众享受到实实在在的项目发展成果，从而提高群众的支持和认可度，减少项目运营的困难和阻力。

二 加强创新者的持续跟踪与推动

作为项目的主要负责人，创新者的主导和操作在某种程度上起着决定性的作用。创新者基于自身思想观念的先进和新颖以及对项目的熟练掌握等优势，能够顺利地推动项目的运行。因此，创新者的持续关注和跟踪对于项目顺利运行以及长久发展至关重要。

三 实现项目选择与群众需求的有效对接

一个创新项目能否顺利推行和发展同项目选择与群众需求能否有效对接有着千丝万缕的关系。如果创新者不考虑群众的迫切希望和需求，忽视经济社会发展规律，没有顺应时代发展趋势，而仅仅从自身的发展和利益角度出发进行项目设计或者只是为了创新而创新，那么这种创新便失去了意义或者是一种“伪创新”。在我国，人民拥护不拥护、人民赞成不赞成、人民高兴不高兴、人民答应不答应是全党想事情、做工作的出发点和落脚点，是检验政府工作对不对、好不好的基本标准和尺度，因此项目选择与群众需求不能实现有效对接，必然得不到人民群众的支持与拥护，项目的运行和发展必将面临极大的阻力，并且在某种程度上来说没有存在的意义和价值。

四 加大政府支持力度

一是领导的重视和支持。高层领导应当增强社会创新意识，激励和发扬社会创新精神，高度重视创新事物，鼓励和支持基层工作者的创新，调动基层工作者创新的积极性和创造性，为他们提供广阔的创新空间和环境，促使他们敢于突破、勇于创新。

二是财政资金投入。项目创新需要多方面的支持与保障，而资金是项目运行的重要保证之一。资金问题一直是工作开展和项目运行中面临的大问题、强阻力。充足的资金能够为创新项目提供坚实的物质基础，从而在项目实施过程中减少甚至避免购买资源出现的资金不足等实质性问题。因此，政府应给予创新项目充足的资金以保证项目的顺利实施和运转。

三是政策法律的制定与保障。高层领导的重视和关注无疑是十分必要的，但仅仅是人的支持不可避免地存在诸多不确定因素，这也是创新项目运行和发展面临的潜在问题，因此政府应当制定相应的政策和法律法规，促进创新项目运行的稳定性和有序性，从而为项目实施提供有力保障。

五　提升民营者的素质

一是增强公共责任感和公共精神。民营者的公共责任感对于推动公益事业的建设和运营非常关键。民营者既然担负着建设和运营公益事业的使命，就应当勇于承担起公益事业的责任，做到责无旁贷。同时，民营者应该将公益事业视为自己的本职工作的一部分，认真对待，坚持不懈，切不可三心二意，若将从事公益事业当作可有可无的事情，只会造成公益事业的“夭折”，损害公共资源和公共利益。另外，民营者作为公益事业的运营者，不能一味地追求私人利益，而应该协调好私人利益与公共利益的关系，避免两者之间发生矛盾和冲突。在获取私利的同时，要最大化实现和保障群众的公共利益，不应以牺牲公共利益为代价谋取私人利益，注重培养和强化公共精神。

二是加强自身工作能力。经济社会的快速转型和发展需要民营者与时俱进，摆脱旧有观念和思维的束缚，不断加强新的知识理论学习，提高专业技术水平，激发创新意识，提升创新能力。

六　强化政府和群众的监管，促使民营者规范化运作

小城镇公益事业民营化是一大创新之举，取得了不错的成效。但是市场经济体制下的运营和竞争机制不可避免地存在漏洞和缺陷，再加上

民营者自身的不规范操作等因素，公益事业的建设和运营存在诸多挑战和风险。因此，促进政府实行强有力监督管理的同时有效引进群众监督显得十分重要，具体可以从技术管理、资金投入与运行、资源供给、设施维护以及群众公共利益实现等方面进行监管、督促，促使民营者规范化、有序化操作，推动公益事业民营化的可持续健康发展。

七　推动项目的制度化发展

小城镇公益事业民营化创新项目注重发挥人的主观能动性，而人作为一个主体存在诸多不确定因素，这就对该项目的运行和发展带来很多不利。因此应实现项目的制度化、规范化和常态化发展，促使项目运行和发展具有高度稳定性和有序性。同时，制度化能够为项目的进一步发展提供更加有力的保障，推动项目的可持续发展。

就治理来说，治理的可持续发展是国内外一直探索和研究的话题，需要学术界坚持不懈的努力。随着经济社会加速转型和发展，公益事业民营化的可持续发展同治理的可持续发展一样都需要政府、社会、市场的互动与合作。

第五节　余论：公益事业民营化引发的公共性风险

基于公共性研究视角，公共利益能否得到实现和维护是衡量和审视公益事业民营化最为重要的标准。通过深入调查和分析，我们发现公益事业民营化运作过程中存在很多潜在的问题。除了公共资源和公共利益受到损害这些常见的问题之外，还存在公共价值危机，包括公共责任危机、社会公平性危机、公共信任危机以及社会秩序不稳定等。

在市场竞争机制下，企业和民营者的根本目的就是追求利润最大化，其“经济人”的特性促使其从私人利益出发，而忽视公共利益，再加上缺乏一定的制度监管，公共资源受损不可避免。

民营化倾向于将效率和经济效益作为追求的价值目标，同时企业和民营者的理性人原则和利益偏好使得一部分人丧失了应有权益。因此，公益事业民营化扭曲和异化了公益事业本身内含的公平原则和理念，凸显了社会公平性危机。

公共责任危机有两种表现。

其一，政府公共责任缺失。政府作为公益事业建设和发展最重要的主体，应当对公益事业承担起必要的公共责任，最大限度地实现公共利益。但是政府在公益事业民营化中倾向于减轻自身财政压力，企图弥补资源不足，提高工作效率，对于公益事业民营化中担负的公共责任尽可能敷衍，甚至在主观上希望减少本身的公共责任。

其二，民营者公共责任缺失。公益事业民营化坚持的根本原则是在保障和实现公共利益的前提下承担相应的公共责任，民营者和企业可以追求一定的经济利益回报。但是在实际运作中，民营者和企业往往一味追求私人利益，罔顾社会利益，将公共责任抛诸脑后，并将私利与公共责任对立起来。

公益事业民营化是一种政府职能的转变。政府将部分权力和责任转移给私营者，表面上看政府承担的公共事务和责任减少了，实际上政府需要担负更加重大的责任：在做好本职工作的同时，需要加强对公益事业民营化的指导和监督。然而基于民营者的逐利本性和政府自身的自利性引发的私营者行贿行为和政府“化公为私”行为，政府腐败问题和管理危机不可避免，社会公众丧失了对政府和私营者的信任，政府和私营者的公共信任危机凸显。

我国正处于经济社会加速转型的时期，也是全面深化改革的关键时期，社会分化特征明显，经济社会发展的各项问题层出不穷。在此背景下，公益事业民营化的改革和发展将是一个艰巨的挑战和任务，需要政府和社会投入更多的努力。公益事业民营化是一种新的公共服务的实现路径，也是一种新的政府治理模式，代表我国公益事业建设和发展的改革新方向，其可能带来的问题和风险值得我们进行深入的探究，应当引起政府和社会的高度重视。

总的来说，安徽省舒城县干汊河镇小城镇公益事业民营化作为中国地方政府创新的获奖项目，自 2001 年创建持续运转到现在，历经了多年的发展和运营，并且在前进的道路上不断延伸和拓展，具有较强的生命力和高度的现实价值。小城镇公益事业民营化创新项目有效地满足了基层群众对集镇公共服务和公共产品的多样化需求，极大地提高了基层公益事业的建设和发展水平。作为一种治理的改革和创新，公益事业民营化在很大程度上提升了基层公共服务水平和治理能力。与此同时，小城镇公益事业民营化也推动了基层政府从公益事业的直接投资者向监管者的转变，降低了基层政府公益事业的建设和管理成本，从而使得基层政府可以将更多的资金和精力投入其他公共事务和公共产品的建设和供给中，进而为基层群众提供更多、更加优质的公共服务，保障和实现基层群众的基本权益。另外，小城镇公益事业民营化的深入实践和大力推行，通过引入竞争机制，将政府职能与市场机制有机结合，充分整合和利用了民间的闲散资金，提高了民营者参与基层公益事业建设和运营的积极性，同时也推动了民营者或民营企业的生存和发展，为私营经济的建设和发展提供了新的空间和机遇。尽管如此，安徽省舒城县干汉河镇小城镇公益事业民营化创新项目作为一项新事物，在建设、运营以及发展等方面仍然需要进一步规范和完善，还存在潜在的公共性危机，这就需要创新项目的改革者、实施者、参与者和当地群众以及中国地方政府创新奖的设置者的共同关注和不懈努力，不断推动其长效持久发展。

第十七章　地方政府创新项目何以持续?

——项目相关人员视角

政府创新的直接目标是改善国家的治理。[①] 所谓“政府创新”，简洁而言，“就是公共部门为提高效率、改善服务质量而进行的创造性改良”。[②] 党的十九大报告指出，必须坚持全面深化改革，不断推进国家治理体系和治理能力现代化，这不仅需要加大地方政府的创新力度，也对地方政府创新能力的持续性提出了新的要求。地方政府创新能力的维持，离不开项目相关人员的支持与努力，他们对创新活动中存在问题的反馈，他们面临的个人激励与工作环境直接影响到地方政府创新项目的延续、发展和前景。

研究团队在 2016 年 8 月至 2017 年 7 月对中部地区（包括湖北、湖南、安徽、河南、江西 5 省）2000 年至 2015 年获得中国地方政府创新奖优胜奖和入围奖的 16 个项目进行了回访调查[③]，并利用回访机会向被访者发放了“中国地方政府创新奖跟踪研究调查问卷”[④]。共发放调查问卷 230 份，收到有效问卷 216 份，问卷回收率为 94% 。本章所作的分析均来自此次调查数据。与前人研究相比，本章所用数据是地方政府创新工作前线人员的直接反馈，为探寻地方政府创新持续发展的内在动力提供了第一手资料。

根据俞可平教授的定义，“政府创新可持续性的实质，是政府的创造性改革能够持续增进公共利益”。总课题组把获奖的地方政府创新项目的可持续性界定为创新项目的要素得以留存和扩散，并继续在公共治理中发挥积极

---

① 俞可平：《大力建设创新型政府》，《管理观察》2013 年第 24 期。

② 俞可平：《中美两国“政府创新”之比较——基于中国与美国“政府创新奖”的分析》，《学术月刊》2012 年第 3 期。

③ 中部地区自第 1 届至第 8 届共有 18 个地方政府创新项目获奖，本次回访选择了其中的 16 个项目，包括 8 个优胜奖和 8 个入围奖，其中发放调查问卷的共 15 个项目，包括 7 个优胜奖和 8 个入围奖。

④ 被访者包括项目的发起者、参与者、执行者和其他相关人员。

作用。本研究围绕地方政府创新要素的留存和扩散，对项目相关人员的意见反馈做了收集与整理，并进一步考察了地方政府创新项目面临的主要困难和问题，在此基础上调查了项目相关人员对该创新项目的自我评估与前景预测。就中部地区的情况来看，尽管问题重重，但项目相关人员普遍对地方政府创新前景持较为乐观的态度，使人们增强了对地方政府持续创新的信心。

此次问卷调查对象主要是地方政府创新项目的相关人员（包括政府工作人员和其他单位人员），受调查条件所限，调查问卷的发放由调查人员在回访过程中在项目所在地和所在政府部门随机发放，并非统计学中严格意义的“随机抽样”。就调查结果而言，除46人未明确报告身份外，剩下的170人中，有42.94%的被访者为普通公务员，47.65%的被访者担任一定的领导职务，其余9.41%的人为社工、学者、企业人员或其他相关人员。这一结构基本符合项目相关人员的构成比例。

从年龄、学历、性别和政治面貌结构来看，本次调查结果基本符合现阶段中国地方政府的干部结构。其中，党员有183人，占比为87.14%，民主党派仅有1人，其余为群众和其他，占比为12.38%，大多为项目相关的社区人员、企业人员等。被访者中87.5%的人具有大专以上学历，其中具有研究生以上学历的为16.67%，整体来看受教育水平较高。从被访者参与项目的情况来看，有6.13%的人是项目的发起者，在所有人中占比最少，30.66%的被访者是项目的实施者或执行者，另有35.58%的人为项目的合作者或参与者，其余27.83%为项目的其他相关人员。

与以往研究相比，本研究的贡献主要有两个方面。第一，对地方政府创新持续性的研究主要以理论分析①与案例分析②为主，定量研究较少，

① 对地方政府创新持续性的理论分析参见王焕祥、黄美花《中国地方政府创新的可持续性问题研究》，《上海行政学院学报》2007年第6期；韩福国、瞿帅伟、吕晓健《中国地方政府创新持续力研究》，《公共行政评论》2009年第2期；包国宪、孙斐《演化范式下中国地方政府创新可持续性研究》，《公共管理学报》2011年第1期；陈朋《地方政府创新的三个基本命题》，《行政管理改革》2015年第2期；胡宁生、杨志《中国地方政府社会治理创新的持续性：影响因素与政策优化》，《江苏社会科学》2015年第3期；郁建兴、黄亮《当代中国地方政府创新的动力：基于制度变迁理论的分析框架》，《学术月刊》2017年第2期。

② 对地方政府创新持续性的案例分析参见高新军《地方政府创新缘何难持续——以重庆市开县麻柳乡为例》，《中国改革》2008年第5期；吴建南、黄艳茹、马亮《政府创新的稳定性研究——基于两届中国地方政府创新案例的比较》，《软科学》2015年第5期。

并且缺乏来自项目相关人员的直接反馈。研究对象为已有地方政府创新项目的相关人员，不仅包括发起者，也包括参与者、执行者以及受项目影响的其他人员，在涵盖范围上较为全面，反映了项目的真实情况。第二，已有的调查研究集中于地方干部对改革创新的态度[①]和对创新驱动模式[②]的研究，主要关注地方干部对地方政府创新的影响，缺少对其工作环境、激励与压力以及对创新项目愿景的分析，本次调查结果有助于厘清相关人员的工作状态，为加强地方政府创新的持续性提供政策参考。

本章首先梳理有关地方政府创新持续性的相关文献，并建立影响地方政府创新持续性的主要框架。随后从相关人员视角出发，分析地方政府创新持续性的主要影响机制。很显然，地方政府创新项目的发展和持续，离不开项目相关人员的努力。为此，将进一步分析项目相关人员面临的工作压力、激励对创新项目前景预期的影响。最后为简单结论。

第一节　文献综述

一　地方政府创新持续性的含义

对地方政府创新可持续性含义的阐述，不同学者从经济学、社会学、管理学角度出发持不同的观点，但总体而言主要可以分为两个方面。一是地方政府创新项目或模式在时间上的延续，表现为创新项目自发起后保持持续运转。从发展的情况来看，既有可能不断自我强化呈现出良好的发展态势，也有可能因不适应外界环境变化而逐渐式微，其中前者是学界对创新可持续性或稳定性的主要观点。[③] 二是地方政府创新项目的理念、模式在空间上的扩散，包括扩散到同层级的其他地区以及同一地区

---

① 杨雪冬、陈雪莲：《政府改革创新的社会条件与发展状态——地方干部的视角》，《社会科学》2010 年第 2 期。

② 陈雪莲、杨雪冬：《地方政府创新的驱动模式——地方政府干部视角的考察》，《公共管理学报》2009 年第 3 期。

③ 王焕祥、黄美花：《中国地方政府创新的可持续性问题研究》，《上海行政学院学报》2007 年第 6 期；韩福国、瞿帅伟、吕晓健：《中国地方政府创新持续力研究》，《公共行政评论》2009 年第 2 期；包国宪、孙斐：《演化范式下中国地方政府创新可持续性研究》，《公共管理学报》2011 年第 1 期。

的不同层级，并在此基础上激发出更多更高层次的后续创新。[①] 对地方政府创新扩散的研究又可以分为两个视角，比较常见的是从扩散方的角度研究哪些因素会影响创新经验的外溢，另一种则从输入方的角度研究哪些项目容易被其他地方的政府模仿学习。[②]

二　影响地方政府创新持续性的因素

影响地方政府创新持续性的原因来自内外多个方面，我们梳理了有关地方政府创新持续性代表性论文的主要观点，尽管表述不同，但绝大多数文章都提到制度化能力、政策环境、项目领导的影响、上级领导支持以及群众的参与和支持对地方政府创新持续性的重要影响。[③] 与地方经济发展水平、国家创新空间等宏观环境相比，以上各项多为项目运行过程中面临的微观层面问题，项目相关人员了解最为详细。由于此次调查访问对象均为项目一线人员，因此问卷主要围绕以上几个方面展开。我们的调查结果不仅可以印证前人案例研究得出的结论，而且有助于对中部地区地方政府创新过程中存在问题的全局把握。除此之外，创新项目自身的特征，例如创新类型、规模、强度等也是决定创新可持续性的内在动因[④]，本章亦将其作为控制变量加入模型当中。

三　影响地方政府官员创新的激励与压力

地方政府创新的实践主体是地方政府工作人员，既有具备企业家精神的项目领导，也包括参与具体实施过程的基层公务员，他们在地方政

① 傅金鹏：《我国地方政府创新动力研究——生态、利益和组织的视角》，《理论月刊》2012年第3期。

② 胡宁生、杨志：《中国地方政府社会治理创新的持续性：影响因素与政策优化》，《江苏社会科学》2015年第3期。

③ 王焕祥、黄美花：《中国地方政府创新的可持续性问题研究》，《上海行政学院学报》2007年第6期；韩福国、瞿帅伟、吕晓健：《中国地方政府创新持续力研究》，《公共行政评论》2009年第2期；包国宪、孙斐：《演化范式下中国地方政府创新可持续性研究》，《公共管理学报》2011年第1期；胡宁生、杨志：《中国地方政府社会治理创新的持续性：影响因素与政策优化》，《江苏社会科学》2015年第3期；陈朋：《地方政府创新的三个基本命题》，《行政管理改革》2015年第2期。

④ 王焕祥、黄美花：《中国地方政府创新的可持续性问题研究》，《上海行政学院学报》2007年第6期。

府创新项目的发起、推动和发展过程中扮演了至关重要的角色。[①] 有专家指出，我国700多万公务员中，76.7%为科级及以下人员[②]，晋升空间小、工资收入偏低是基层公务员面临的主要激励困境。就我们调查的情况来看，绝大多数被访者处于这一职级层次当中，他们面临的工作激励与压力在极大程度上影响地方政府创新项目的实质性进展，并最终影响地方政府改革创新的前景。除晋升激励与物质激励外，也有学者提到对公务员创新激励需要从综合利益驱动的角度出发，强调公务员追求成就感的需要较高，地方政府可以从这一角度培养官员的创新动力。[③] 为弄清楚与地方政府创新有关的基层人员面临的主要激励，我们调查访问了地方政府创新相关工作人员对目前工作的工资收入、晋升机会、工作环境、成就感等方面的满意度，从调查结果来看，的确存在前人指出的激励困境。其中，成就感的获得对基层工作者对地方政府创新工作的认同感最为一致，说明精神激励对于地方政府官员开展创新活动具有不可忽视的重要作用。

目前对地方政府创新可持续性的经验研究，大多以案例为研究对象，大都从地方政府创新的类型、环境、机制角度出发，较少从发起与维护该项目的相关人员角度，尤其从相关人员的激励角度着手，本研究结论一方面可以弥补现有研究的不足，另一方面也能印证和比较之前研究的结论。后文，我们重点分析了影响地方政府创新项目持续与发展的原因，同时，由于项目相关人员对地方政府创新的持续性具有十分重要的作用，我们也进一步分析了影响相关人员对改革创新前景信心的因素，以及对部门工作的评价情况。

第二节　影响地方政府创新项目延续与发展的原因分析

一　地方政府创新项目的持续及发展情况

总课题组依据地方政府创新项目的实际运行情况，将地方政府创新

① 陈雪莲、杨雪冬：《地方政府创新的驱动模式——地方政府干部视角的考察》，《公共管理学报》2009年第3期。

② 何宪：《公务员职务与职级并行制度研究》，《中国行政管理》2016年第9期。

③ 于海燕：《地方政府创新激励机制研究——基于公务员综合利益视角》，《人力资源管理》2014年第10期。

项目的可持续性分为以下五种具体类型：①创新项目在原地仍以原来的名称有效运行；②创新项目在其原发地终止了，但在其他地方得以扩散与传播；③创新项目的名称和形式改变了，但其实质性要素保存了下来；④创新项目被其他更新的项目取代，但后来的创新项目吸收并包含了原创新项目的关键要素；⑤创新项目的实质性要素通过直接或间接的途径上升为国家的法律或制度，创新项目已经没有存在的必要。从问卷调查的情况来看，在15个项目中有14个项目仍然持续存在，并且其中11个项目仍以原来名称在本地或本部门继续有效运行。总的来看，中部地区地方政府创新项目的存活率约为93%，高于其他学者得出的结论。[①]

被回访的创新项目自获奖后平均经过了近10年时间，从获奖后的发展情况来看，被访者认为获奖后最明显的变化是“获得了上级肯定”、“改善了部门的社会形象”和“鼓舞了工作人员的士气”，其次是“在更大范围内推广了”和“促进了新项目的开发”。说明获得地方政府创新奖对外提升了该创新项目的知名度，对内极大地激励了项目工作人员，同时，获奖对项目的进一步深化发展与对外扩散均具有十分显著的正向影响。应当注意的是，在争取项目经费的支持、对主要负责人仕途晋升上，获奖似乎并没有带来类似的影响效应，仅有近一半的被访者认为项目在获奖后争取到了更多经费，或项目的主要负责人获得了升迁。从获奖级别来看，获得优胜奖的项目，在获得上级肯定、促进新项目的开发、鼓舞工作人员的士气和改善部门形象上比入围奖项目发展得好（见表17－1)。这一方面可能是由于获得优胜奖的项目本身就更加优秀，另一方面也可能是优胜奖比入围奖的影响力更大。但在对外推广、项目负责人晋升和推动制度化上，二者并不存在显著差异。

表17－1　地方政府创新项目获奖后的发展情况

	优胜奖	入围奖	二者比较
获得上级肯定	92.05% (81人)	81.74% (94人)	+10.31个百分点**

① 根据高新军的统计，那些获得了中国地方政府创新奖的项目，“也有差不多三分之一名存实亡了”。参见高新军《地方政府创新缘何难持续——以重庆市开县麻柳乡为例》，《中国改革》2008年第5期。

续表

	优胜奖	入围奖	二者比较
在更大范围内推广了	75.31% （61 人）	73.28% （85 人）	+2.03 个百分点
争取到更多经费支持	58.67% （44 人）	47.52% （48 人）	+11.15 个百分点*
促进了新项目的开发	76.32% （58 人）	57.8% （63 人）	+18.52 个百分点***
鼓舞了工作人员的士气	88.89% （72 人）	77.68% （87 人）	+10.31 个百分点**
改善了部门的社会形象	90.12% （73 人）	80.91% （89 人）	+11.21 个百分点**
项目主要负责人获得了晋升	46.48% （33 人）	46.94% （46 人）	-0.46 个百分点
推动了立法或形成了制度	56.58% （43 人）	55.96% （61 人）	+0.62 个百分点

注：(1) 括号内为样本数。

(2) ***、**、*分别表示通过1%、5%、10%的显著性检验。

二　影响地方政府创新项目延续与发展的因素分析

为进一步厘清影响地方政府创新项目持续性的原因，我们在问卷中针对项目终止及存续的原因进行了提问。在终止的原因中，被反复提及的原因之一是项目负责领导的职位变动导致“人走政息”①，其次是项目主动停止或被上级叫停。表17-2模型（1）到模型（3）的因变量为项目实际终止或存续的虚拟变量，从模型结果来看，项目相关人员的确认为负责项目的主要领导变动是项目终止的重要原因之一。此外，出于项目自身的原因主动终止也是项目无法存续的原因之一，相比之下，上级领导叫停则不是项目终止的主要原因，由于地方政府创新通常也能作为上级领导的政绩，除非该项目面临较大的制度困境，一般不会轻易叫停。从存续的角度来看，无论是制度化、上级领导支持还是群众肯定，均是促使项目维持运行的重要原因，模型（4）中的因变量为按照存续及发展

① 高新军：《地方政府创新缘何难持续——以重庆市开县麻柳乡为例》，《中国改革》2008年第5期。

表 17－2　影响地方政府创新终止与延续的因素

	(1)	(2)	(3)	(4)
	Logit 终止＝1，其他＝0	Logit 终止＝1，其他＝0	Logit 存续＝1，其他＝0	Probit 6 个等级
主动终止	4.260*** (0.808)	3.576*** (0.790)		
领导变动	2.219*** (0.594)			
领导变动 2		1.954*** (0.462)		
上级领导叫停	0.856 (0.741)	0.608 (0.764)		
制度化			1.418*** (0.537)	0.708*** (0.255)
上级领导支持			1.095* (0.620)	1.027*** (0.305)
群众肯定			1.475*** (0.559)	0.980*** (0.263)
资金充裕	－0.410 (0.599)	－0.150 (0.604)	0.302 (0.525)	0.077 (0.209)
人员短缺	0.477 (0.827)	0.193 (0.818)	－0.442 (0.709)	－0.561* (0.304)
优胜奖	－0.116 (0.486)	－0.250 (0.488)	0.665 (0.422)	2.057*** (0.217)
常数项	－1.612 (1.403)	－2.025 (1.409)	－0.416 (1.232)	
其他控制变量	Y	Y	Y	Y
N	206	202	206	206

注：(1) ***、**、*分别表示通过 1%、5%、10% 的显著性检验。为简化表格，此处未报告阈值。

(2) 变量赋值解释：优胜奖为获得地方政府创新奖优胜奖的虚拟变量，赋值规则为优胜奖＝1，入围奖＝0；其余变量均为二分虚拟变量；其他控制变量包括被访者的性别、年龄、党员身份、最高学历和角色。其中性别的赋值规则为：男性＝1，女性＝0；党员身份的赋值规则为：党员＝1，非党员＝0；最高学历的赋值规则为：研究生＝3，本科＝2，大专＝1，大专以下＝0；角色按照对项目的熟悉了解程度分为：主管者/发起者＝3，实施者/执行者＝2，合作者/参与者＝1，其他＝0。如无特殊说明，其余表格中变量的赋值规则均与此一致。

情况赋值的定序变量[①]，除上述三个变量仍然显著以外，人员短缺成为影响创新项目后续发展的负面因素。同时，相比仅获得入围奖的项目，获得优胜奖的项目后续发展状况更好。

地方政府创新项目持续的另一维度是对外扩散的情况，创新扩散不仅意味着原创新项目在空间上的延续，并且在横向交流与纵向协调的过程中，有可能激发出新一轮的创新。项目的对外扩散在我们的调研中有三个维度加以度量：一是项目是否被推广到更大范围或更高层级；二是创新项目的对外影响情况，分为横向上对所在辖区其他政府部门的影响和纵向上在该行业系统内的影响[②]；三是项目的对外交流情况，包括与其他地区交流经验、其他地区干部到本地观摩等。根据我们的调查结果，超过六成（63.02%）被访者肯定了项目获得推广情况，其余被访者认为说不清是否推广或未获得推广。从表 17－3 的结果来看，影响项目推广的因素包括“媒体报道和学界关注”、“实效突出”和“项目资金充裕”，其中前两项在创新项目对外影响上的作用尤为显著，说明在项目相关人员看来，媒体报道与学界关注等外部宣传是提升项目对外影响力的重要手段，同时，实效突出成为影响项目对外扩散的重要因素，反映了当前我国地方政府创新大多为问题倒逼型和绩效竞争型[③]，因此项目的实际成效好往往更容易激励其他政府前往模仿学习。除此之外，项目获奖级别越高，所在政府层级越高，项目的对外影响力也越大。从对外交流来看，无论是获奖项目所在地主动与其他地区交流经验，还是其他地区干部到本地观摩学习，实效都是发挥作用的重要因素，认为实效突出是对外推广主要原因的被访者更倾向于肯定项目的对外交流情况。尽管入围奖和优胜奖项目对外交流经验的情况没有显著差异，但与入围奖相比，获得优胜奖的项目明显吸引了更多其他地区干部到本地参观。同时，获得上级肯定也可能使得更多外地干部到本地参观。但总体而言，获得上级肯

---

① 对完全消亡型、名存实亡型、逐渐衰减型、继续存在型、另起炉灶型、深化发展型依次赋值 1 到 6。

② 为区别二者，我们让被访者分别判断该项目在本辖区以及本系统的影响，影响程度从大到小依次为“非常大”、“比较大”、“一般”、“比较小”和“非常小”，按照影响程度从小到大赋值为 1 到 5 的定序变量，并采用次序 probit 进行回归分析。

③ 陈朋：《地方政府创新的三个基本命题》，《行政管理改革》2015 年第 2 期。

定与项目负责人被提拔均不是影响项目推广的主要原因。

表 17－3　影响项目对外扩散的因素

	(1)	(2)	(3)	(4)	(5)
	Logit 对外推广	Probit 本辖区的影响力	Probit 本系统的影响力	Probit 与其他地区交流过经验	Probit 外地干部到本地参观
获得上级肯定	0.269 (0.552)	－0.291 (0.267)	－0.340 (0.268)	0.382 (0.300)	0.534* (0.319)
项目主要负责人被提拔	－0.025 (0.324)	－0.234 (0.159)	－0.110 (0.160)	－0.102 (0.192)	－0.035 (0.215)
媒体报道和学界关注	0.983* (0.551)	0.910*** (0.288)	0.874*** (0.286)	0.201 (0.328)	0.508 (0.353)
实效突出	0.825* (0.454)	0.893*** (0.234)	1.081*** (0.238)	0.504** (0.249)	0.633** (0.265)
项目资金充裕	0.584* (0.326)	0.158 (0.155)	0.167 (0.157)	0.609*** (0.198)	0.297 (0.215)
政策环境宽松	0.212 (0.326)	0.048 (0.161)	0.152 (0.162)	0.160 (0.181)	0.243 (0.208)
优胜奖	－0.190 (0.449)	0.798*** (0.227)	0.837*** (0.230)	0.235 (0.265)	0.831*** (0.318)
项目所在政府层级	0.026 (0.293)	0.396*** (0.145)	0.425*** (0.150)	0.136 (0.176)	0.107 (0.193)
其他控制变量	Y	Y	Y	Y	Y
N	126	139	138	140	139

注：(1) ***、**、*分别表示通过1%、5%、10%的显著性检验。为简化表格，此处未报告阈值。

(2) 自变量为被访者评估的该项因素对项目推广的影响大小，分为“很重要”、“重要”、“不知道”和“不重要”，按照重要程度依次赋值为3到0。其他控制变量包括被访者的性别、年龄、党员身份、最高学历和角色，赋值规则与表17－2一致。

从以上结果来看，影响项目持续与扩散的因素并不完全相同。尽管项目领导的职位变动能在很大程度上影响项目的持续运行，但对项目扩散而言，最重要的既不是来自上级领导的肯定，也并非项目负责人的升迁，而是创新项目的实效突出，吸引其他地区主动模仿学习。总结来看，尽管上级领导对项目的重视和肯定能为项目带来资源，例如项目资金的支持，但由于大多数上级领导与下级组织之间休戚与共，所以绝大多数项目都能得到上级领导的支持。项目负责人调动会影响项目的运行情况，尤其是在项目创新尚未制度化以前，但这些负责人调动到其他地方并不一定会对项目进行大力推广：一是由于项目运行好坏与当地环境相关，调动到其他地方以后，可能水土不服；二是负责人调动以后，不一定还在原系统工作，因此以前的创新经验不一定适用；三是调动到其他地方后，如果只是照搬以前的创新项目，创新的边际效益将递减。从项目相关人员来看，影响项目对外扩散最重要的因素是实效突出，说明对于创新扩散而言，最重要的是解决实际问题，只有这样才能吸引其他地区争相模仿学习。

第三节　影响相关人员对项目前景信心的因素分析

除了地方政府创新项目持续运行的情况外，我们更关心创新项目的总体前景，创新项目从提出、实施到调适、扩散，每一步都离不开项目相关人员的努力，因此项目相关人员对地方政府创新项目前景的信心显得尤为重要。在本节中，我们首先分析了地方政府创新项目面临的主要困难，并研究了这些困难对被访者有关地方政府创新信心的影响；然后我们分析了项目相关人员对当前工作的满意情况，以确定应当从什么方面着手改善激励。

一　地方政府创新项目面临的主要困难

被访者认为目前项目运转中存在的问题和困难主要集中在资金和人员的短缺上。在收到的有效问卷中，超过1/3（35.11%）的人提到资金短缺或经费不足是项目面临的主要问题。地方政府创新项目面临的第二大问题是人员短缺，约有17.02%的人提到项目配备人员短缺或处于青黄不接的状态。事实上，人员短缺也有可能是经费不足所致。此外，还有8.51%的人认为项目得到的来自上级的支持力度不够或群众的认可度不高。各有6.38%的人认为项目受到上级政策或制度方面的约束以及项目工作人员的工作激励不足或工作压力太大（见图17－1）。

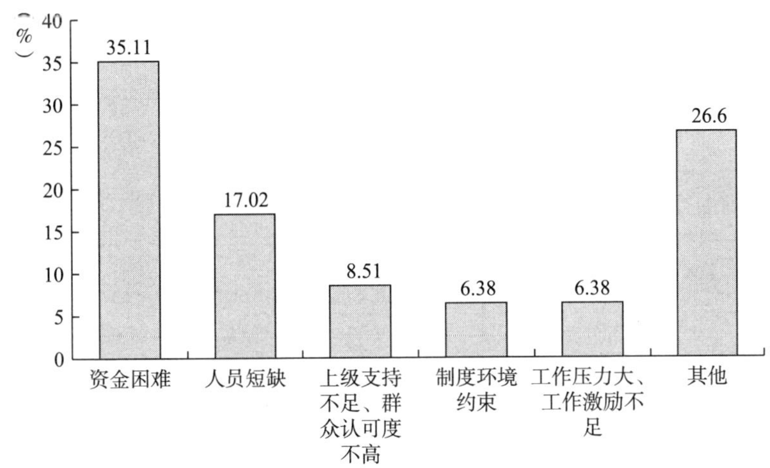

图 17－1　项目面临的困难与挑战

二　影响创新项目前景预期的因素

为了解项目相关人员对创新项目前景的预期，我们要求被访者对项目前景打分，分值为 1～10 分，得分越高表明信心越强。从表 17－4 的结果来看，影响相关人员对创新项目前景预期最重要的因素是资金充裕程度，这与被访者指出的项目面临的主要困难较为一致，此外，来自上级领导的支持也是项目相关人员对项目信心的来源之一，认为项目获奖后得到了上级肯定的被访者倾向于对项目抱有较大的信心。而工作压力、制度环境可能由于样本缺乏变异性，因此未能显示出对项目信心的显著影响，83.69% 的被访者表示目前工作压力大或非常大，认为完全没有压力的仅为 1.42%，同样，仅有 11.85% 的被访者认为项目的运行环境未受到约束。除此之外，被访者对近三年部门创新工作的评价越高、对地方政府的总体评价越高，对项目前景的信心也越大。

表 17－4　影响创新项目前景信心的因素

因变量	对创新项目前景的信心					
	(1)	(2)	(3)	(4)	(5)	(6)
	OLS	OLS	OLS	OLS	OLS	OLS
资金充裕	0.984*** (0.228)	0.753*** (0.197)	0.786*** (0.205)	0.488*** (0.185)	0.546*** (0.189)	0.683** (0.269)

续表

因变量	对创新项目前景的信心					
	(1)	(2)	(3)	(4)	(5)	(6)
	OLS	OLS	OLS	OLS	OLS	OLS
环境宽松	0. 023 (0. 253)	-0. 010 (0. 251)	-0. 005 (0. 269)	0. 223 (0. 226)	-0. 244 (0. 263)	-0. 213 (0. 343)
上级领导支持		2. 526*** (0. 593)	2. 639*** (0. 646)	2. 128*** (0. 680)	1. 983*** (0. 637)	2. 166*** (0. 710)
压力小			0. 138 (0. 217)	0. 147 (0. 207)	-0. 051 (0. 213)	-0. 234 (0. 337)
部门工作评价				0. 245 (0. 213)		
部门创新评价					1. 635*** (0. 325)	
地区政府评价						3. 010*** (0. 845)
优胜奖	0. 350 (0. 304)	0. 135 (0. 293)	0. 063 (0. 324)	-0. 243 (0. 270)	0. 169 (0. 312)	0. 425 (0. 439)
项目所在政府层级	0. 152 (0. 212)	0. 048 (0. 200)	0. 092 (0. 229)	0. 492*** (0. 133)	0. 243 (0. 210)	0. 452 (0. 303)
常数项	5. 281*** (1. 008)	3. 660*** (1. 004)	3. 069** (1. 205)	2. 842** (1. 341)	-1. 248 (1. 214)	-6. 404** (2. 969)
N	191	185	172	149	171	113
R^2	0. 118	0. 227	0. 226	0. 281	0. 382	0. 498

注：（1）括号内为稳健标准误，***、**、*分别表示通过1%、5%、10%的显著性检验。

（2）其他控制变量包括被访者的性别、年龄、党员身份、最高学历和角色。

同时，我们也询问了被访者对整个政府改革创新前景的态度，从消极到积极依次分为“很悲观”、“有些悲观”、“说不上来”、“比较乐观”和“很乐观”，并采用次序 Probit 模型分析对政府改革创新前景的影响因素。与项目前景类似，项目的资金越充裕、上级领导越支持，被访者对政府改革创新前景越乐观。同时，对近三年部门工作、部门创新工作和政府工作的总体评价越高的被访者，对政府改革创新前景也越乐观。当然也可能是被访者对政府改革创新前景越乐观，越认同部门和政府的工作成就。但从逻辑上看，反向因果的影响不大，更可能的情况是对工作的认同程度决定了被访者对政府改革创新前景的预估。从这一点上看，理解哪些因素会影响被访者对部门和政府工作的认同则显得尤为重要（见表 17－5）。

表 17－5 影响政府改革创新前景态度的因素

因变量	对政府改革创新前景的乐观程度			
	Probit			
	（1）	（2）	（3）	（4）
资金充裕	0.391*** （0.132）	0.365** （0.148）	0.324** （0.137）	0.300* （0.173）
环境宽松	－0.018 （0.129）	－0.012 （0.146）	－0.100 （0.135）	－0.094 （0.157）
上级领导支持	0.813*** （0.253）	0.803*** （0.303）	0.481 （0.267）	0.474 （0.298）
压力小	－0.053 （0.156）	－0.209 （0.181）	－0.168 （0.163）	－0.188 （0.201）
部门工作评价		0.634*** （0.182）		
部门创新评价			0.808*** （0.148）	
政府改革评价				1.065*** （0.226）
优胜奖	－0.217 （0.192）	－0.216 （0.218）	－0.093 （0.200）	－0.034 （0.263）
项目所在政府层级	0.134 （0.129）	0.318** （0.145）	0.234* （0.135）	0.206 （0.171）
N	180	155	179	120

注：（1）括号内为稳健标准误，***、**、*分别表示通过 1%、5%、10% 的显著性检验。为简化表格，此处未报告阈值。

（2）其他控制变量包括被访者的性别、年龄、党员身份、最高学历和角色。

被访者对部门和政府工作的认同情况，可能与被访者对当前工作的满意程度相关。从被访者对当前工作情况的满意度来看，比较满意的是目前工作的成就感、工作环境和工作时间。在工作环境一项中，当被问到“本部门是否包容人们在工作中所犯错误”时，58.16% 的被访者认为能够包容，认为不能够包容的仅为 15.3%，超过 3/4（75.88%）的被访者认为“本部门工作人员乐于学习并相互分享”，说明创新项目来自内部的支持较为充足。相对而言，被访者满意度较低的是工作的晋升机会与收入状况，这也是基层公务员面临的普遍困境。从当前情况来看，地方政府创新的成功对项目相关人员主要是一种精神激励，如何增强创新的物质激励可能是需要思考的方向（见图 17－2）。

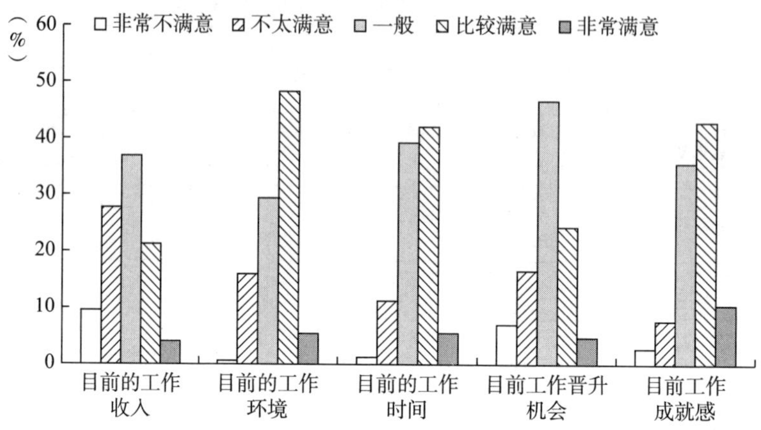

图 17－2　项目相关人员对当前工作的满意情况

项目工作人员对当前工作的满意度可能会影响对政府改革创新工作的评价，表 17－6 报告了发起者、参与者和执行者的工作满意度对创新工作的评价情况。我们发现，上述五个维度的满意度中，只有工作成就感的满意度与对创新工作的正面评价较为相关。具体而言，被访者的工作成就感满意度越高，对近三年本部门改革创新和近三年本地区政府工作的总体评价也越高。同时，工作收入满意度、工作环境满意度越高的被访者，对近三年本地区政府工作的总体评价也越高。结合图 17－2 可以看出，项目相关人员推动创新工作的动力主要来自精神层面的激励，如成就感的获得和对工作环境的认可，而来自物质方面的激励较少。

表 17－6　项目相关人员的工作满意度与对部门/政府改革创新的评价

	（1）	（3）	（2）
	Probit 对近三年本部门工作的总体评价	Probit 对近三年本部门改革创新的总体评价	Probit 对近三年本地区政府工作的总体评价
工作收入满意度	－0.157 （0.145）	0.197 （0.135）	1.073** （0.491）

续表

	(1)	(3)	(2)
	Probit 对近三年本部门工作的总体评价	Probit 对近三年本部门改革创新的总体评价	Probit 对近三年本地区政府工作的总体评价
工作环境满意度	0.133 (0.195)	0.259 (0.174)	0.918* (0.526)
工作时间满意度	0.127 (0.185)	0.023 (0.171)	-0.794 (0.553)
晋升机会满意度	-0.127 (0.182)	0.015 (0.167)	0.686 (0.469)
工作成就感满意度	0.223 (0.179)	0.313** (0.155)	2.819*** (0.979)
优胜奖	-0.172 (0.239)	-0.070 (0.217)	-1.072 (0.936)
项目所在政府层级	0.029 (0.161)	-0.205 (0.144)	-0.504 (0.597)
N	168	191	130

注：括号内为稳健标准误，***、**、*分别表示通过1%、5%、10%的显著性检验。为简化表格，此处未报告阈值。

第四节　结论

地方政府创新一直是学界关注的重点。学者利用“中国地方政府创新奖”的获奖案例，开展了众多高质量的研究，为厘清我国地方政府创新的类型特征、创新动因、发展趋势等做出了卓越贡献。但已有研究主要以案例作为分析对象，较少关注地方政府创新项目相关工作人员的看法。事实上，工作人员不仅对项目情况最为了解，项目的发起与持续运行也需仰赖他们的努力与付出。因此，从工作人员的角度了解地方政府创新项目的持续、发展和前景十分有必要。通过对中部地区15个项目的发起者、参与者、实施者与其他相关人员的问卷回访，我们发现以下几个特点。

首先，影响地方政府创新项目持续与终止的主要原因并不相同，项目能持续运行和对外扩散是外在支持与内在制度共同作用的结果，只有项目实效显著才能得到群众拥护和上级支持，才能具有上升为制度的潜力。而项目停止运行主要与领导变动和项目自身原因有关。

其次，创新项目运行过程中面临的普遍困难是财力与人力不足，并且目前的激励结构以精神激励为主，忽视了物质激励。尽管工作环境和氛围较好，但项目相关人员普遍反映工作压力较大。在这样的情况下，如果能得到上级支持，或许还能在人、财两方面得到一定资助。从调查的结果来看，影响项目相关人员对创新项目信心的主要因素是资金充裕程度和来自上级领导的支持，同时，被访者对工作收入、环境和成就感的满意度越高，对政府部门的认同度也越高。

尽管面临诸多困难，但被访者肯定了近年来当地政府和部门在创新活动上所做的努力，对地方政府创新总体持较为乐观的态度，反映出项目相关人员对政府创新的广泛接受度，这有利于创新项目的持续发展和创新思想的持续激发。

第十八章　地方政府创新者的创新“习性”

第一节　研究缘起

从现有研究来看，大多数将注意力集中于地方政府创新本身，探讨其动因、困境、机理、过程、策略、影响因素、可持续性、价值或意义，以及地方政府创新与治理、民主、发展之间的关系等议题，而较少关注地方政府创新者这个十分关键的能动性主体。

在我国，这些地方政府创新者，一般是一个地方党委政府或者某个党政部门的“一把手”。许多地方政府创新像“咸安政改”那样，是由地方政府主政者发起的；有些地方政府创新伊始尽管未必是这些地方政府主政者发起的，却是由他们推动、主导的。总之，在我国主导一个地方政府创新的基本上是“一把手”，因为只有他们才有权决定、开启和推动地方政府创新。[①]

也正因为如此，我国地方政府创新往往具有鲜明的某个创新者的“个性”，这些地方政府创新更主要地体现地方政府创新者个人的理念或追求。因此，研究地方政府创新不能忽视这些主导地方政府创新的人（即地方政府创新者），他们是地方政府创新的关键人物、核心因素、能动变量。这进而导致地方政府创新者的“命运”与地方政府创新项目的“命运”紧密联系在一起。一旦创新者本人职务或政治命运发生变化，

① 对此，闫健在其文章中提到，“在中国政治的场景下，各级党委书记和政府首脑肩负着改善民众福祉的首要责任并掌握相应的政治权力，因而在发起制度改革和政策调整方面享有天然制度优势”。参见闫健《“父爱式政府创新”：现象、特征与本质——以岚皋县“新农合镇办卫生院住院起付线外全报销制度”为例》，《公共管理学报》2014 年第 3 期。

他/她所主导的这项创新项目也随之变化。然而，我国地方党政主要领导人往往变动频繁且在某一岗位任职时间较短，继任者一般会按照自己的“想法”开展工作，以突出属于自己的“新”政绩。这样一来，地方政府创新在当地的可持续性并不乐观。总之，无论是解释地方政府创新的发生，还是考察其发展或可持续性，都有必要去研究地方政府创新者。

然而，既有的研究较少以地方政府创新者为直接对象进行专题研究。关于个别地方政府创新者的专题报道，仅见之于新闻媒体。不可否认的是，一些研究论文间或论及地方政府创新者，但其论述的着力点显然不是这些创新者。例如，有人在论述地方政府创新动力时提到“地方政府主要领导对推动创新起着重要作用”，认为“具体体现在两个方面主要领导的理性个体利益及创新精神和能力”，但并未对此过多着墨。① 值得一提的是，杨雪冬、陈雪莲运用问卷调查的数据分析，从地方干部的视角，探讨了地方政府创新的社会条件。他们认为，“地方干部（主要是县处级以下的干部）对于政府改革创新的态度趋于理性，他们并非政府改革的阻碍者，而是支持者，乃至推动者”。② 在此之前，杨雪冬也观察到地方领导对于地方发展、地方政府创新的重要作用，“他们的主观能动性是推动制度创新最明显的力量”。③ 不过，金太军、袁建军也注意到，在一定的制度环境中，地方政府官员基于“理性选择”打着“创新”的旗号进行“伪创新”。他们认为，“地方政府创新过程也可以看作是地方政府官员的行为过程，地方政府创新成败取决于其行为选择，作为政府决策的创新者、认同者和执行者也必须在考虑上级或下级政府的行为选择的基础上满足自身利益最大化”。④

将地方政府创新者视为“理性人”，将其主导的地方政府创新视作理性选择行为的结果的情况不在少数。闫健指出，许多研究将地方政府创

① 李潇：《中国地方政府创新动力和企业动力的比较研究》，浙江大学硕士学位论文，2015。

② 杨雪冬、陈雪莲：《政府改革创新的社会条件与发展状态——地方干部的视角》，《社会科学》2010 年第 2 期。

③ 杨雪冬：《地域、个人与制度创新——对陕西省咸阳市秦都区改革的个案分析》，载荣敬本等《再论从压力型体制向民主合作体制的转变——县乡两级政治体制改革的比较研究》，中央编译出版社，2001，第 196 页。

④ 金太军、袁建军：《地方政府创新博弈分析》，《江海学刊》2005 年第 5 期。

新的行为主体假定为“理性人”，会对特定的压力做出大致相似的反应。他认为，“这样的假定却是对现实世界的过分简化”。为此，他提出“父爱式政府创新”概念，试图去解释这种“主要党政官员主导的”政府创新的基本逻辑。[①] 在“父爱式政府创新”中，地方党政主要官员兼具利他主义动机和政绩冲动，而不再是一个追求政绩最大化的“理性人”。

尽管诸如此类的研究不是针对地方政府创新者进行论述的，但是其涉及地方政府创新者的描述却有启发性：要么将地方政府创新者视为“理性人”，要么将其视作“混合动机者”。可是，一旦将研究的目光聚焦到地方政府创新者并作深入的观察和探讨将会发现，上述两种解释不足以包容所有的地方政府创新者。本章直接以地方政府创新者为表述对象，很显然这个对象不符合“理性人”假设，用“混合动机者”来解释也未必合适。

第二节　本性难移？

2016 年 8 月 15 日，我们对安徽省舒城县干汊河镇“小城镇公益事业民营化”项目进行了跟踪调查。这一项目，在 2003 年荣获第二届中国地方政府创新奖优胜奖。

在这次调查中，我们有幸访问了当初主导这项创新的镇党委书记曹前长，现今他担任舒城县重点工程建设管理局局长。曹前长是舒城县春秋乡人，1964 年 4 月出生，1982 年 7 月参加工作。他先在乡镇政府工作，先后任南港区沙埂乡团委书记、南港区公所文书、南港区计生办主任、南港区委秘书、南港区办公室主任、舒茶镇副镇长、舒茶镇党委副书记、马河镇党委书记、干汊河镇党委书记。后来调到县职能部门工作，先后在县监察局、县计生委、县水利局、县重点工程建设管理局担任领导。[②] 通过访谈我们了解到，无论是在乡镇还是在县职能部门任“一把手”，他

---

① 闫健：《“父爱式政府创新”：现象、特征与本质——以岚皋县“新农合镇办卫生院住院起付线外全报销制度”为例》，《公共管理学报》2014 年第 3 期。

② 舒城县人民政府网，http://www.shucheng.gov.cn/DocHtml/1/15/12/xxgk_2015122857524.html。

都能结合工作需要进行创新。除了主导干汊河镇“小城镇公益事业民营化”创新以外，他在马河镇担任党委书记时，在全县率先实行农村丧葬制度改革，成功推行“公祭堂”；在担任县纪委副书记、监察局局长期间，他又推动“事务公开”，提出“公务用车社会化”；担任县计生委主任时，他针对“超生罚款”乱象在全县力推“社会抚养费改革”；调任县水利局局长，他又从实际出发，实行“小型水利工程物业化养护”（见表 18－1）。创新是贯穿于他事业的一条显著主线。

表 18－1　曹前长任内创新情况

任职	主要创新
马河镇党委书记（1998 年 5 月至 2001 年 5 月）	公祭堂（成功）
干汊河镇党委书记（2001 年 5 月至 2004 年 4 月）	小城镇公益事业民营化［自来水、公祭堂（失败）、幼儿园］
县纪委副书记、县监察局局长（2004 年 4 月至 2006 年 7 月）	推动“事务公开”（要求各单位建网站、公开单位收支）、提出“公务用车社会化”
县计生委主任（2006 年 7 月至 2012 年 1 月）	社会抚养费改革
县水利局局长（2012 年 1 月至 2016 年 5 月）	小型水利工程物业化养护

像曹前长这样的地方政府创新者，无论工作岗位如何变动，工作环境如何变化，都会结合自身工作需要进行创新探索。对于他们而言，创新似乎融入其血液，成为他们的“本性”。

第三节　“本性”抑或“习性”？

这种创新“本性”是天生的吗？显然不是。对于“曹前长现象”，笔者认为恰当的做法是将其放在他的创新史中去理解。我们从对曹前长的访谈中了解到，他主导的创新基本上是成功的。唯一的一次失败是他在干汊河镇推行的“公祭堂”改革，对此他曾这样向我们解释：

现在回过头来看公祭堂这个项目，我认为这确实是个好项目。我们舒城县是 1998 年推行火化的，但是依然要建坟墓，我觉得这个很不好。所以我提出建立公祭堂，就是找一个依山傍水的地方建立公祭堂，实行民营化，将老人的骨灰放在这里，一次性交齐20年的寄存费，可以在那里进行祭祀。20年以后可以选择继续交费寄存，也可以选择不继续寄存，统一通过树葬的方式将骨灰掩埋。应该说这个方式是比较占优势的，群众内心也是比较能够接受的。但是这个项目后来出现了问题。在刚刚推行的时候，我外出到市委党校进行学习，少量群众提出不愿意将老人骨灰放到公祭堂里的想法，开始出现了抵制的现象。当时管理这个事情的人没有及时制止，后来这种现象就比较普遍了。其实公祭堂这个项目我在之前那个镇已经搞得很成功了，关键是我在那个地方有一个很好的搭档，能够很好地协助我。还有就是国家的政策支持不够，这是公祭堂推行的最大的一个短板。①

换言之，如果他在场的话，或许他能够说服少数群众；如果在场的镇领导能够及时制止的话，这一创新项目也许不会失败；如果当时的国家政策给予有力支持的话，也许推行“公祭堂”改革更加容易。这次的失败教训使他在以后的屡次创新行动中更加注重创新“技艺”。一方面，对创新的预期效果做出更加严谨的评估，形成更大“共识”，譬如社会抚养费改革；另一方面，在创新中尽量不触碰既得利益，多做增量性改革，譬如小型水利工程物业化养护。

创新“本性”未必是个合适的概念，不如借用布迪厄（又译布尔迪厄）（Pierre Bourdieu）的“习性”（或“惯习”），用创新“习性”来解释“曹前长现象”。布迪厄认为，“惯习是可持续的倾向性系统”。② 在《实践感》一书中，“惯习”又被译作“习性”。布迪厄指出，“条件制约与特定的一类生存条件相结合，生成习性。习性是持久的、可转换的潜在行为倾向系统，是一些有结构的结构，倾向于作为促进结构化的结构发挥作用”。③ 对于曹前长而言，第一次创新的成功使他获得了某种令他

① 访谈曹前长的录音整理，2016年8月15日下午。

② 〔法〕皮埃尔·布尔迪厄：《实践理论大纲》，高振华、李思宇译，中国人民大学出版社，2017，第213页。

③ 〔法〕皮埃尔·布迪厄：《实践感》，蒋梓骅译，译林出版社，2003，第80页。

满意的成就感，随后的创新再次获得成功进一步加强了他的创新意识，使之逐渐养成这种创新“习性”。就像布迪厄所言，“惯习只不过是这个早期教育以每个行动者的名义提交的内在的法律，即植入法律（lex insita）”。[①] 当创新“习性”形成以后，它会“固执地”、一再地进行创新活动。“惯习作为生成的依据，生产着实践”。[②] 创新“习性”不断地生产新的创新实践。

但是，惯习（habitus）不是习惯（habit），它“是深刻地存在于性情倾向系统中的、作为一种技艺（art）存在的生成性（即使不说是创造性的）能力，是完完全全从实践操持（practical mastery）的意义上来讲的，尤其是把它看作某种创造性艺术”。[③] 具有这种创新“习性”的人，往往能对社会发展和创新趋向做出敏锐反应，既判断精准，又胆识过人，且掌握高超的创新“技艺”。

在谈及“小城镇公益事业民营化”这一创新项目时，曹前长说：“这种运营方式的推行，政府节约了成本，群众获得了实惠，推动了社会的进步，但是确实需要主要负责人的强力推动。国家 2008 年开始推行安全饮水工程，我们自来水工程的推行比国家提前了 6 年左右，当然很多地方至今还没有推行安全饮水工程。”他在干汉河镇推行自来水民营化项目就是基于这样的“机警自觉”。对于这次创新经验，他总结道：

> 第一，民营者的选择很重要，需要具备很强的实力和责任心；第二，项目选择很关键，要符合群众切身利益，是群众所迫切希望实现的；第三，加强法律的跟进和支持；第四，高层领导的重视和支持尤为重要，需要环境支持和宣传；第五，创新者需要具备一定的品质：有胆有识、无私无畏。[④]

---

① 〔法〕皮埃尔·布尔迪厄：《实践理论大纲》，高振华、李思宇译，中国人民大学出版社，2017，第 227 页。

② 〔法〕皮埃尔·布尔迪厄：《实践理论大纲》，高振华、李思宇译，中国人民大学出版社，2017，第 219 页。

③ 〔法〕皮埃尔·布迪厄、〔美〕华康德：《实践与反思：反思社会学导引》，李猛、李康译，中央编译出版社，1998，第 165 页。

④ 访谈曹前长的录音整理，2016 年 8 月 15 日下午。

从这个总结中，我们可以体会到从创新项目的选择、创新项目承接者（即自来水厂的经营者）的挑选，到“法律的跟进”、上级领导的“重视和支持”，曹前长都非常注重创新的“技艺”问题。同时，他也认为创新者的“品质”是决定一项创新成败的重要因素。就像布迪厄所说的那样，“无论何时，一旦我们的惯习适应了我们所涉入的场域，这种内聚力就将引导我们驾轻就熟地应付这个世界”。[①]

为了更好地说明这一观点，布迪厄引用梅洛－庞蒂所举的橄榄球运动员例子：“这些运动员沉浸在行动的狂热之中，凭着直觉对他的队友和对手的活动迅速作出判断，他们的行动和反应的方式都是‘灵感式’的，无须事后认识和计算理性的助益。”[②] 一如梅洛－庞蒂所言，“场地对于球员来说并不是给定的，而只是呈现为他的各种实践意向的内在界限；球员与球场融为一体，比如他感受‘目标’的方位，就如同感受他自己的身体的垂直位与水平位一样直接……球员作出的每一动作都改变着场地的外观，并力图在这里建立起新的力线——活动反过来也在重新改变现象场的同时得以展开、获得实现”。[③]

借用布迪厄的语言，曹前长的创新行为不是基于“事后认识”或“计算理性”，而是一种“实践感”，“他从现有状态中解读出场域所包孕的各种未来可能的状态”[④]，并熟练地操控着他的创新行动。这种“实践感”经过反复沉淀，成为一种“惯习”。过去、现在和未来在惯习里彼此交织、互相渗透，寄居在身体内部，听候人们去激发、调用。[⑤] “习性是历史的产物，按照历史产生的图式，产生个人的和集体的，因而是历史的实践活动；它确保既往经验的有效存在，这些既往经验以感知、思维

① 〔法〕布迪厄、〔美〕华康德：《实践与反思：反思社会学导引》，李猛、李康译，中央编译出版社，1998，第22页。

② 〔法〕布迪厄、〔美〕华康德：《实践与反思：反思社会学导引》，李猛、李康译，中央编译出版社，1998，第22页。

③ 〔法〕莫里斯·梅洛－庞蒂：《行为的结构》，杨大春、张尧均译，商务印书馆，2005，第252页。

④ 〔法〕布迪厄、〔美〕华康德：《实践与反思：反思社会学导引》，李猛、李康译，中央编译出版社，1998，第23页。

⑤ 〔法〕布迪厄、〔美〕华康德：《实践与反思：反思社会学导引》，李猛、李康译，中央编译出版社，1998，第23页。

和行为图式的形式储存于每个人身上，与各种形式规则和明确的规范相比，能更加可靠地保证实践活动的一致性和它们历时而不变的特性。”①

总之，对于曹前长这样的地方政府创新者而言，他们的创新“习性”使得他们在不同的岗位上总是能够结合实际工作的需要不断地创新。简言之，这类地方政府创新者不但主动创新、随地创新，而且善于创新，就像布迪厄所论的杰出的运动员一样。

第四节　启示与思考

在我国，绝大多数地方政府创新不但是由地方党政主要领导或地方党政部门领导发起、推动、主导的，而且其命运也与这些地方政府创新者的政治命运紧密相连，因而这些地方政府创新往往带有显著的“个性”色彩。研究我国地方政府创新的发生、可持续性或成败，都必须关注并研究这些地方政府创新者。

目前，对于地方政府创新者的认识一般是这样的：要么把他们视为“理性人”（尤其是“政绩理性人”），追求自身利益最大化；要么把他们视为“公共人”，具有创新精神，追求公共利益的增长。其实，在这二者之间还有许多类型的地方政府创新者，这些不同特征和面貌的地方政府创新者构成了一个多姿多彩的“光谱”。其中，前文所论的曹前长这类具有创新“习性”的地方政府创新者，学界较少关注，故而本章尝试对这类地方政府创新者作专门论述。

在我国地方政府创新中，许多创新是一些地方政府创新者在实际工作中，面对新问题主动作为的结果。其中，确有一部分地方政府创新者像曹前长这样较少计较个人一时的“得失”，其创新“习性”在很大程度上起着作用，使之不断进行创新。即便周遭的环境没有激励其创新，他们也会因为“习性”不断地进行创新。他们之所以不断进行创新，更主要的是自我认同创新的价值——觉得做这项创新富有意义，既增进了民众福利，也推动了社会进步。他们常常对社会发展趋势做出敏锐反应，

① 〔法〕皮埃尔·布迪厄：《实践感》，蒋梓骅译，译林出版社，2003，第 82～83 页。

并将其转化为创新行动。换言之，这种创新动力不是来自外在激励，而主要源自创新者内在的价值认同及价值实现激励。

当然，这并不是否定外在激励的重要性（对其他许多创新者或许很重要），布迪厄也曾注意到，“也存在一些情况，惯习和场域之间并不吻合。在这些情况里，除非你考虑到惯习和它特有的惯性，特有的滞后现象（hysteresis），否则其中的行为就不可理解”。[①] 不过，他没有过多地阐释惯习与场域之间不吻合所产生的多种后果。笔者认为，一旦场域突然发生转向，与创新习性不但不吻合甚至相对立，将会导致创新习性的突变。对于布迪厄而言，习性与场域往往是相互兼容并耦合在一起的，二者是统一体，“场域形塑着惯习，惯习成了某个场域固有的必然属性体现在身体上的产物”。[②] 这也从一个侧面说明，场域对于惯习的维持起着十分重要的作用。如果全社会积极营造创新激励的外部环境或“场域”，并与一些创新者的“习性”相结合，将会极大地激发地方政府创新的活力，有助于建构“创新型社会”和“创新型国家”。

① 〔法〕布迪厄、〔美〕华康德：《实践与反思：反思社会学导引》，李猛、李康译，中央编译出版社，1998，第175页。

② 〔法〕布迪厄、〔美〕华康德：《实践与反思：反思社会学导引》，李猛、李康译，中央编译出版社，1998，第171～172页。

第十九章　论地方政府创新韧性

从调查来看，中部地区5省的地方政府创新项目大多数仍然在延续，课题组从其他调研组了解到，全国的地方政府创新项目的后续发展情况亦大致如此。[①] 由此说明，我国地方政府创新具有较强的韧性。

从既有研究来看，目前尚无人提出地方政府创新韧性的概念，不过有一些相关的研究。例如，吴建南等基于两届地方政府创新案例的比较，探讨了地方政府创新的稳定性问题。他们认为，在创新启动时间、创新类型、行政层级分布、创新主体分布等方面，我国地方政府创新具有较强的时间稳定性。[②] 此外，王焕祥、黄美花对百余个地方政府创新样本进行分析，提出了地方政府创新可持续性问题，对地方政府创新可持续性进行了界定，并分析了影响中国地方政府创新可持续的因素，总结了5种地方政府创新模式。[③] 刘伟从社会嵌入角度探讨了地方政府创新难以为继的原因以及地方政府创新持续力的来源。[④] 徐卫华则以基层公推直选为案例，从政治合法性角度审视了地方政府创新可持续性问题。[⑤] 韩福国等提出政府创新持续力概念，探讨了改革开放以来我国地方政府创新的影

---

① 2017年7月15日，北京大学中国政治学研究中心、兰州大学中国政府绩效管理研究中心在兰州大学联合举办了“地方政府创新可持续性跟踪研究项目”成果报告会。在此次会上，全国8个调研组分别汇报了各自的跟踪调研情况。

② 吴建南、黄艳茹、马亮：《政府创新的稳定性研究——基于两届中国地方政府创新案例的比较》，《软科学》2015年第5期。

③ 王焕祥、黄美花：《中国地方政府创新的可持续性问题研究》，《上海行政学院学报》2007年第6期。

④ 刘伟：《社会嵌入与地方政府创新之可持续性》，《南京社会科学》2014年第1期。

⑤ 徐卫华：《政治合法性视角下地方政府创新的可持续性探析——以基层公推直选实践为例》，《湖北社会科学》2017年第1期。

响因素。[①] 王自亮、翁思瑶通过对浙江省温岭市行业工资集体协商制度的分析，探讨了地方政府创新可持续性的影响因素。[②] 宋怡亭具体讨论了地方政府创新可持续性存在的“人走政息”现象及公众参与不足的原因。[③] 傅金鹏、杨继君对地方政府创新可持续性的影响因素进行了分析，并提出了相应对策。[④] 很显然，地方政府创新可持续性尽管与地方政府创新韧性相关联，但前者更主要的是后者的一种时间维度的表现。可持续性是地方政府创新的一种现象或表现状态，韧性则是地方政府创新的一种性质或内在特征。

何谓地方政府创新韧性？一般而言，所谓地方政府创新韧性，是指地方政府创新经受内在或外在压力，仍然能够得以保存和延续。在时间上，地方政府创新韧性表现为地方政府创新的可持续性。但仔细分析发现，“时间上的延续本身不足以构成韧性的最佳衡量手段，因为时间上的延续不能告诉我们……稳定程度，以及它应对和克服潜在的危机的能力”。[⑤] 韧性既指时间意义上的存续，也指空间意义上的稳定，是二者的集合。地方政府创新韧性，从本质上反映了地方政府创新应对压力或挑战的能力（这一能力主要包括应对能力和复原能力）。

那么，如何解释中国地方政府创新所具有的这种韧性？笔者认为，对中国地方政府创新韧性的解释，既不能局限于“行为”分析，也不能囿于“结构”诠释，有必要引入“观念”变量，结合“观念”“结构”“行为”进行综合性分析。在这里，“结构”因素将具体地分解为“国家”和“社会”两个方面。本章将运用“观念—结构—行为”分析框架，对中国地方政府创新韧性进行初步解释。其中，与“观念”对应的是意识形态对地方政府创新的支持；与“国家”对应的是既有体制为地

---

① 韩福国、瞿帅伟、吕晓健：《中国地方政府创新持续力研究》，《公共行政评论》2009 年第 2 期。

② 王自亮、翁思瑶：《地方政府创新可持续性的影响因素分析及对策》，《温州职业技术学院学报》2017 年第 1 期。

③ 宋怡亭：《中国地方政府创新可持续性问题研究》，《现代经济信息》2015 年第 11 期。

④ 傅金鹏、杨继君：《我国地方政府创新的可持续性：影响因素与对策》，《理论导刊》2010 年第 12 期。

⑤ A. Grzymala - Busse, “Time Will Tell? Temporality and the Analysis of Causal Mechanisms and Processes, ” *Comparative Political Studies*, 44 (9), 2013: 1279.

方政府创新所提供的空间，与“社会”对应的是社会力量对地方政府创新的“倒逼”作用；与“行为”对应的是地方政府创新行为本身的效能和作用。

第一节　政策理念的支持

改革开放以来，改革和创新始终是中国共产党的一条重要执政理念。改革不仅是中国共产党最鲜明的旗帜，还是当代中国最鲜明的特色。在新的历史时期，中国共产党认识到，创新是引领发展的第一动力。把创新摆在国家发展全局的核心位置，不断推进理论创新、制度创新、科技创新、文化创新等各方面创新，让创新贯穿党和国家一切工作，让创新在全社会蔚然成风。中国共产党关于改革、创新的理念，为地方政府创新提供了宏观层面的支持。

改革创新只有进行时，没有完成时。没有改革创新就没有今日中国之伟大成就，没有改革创新也将没有明日中华民族之伟大复兴，改革创新已经成为当今社会发展的鲜明时代主题和世界潮流。

而发展型地方主义，则为地方政府创新提供了具体的支持。所谓发展型地方主义（developmental localism），包括两层基本含义：其一，它具有强调“发展”的特点，地方政府在这样的状态下以发展尤其是以经济发展为基本取向；其二，它具有强调“地方”的特点，就是说，地方的发展在这样的状态下以地方利益为导向。[①] 正是发展型地方主义的兴起促进了地方经济社会的发展，造就了改革开放以来中国经济增长的“奇迹”。为此，围绕地方经济社会发展，地方政府之间展开了竞争，而其中有效的手段之一便是创新，即通过各种创新来推动地方经济社会的持续发展。因此，这一发展型地方主义，也为地方政府创新提供了更加直接的现实理据。

总之，无论是宏观层面的改革与创新，还是中观和微观层面的发展型地方主义，它们都是当代中国社会的基本施政理念。自改革开放以来，

---

① 郑永年、吴国光：《论中央－地方关系——中国制度转型中的一个轴心问题》，香港牛津大学出版社，1995，第34页。

二者几乎没有根本性变化，我们相信在未来很长一段时期里也不会有大的改变。它们不仅为我国地方政府创新营造了积极的社会性语境，而且为地方政府创新韧性提供了重要的价值性支持。

第二节 体制性的空间

改革开放破除了总体性社会的藩篱，不仅释放了社会活力，同时也给地方政府带来了一定的自主性空间。随着中央向地方“放权让利”和如今正在推进的“放管服”改革，地方政府不仅是中央政策执行或落实的代理者，而且是一个拥有自我主体意识的地方利益体①，在地方经济发展、社会治理和公共服务等领域发挥着越来越重要的作用。改革开放以来，我国国家治理结构日益形成自己的特色。一方面保持了高度统一的中央政治权威，另一方面通过审批权下放、行政权力清单制度等改革形成了一定程度的地方行政分权，二者较好地结合在一起，既确保了中央权威的统一，又给地方政府赋予了必要的自主权力。这种中国特色的国家治理结构亦为地方政府创新提供了较大的体制性空间。

之所以会形成这种国家治理结构，从根本上而言是我国大国治理的现实要求。大国治理，既要求维持大国的统一稳定，又要考虑到各地的实际差异，地方政府能够因地制宜地贯彻落实中央的政策。这种大一统体制下国家规制的单一性与地方治理的现实复杂性之间的矛盾为地方政府创新提供了一定的空间。创新已经成为地方政府为解决集中化权力结构与地方治理复杂性之间的矛盾、单一性管理方式与日益差异化的公共诉求之间的矛盾而采取的一种应对策略。②

当前，我国社会急剧转型，不可避免地伴随着巨大风险和挑战，积累了一系列深层次问题和矛盾，需要各级政府通过深化改革和体制创新去解决。国家治理现代化同样要求地方政府积极进行创新，以解决现实中大量存在的治理性问题和突出矛盾。

① 沈立人：《地方政府的经济职能和经济行为》，上海远东出版社，1998。

② 周鲁耀、陈科霖：《地方政府创新常态化：空间、问题与走向》，《内蒙古大学学报》（哲学社会科学版）2016 年第 3 期。

对于改革和创新，中央既注重顶层设计也注重基层探索，坚持将顶层设计和基层探索有机结合。一味地强调顶层设计，势必消解基层探索的动力；过度依赖顶层设计，则会抑制地方政府创新行为。

上述适度分权的央地关系、社会转型的矛盾倒逼，以及富有技艺的弹性制度化，构成了我国地方政府创新的政治机会结构。所谓政治机会结构，诚如西德尼·塔罗（Sidney Tarrow）和查尔斯·蒂利（Charles Tilly）所言，是指政治体系的一些特征，这些特征能够促进或者阻碍政治行动者的集体行动，并且改变集体行动的特征。①

当然，在不同的历史阶段，我国实际的治理结构、制度化水平以及所面临的现实问题又不尽相同，以至地方政府创新出现了一定的波动，影响了地方政府创新的稳定性。即便在同一个时期，不同地方政府所遭遇的现实问题和挑战也不一样，在处理府际关系时各自采取了不同的行动策略，这也会导致地方政府创新韧性的差异化。

第三节　社会力量的作用

人民有所呼，改革有所应。把以人民为中心的发展思想体现在经济社会发展各个环节，做到老百姓关心什么、期盼什么，改革就要抓住什么、推进什么，通过改革给人民群众带来更多获得感。随着市场经济不断发展和社会日益进步，人民群众对政府的期待和诉求不但越来越多而且越来越高，也会倒逼地方政府进行创新，以增强其回应性。

创新一般源于绩效差距（performance gaps），即公众期望与组织绩效之间的落差。② 从社会期待的角度来看，没有理由不对地方政府创新前景持乐观态度，这是市场经济发展和社会进步使然。随着市场经济发展而成长起来的各种市场主体、社会组织、地方民众基于各自的利益和诉求，必然对地方政府管理体制提出很强的制度创新需求。地方政府想要实现

---

① Sidney Tarrow, Charles Tilly, "Contentious Politics and Social Movement," in Carles Boix and Susan Stokes (eds.), *The Oxford Handbook of Comparative Books*, Oxford: Oxford University Press, 2007: 440.

② 〔美〕丹尼斯·A. 荣迪内利：《为人民服务的政府：民主治理中公共行政角色的转变》，贾亚娟译，《经济社会体制比较》2008 年第 2 期。

它在优化区域发展环境、加快地方经济发展、保持社会稳定等方面的效用目标，就不能无所作为，必须对民间的制度创新需求做出积极回应，推进地方政府创新。于是，为经济的快速发展和社会稳定创造更加有利的体制环境，以获取地方经济增长绩效和社会治理绩效，成为地方政府的一种理性选择。①

而且，执政党的群众路线也要求不断改进民众需求表达、协商和参与状况，为民众提供越来越多需求表达、协商、参与的机会和渠道，在一些地方还探索出有效的表达、协商和参与的制度化路径或机制。民众的需求表达、协商、参与机制越完善，地方政府创新的韧性也越强。因为民众越是依赖体制性参与，越有利于为政府创新赢取社会的支持，从而扩大其创新的合法性基础，增强地方政府创新的韧性。

第四节　创新行为的效用

改革和创新由现实问题倒逼而产生，又在不断解决现实问题中深化。往往是，一项改革或创新解决了旧的问题，又带来或引发新的问题，产生新的压力。“正是在这些新的问题和压力下，国家不断出台新的改革政策和制度设计，把经济带入一个新的台阶，同时又给自己不断套上新的压力。如此递进推动了经济发展。”② “绩效合法性不同于其它形式的合法性——绩效合法性对百姓的许诺太具体，使得百姓对国家的期望马上就会转换成对政府执政的压力。政府绩效越好，百姓就会产生更多、更高和更新的要求，而一旦绩效下降，国家合法性马上就会受到冲击……国家正是不断寻求执政绩效以减轻执政压力的背景下，运用手中的自主性不断出台各种旨在发展经济和增加政府执政绩效的改革，这些改革在总体上促进了经济的发展，但却给国家自己套上了新的绩效执政性压力。绩效合法性和受约束自主就这样推动了经济的快速发展。”③ 而地方政府

① 何显明：《地方政府创新实践的生成机制与运行机理——基于浙江现象的考察》，《中国行政管理》2009 年第 8 期。

② 杨宏星、赵鼎新：《绩效合法性与中国经济奇迹》，《学海》2013 年第 3 期。

③ 杨宏星、赵鼎新：《绩效合法性与中国经济奇迹》，《学海》2013 年第 3 期。

作为地方公共事务管理主体和国家意志在地方的代表，处在各种社会利益矛盾冲突的焦点和前沿上，必然首先并深切地感受到现行的政治与行政体制面临的挑战。作为具有一定自主性和能动性的行动者，地方政府往往会对这些矛盾和挑战最早做出反应，从而进行地方政府创新。而“就自身的效用目标而言，地方政府要实现加快经济发展和保持社会秩序稳定的目标，就必须尝试进行某些管理模式的创新，以缓解现行管理体制对地方经济发展的束缚，回应地方各种利益群体的利益诉求”。[①] 由此可见，地方政府追求绩效合法性，也维持着地方政府创新的韧性。

在我国，地方政府创新主要是由地方主政官员和地方政府部门领导发起或主导的。一般而言，如果地方官员的晋升不主要依赖其政治忠诚而是施政绩效时，就会鼓励地方政府创新，因为地方官员可以通过政府创新显著地表达和展示其施政绩效。并且，地方官员在具体的施政过程中，的确可以通过一定的政府创新解决地方治理中的现实问题或突出矛盾，从而促进地方经济社会发展，改善民生，有效回应民众和社会的需求。

同时，地方官员政绩“锦标赛”，也驱使地方政府展开创新竞赛。根据安德鲁·施莱弗（Andrei Shleifer）和周黎安等人的观点，中国式分权使得中央与地方形成了一种独特的政治市场——中央对地方的经济增长、社会稳定等有效治理有着需求，支付的是政治晋升；地方政府所供给的是辖区内的经济增长和社会稳定，获得的是政治晋升。由于需求方只有中央政府一家，而供给方则是各个地方政府，因而形成一个买方垄断的政治市场，地方政府官员为完成经济增长和辖区稳定等有效治理目标而展开锦标赛式竞争。[②] 改革开放以后，在传统意识形态的规范能力和社会黏合能力下降的情况下，政府引导下的国民经济增长、人民生活水平提高以及公共服务的完善，已经成为当代中国治理体系合法性和韧性的主要来源。地方政府创新只要能够促进经济增长和改进公共产品供给的绩

① 何显明：《地方政府创新实践的生成机制与运行机理——基于浙江现象的考察》，《中国行政管理》2009 年第 8 期。

② Olivier Blanchard, Andrei Shleifer, “Federalism with and without Political Centralization: China vs Russia,” *IMF Staff Papers*, 48 (4), 2001: 8；周黎安：《晋升博弈中政府官员的激励与合作——兼论我国地方保护主义和重复建设问题长期存在的原因》，《经济研究》2004 年第 6 期。

效，便不仅会巩固其创新韧性，而且有助于维护国家治理体系的韧性。

从发展趋向来看，我国地方政府创新已从政治改革转向社会治理和公共服务，而社会治理和公共服务领域的创新，回应了人民群众的迫切需求，更容易获得上级政府的鼓励和支持。因此，地方政府创新本身的这一转向也有利于地方政府创新韧性的维系和增强。

第五节　小结

本章运用“观念—结构—行为”框架，对我国地方政府创新韧性进行了分析。从分析来看，我国地方政府创新之所以具有较高的韧性，与意识形态的支持、体制性的空间、社会力量的作用、创新行为的效用相关联。执政党所秉持的改革创新意识形态，以及地方政府所主张的发展型地方主义，都为地方政府创新提供了稳定的价值激励。我国适度分权的央地关系、社会转型的矛盾倒逼以及富有技艺的弹性制度化，为地方政府创新提供了政治机会。社会力量的日益强大及其不断增长的诉求和期待，也对地方政府创新形成了外在压力。地方政府创新行为及其所发挥的实际效用，增强了地方政府的绩效合法性。

改革开放以来，这些因素在不同的历史时期不可避免地存在一定的变化，但从总体上而言这些变化始终保持在合理的、预期的阈限之内，以至地方政府创新维持了较高的韧性水准。并且，在政策理念的支持、体制性的空间、社会力量的作用、创新行为的效用四个因素中，政策理念的支持几乎没有什么变化，社会力量的作用持续增强，创新行为所带来的绩效合法性并未减弱。这些因素不单可以维持既有的地方政府创新韧性，甚至会增强地方政府创新韧性。只是体制性的空间在不同的发展阶段可能忽大忽小，在一定程度上影响乃至决定着地方政府创新的政治机会。如果能给地方政府赋权增能，让其保有更大的自主空间的话，必将进一步促进地方政府创新。

从本章的分析可知，地方政府创新的回应性、绩效性、合法性构成了地方政府创新韧性的三根支柱。所谓回应性，就是地方政府创新可以有效回应地方经济社会发展要求和人民群众日益增长的需求；所谓绩效性，就是地方政府创新切实解决了地方治理和地方发展中的现实问题和突出矛盾；所谓合法性，就是地方政府创新与执政党的改革创新意识形态相适应，并通过地方政府创新提升了施政绩效、改善了民生，切实满足了人民群众的新期待。诚如何增科所言，中国地方政府创新，尤其是治理和管理领域的地方政府创新，确实改进了政治正当性，成为增强政治正当性的有效途径。“如果地方政府创新在增强政治正当性方面可以扮演重要角色，执政党和中央政府将会有强烈的动机去鼓励地方政府进行更多的创新，地方领导人也会有强烈的动机去支持和发起地方政府创新以便重新当选或长期掌权。”[①] 总之，地方政府创新韧性是地方政府创新的回应性、绩效性和合法性的综合表现。

本章对地方政府创新韧性的分析较为宏观，或者说初步搭建了地方政府创新韧性的分析框架。运用这个分析框架，还可以分历史阶段，或者分区域、分层级，对我国不同历史时期或不同区域、不同层级之间的地方政府创新韧性进行比较分析。此外，对地方政府韧性还可作进一步划分，韧性至少可以分为两种：一是柔韧性，二是坚韧性。当然，也可以作其他类型的划分，以便对地方政府创新韧性进行深入的分析和探讨。希望本章能够起到抛砖引玉之效。

---

① 何增科：《地方政府创新与政治正当性：中美之间的比较研究》，《湖北社会科学》2015年第4期。

参考文献

一　著作

胡伟:《政府过程》，浙江人民出版社，1998。

金赢:《密室与剧场——现当代日本政治社会结构变迁》，人民出版社，2009。

荣敬本等:《再论从压力型体制向民主合作体制的转变——县乡两级政治体制改革的比较研究》，中央编译出版社，2001。

沈立人:《地方政府的经济职能和经济行为》，上海远东出版社，1998。

吴理财:《从“管治”到“服务”——乡镇政府的职能转变研究》，中国社会科学出版社，2009。

吴理财主编《中国政府与政治》，华中师范大学出版社，2016。

肖百灵、杨绍芬:《农村妇女参与村级治理》，湖南大学出版社，2007。

阎云翔:《私人生活的变革：一个中国村庄里的爱情、家庭与亲密关系(1949—1999)》，龚小夏译，上海书店出版社，2006。

俞可平:《中国地方政府创新案例研究报告（2009—2010)》，北京大学出版社，2010。

俞可平:《中国地方政府创新案例研究报告（2011—2012)》，北京大学出版社，2014。

俞可平:《中国治理变迁30年（1978—2008)》，社会科学文献出版社，2008。

郑永年、吴国光:《论中央-地方关系——中国制度转型中的一个轴心问题》，香港牛津大学出版社，1995。

周红云:《社会治理》，中央编译出版社，2015。

周庆智：《中国县级行政结构及其运行——对 W 县的社会学考察》，贵州人民出版社，2004。

周望：《社会治理创新的地方经验研究》，中国法制出版社，2014。

中国行政管理学会编《政府建设与政务公开研究》，知识出版社，2001。

〔德〕斐迪南·滕尼斯：《共同体与社会》，林荣远译，商务印书馆，1999。

〔法〕布迪厄、〔美〕华康德：《实践与反思：反思社会学导引》，李猛、李康译，中央编译出版社，1998。

〔法〕米歇尔·福柯：《安全、领土与人口》，钱翰、陈晓径译，上海人民出版社，2010。

〔法〕米歇尔·福柯：《规训与惩罚》，刘北成、杨远婴译，生活·读书·新知三联书店，2007。

〔法〕米歇尔·福柯：《什么是批判：福柯文选Ⅲ》，汪民安译，北京大学出版社，2016。

〔法〕莫里斯·梅洛-庞蒂：《行为的结构》，杨大春、张尧均译，商务印书馆，2005。

〔法〕皮埃尔·布迪厄：《实践感》，蒋梓骅译，译林出版社，2003。

〔法〕皮埃尔·布尔迪厄：《实践理论大纲》，高振华、李思宇译，中国人民大学出版社，2017。

〔美〕W. 理查德·斯科特：《制度与组织——思想观念与物质利益》，姚伟、王黎芳译，中国人民大学出版社，2010。

〔美〕艾伦·艾萨克：《政治学：范围与方法》，郑永年、胡谆、唐亮译，浙江人民出版社，1987。

〔美〕戴维·斯沃茨：《文化与权力：布尔迪厄的社会学》，陶东风译，上海世纪出版集团，2012。

〔美〕戴维·伊斯顿：《政治生活的系统分析》，王浦劬译，华夏出版社，1999。

〔美〕克利福德·格尔兹：《尼加拉：十九世纪巴厘剧场国家》，赵丙祥译，上海人民出版社，1999。

〔美〕拉塞尔·M. 林登：《无缝隙政府：公共部门再造指南》，汪大海、吴群芳等译，中国人民大学出版社，2001。

〔美〕曼瑟尔·奥尔森:《集体行动的逻辑》,陈郁、郭宇峰、李崇新译,格致出版社,2011。

〔美〕欧文·戈夫曼:《日常生活中的自我呈现》,冯钢译,北京大学出版社,2008。

〔美〕欧文·戈夫曼:《污名——受损身份管理札记》,宋立宏译,商务印书馆,2009。

〔美〕詹姆斯·R. 汤森、布兰特利·沃马克:《中国政治》,顾建、董方译,江苏人民出版社,2003。

〔美〕詹姆斯·C. 斯科特:《国家的视角:那些试图改善人类状况的项目是如何失败的》,王晓毅译,社会科学文献出版社,2004。

〔挪威〕贺美德、鲁纳编著《"自我"中国:现代中国社会中个体的崛起》,许烨芳等译,上海译文出版社,2011。

〔英〕安东尼·吉登斯:《社会的构成》,胡宗泽、赵力涛译,生活·读书·新知三联书店,1998。

〔英〕玛丽·道格拉斯:《制度如何思考》,张晨曲译,经济管理出版社,2013。

Carles Boix, Susan Stokes (eds.), *The Oxford Handbook of Comparative Books*, Oxford: Oxford University Press, 2007.

Perri 6, Diana Leat, Kimberly Seltzer, Gerry Stoker, *Towards Holistic Governance: The New Reform Agenda*, New York: Palgrave, 2002.

二　论文

白现军:《从"一刀切"到"分类别":乡镇政府绩效考核制度创新——徐州模式解读》,《行政论坛》2013年第5期。

包国宪、孙斐:《演化范式下中国地方政府创新可持续性研究》,《公共管理学报》2011年第1期。

陈锋:《分利秩序与基层治理内卷化——资源输入背景下的乡村治理》,《社会》2015年第3期。

陈国权、黄振威:《地方政府创新研究的热点主题与理论前瞻》,《浙江大学学报》(人文社会科学版)2010年第4期。

陈建武：《地方政府创新的动力与过程》，《重庆社会科学》2015年第9期。

陈朋：《地方政府创新的三个基本命题》，《行政管理改革》2015年第2期。

陈朋：《地方政府创新的影响因素分析——基于中国地方政府创新奖的数据研判》，《中共中央党校学报》2016年第4期。

陈潭、刘兴云：《锦标赛体制、晋升博弈与地方剧场政治》，《公共管理学报》2011年第1期。

陈雪莲、杨雪冬：《地方政府创新的驱动模式——地方政府干部视角的考察》，《公共管理学报》2009年第3期。

陈振明、林亚清：《政府部门领导关系型行为影响下属变革型组织公民行为吗？——公共服务动机的中介作用和组织支持感的调节作用》，《公共管理学报》2016年第1期。

邓立新：《农村公共产品供给效率与制度构建——对成都市农村中小型公共设施"村民自建"试点的调查思考》，《经济体制改革》2014年第3期。

丁延龄：《社会治理创新的反思理性法模式——以反思环境法为例》，《政法论丛》2015年第4期。

杜鹏：《村民自治的转型动力与治理机制——以成都"村民议事会"为例》，《中州学刊》2016年第2期。

傅金鹏、杨继君：《我国地方政府创新的可持续性：影响因素与对策》，《理论导刊》2010年第12期。

高新军：《地方政府创新缘何难持续——以重庆市开县麻柳乡为例》，《中国改革》2008年第5期。

韩福国、瞿帅伟、吕晓健：《中国地方政府创新持续力研究》，《公共行政评论》2009年第2期。

何显明：《地方政府创新实践的生成机制与运行机理——基于浙江现象的考察》，《中国行政管理》2009年第8期。

何宪：《公务员职务与职级并行制度研究》，《中国行政管理》2016年第9期。

何增科：《地方政府创新与政治正当性：中美之间的比较研究》，《湖北社会科学》2015 年第 4 期。

胡宁生、杨志：《中国地方政府社会治理创新的持续性：影响因素与政策优化》，《江苏社会科学》2015 年第 3 期。

胡续平、刑燕芬：《论市场经济条件下的扶贫工作》，《经济问题》1995 年第 1 期。

黄俊尧：《从“压力型考核”到“公众制度化参与”——地方政府绩效考评模式的转型与路径依赖》，《甘肃行政学院学报》2010 年第 4 期。

黄丽娟：《官员“亲民秀”的效应、成因与合理应用——基于剧场政治的分析》，《广州大学学报》（社会科学版）2014 年第 12 期。

黄莺：《我国北部省份欠发达地区新型城镇化建设探析——以河北省欠发达地区为例》，《华中农业大学学报》（社会科学版）2017 年第 4 期。

计宁、魏淑艳：《地方政府创新可持续性内涵及其影响因素——基于行政生态学的视角》，《行政论坛》2014 年第 2 期。

金太军、袁建军：《地方政府创新博弈分析》，《江海学刊》2005 年第 5 期。

蓝志勇：《论社会治理体系创新的战略路径》，《国家行政学院学报》2016 年第 1 期。

李斌：《项目制治理、村民参与和乡村公共设施建设——基于安徽省 N 县项目制治理改革试点的研究》，《安徽行政学院学报》2015 年第 1 期。

李德、于洪生：《城市社区无缝隙治理：特征、条件与实践路径——以上海市徐汇区长桥街道为例》，《探索》2016 年第 1 期。

李晗：《城市郊区化背景下乡镇治理的制度困境》，《人民论坛》2014 年第 32 期。

李里峰：《乡村精英的百年嬗蜕》，《武汉大学学报》（人文科学版）2017 年第 1 期。

李世敏、吴理财：《县政选择性治理的破解之道》，《哈尔滨工业大学学报》（社会科学版）2016 年第 5 期。

李元珍：《典型治理：国家与社会的分离——基于领导联系点的分析》，《南京农业大学学报》（社会科学版）2015 年第 2 期。

李占宾：《基层治理的现实困境及法治化路径》，《河南师范大学学报》（哲学社会科学版）2016 年第 1 期。

李芝兰、刘承礼：《当代中国的中央与地方关系：趋势、过程及其对政策执行的影响》，《国外理论动态》2013 年第 4 期。

李祖佩：《项目制的基层解构及其研究拓展——基于某县涉农项目运作的实证分析》，《开放时代》2015 年第 2 期。

林芳、刘振中：《农村公共设施建设体制改革效应——基于皖省农民“双重收益”比较的视角》，《经济与管理研究》2014 年第 11 期。

林文弢、龙太江：《地方政府创新可持续动力研究》，《求索》2011 年第 9 期。

刘建军、马彦银：《层级自治：行动者的缺席与回归——多中心治理视野下的城市基层治理研究》，《杭州师范大学学报》（社会科学版）2015 年第 1 期。

刘伟、毛寿龙：《地方政府创新与有限政府》，《学术界》2014 年第 4 期。

刘伟：《论地方政府社会治理创新的政策转化：影响因素与优化路径》，《理论探讨》2016 年第 4 期。

刘伟：《社会嵌入与地方政府创新之可持续性——公共服务创新的比较案例分析》，《南京社会科学》2014 年第 1 期。

刘伟：《政策试点：发生机制与内在逻辑——基于我国公共部门绩效管理政策的案例研究》，《中国行政管理》2015 年第 5 期。

刘振中：《中国农村公共设施建设体制创新与社会公平》，《中国农村观察》2015 年第 3 期。

柳玉祥：《以社会保护为重点的安置帮教工作改革探索》，《中国司法》2016 年第 11 期。

鲁华君、陈学群：《科学发展观视野下乡镇政府绩效评价科学化的探索》，《甘肃行政学院学报》2009 年第 4 期。

陆子修、吴昭仁、何开荫：《把农村公共建设的自主权交给农民——安徽省水库移民后期扶持项目民主管理调查与思考》，《村委主任》2011

年第11期。

罗兰、乔圣茹、王东阳等：《“村企共建”与精准扶贫》，《中国行政管理》2017年第7期。

马晓河、刘振中、黄蓓：《还权与民：农村公共建设管理体制改革的方向——安徽省水库移民后扶项目实行村民自主建设机制的调查报告》，《宏观经济研究》2011年第10期。

木易、宛如、草方等：《社会主义市场经济体制下企业形象的重塑与更新——企业形象研讨会纪要》，《社会科学辑刊》1993年第1期。

裴泽庆：《略论党内民主的决策功能释放——基于人格化权力结构视角的分析》，《理论探讨》2009年第6期。

彭勇文：《安利直销模式中的社会表演》，《戏剧艺术·上海戏剧学院学报》2005年第3期。

秦晓蕾：《我国乡镇政府绩效考核控制、博弈中的异化及改革路径》，《江苏社会科学》2017年第3期。

尚虎平：《我国政府创新：复制、周期律与“诺门克拉图拉”阴影》，《社会科学》2014年第8期。

沈毅：《迈向“场域”脉络下的本土“关系”理论探析》，《社会学研究》2013年第4期。

史金善：《关于发展扶贫农业龙头企业的调查》，《农业经济问题》2005年第5期。

孙惠柱：《人类表演学和社会表演学：哲学基础及实践意义》，《戏剧艺术·上海戏剧学院学报》2005年第3期。

孙文中：《创新中国农村扶贫模式的路径选择——基于新发展主义的视角》，《广东社会科学》2013年第6期。

孙志建：《中国城市摊贩监督缘何稳定于模糊性治理——基于“新多源流模型”的机制性解释》，《甘肃行政学院学报》2014年第5期。

唐亚林、曹前长、庄永海：《小城镇公益事业民营化：经验、问题与对策》，《江淮论坛》2004年第6期。

陶郁、侯麟科、刘明兴：《张弛有别：上级控制力、下级自主性和农村基层政令执行》，《社会》2016年第5期。

汪段泳、刘振光：《国外反贫困理论研究的新进展》，《江汉论坛》2007年第5期。

汪兴福：《破解村庄公共建管难题的有效路径——对南陵县“三会四自一平台”治理模式的调查与思考》，《理论建设》2017年第5期。

王海宝、施国庆、严灯才等：《精准扶贫视角下移民成本分担机制的构建》，《云南社会科学》2016年第6期。

王华菊、才凤伟：《诊断、干涉和重塑：安置帮教工作的运行逻辑》，《中国人民公安大学学报》（社会科学版）2015年第4期。

王焕祥、黄美花：《中国地方政府创新的可持续性问题研究》，《上海行政学院学报》2007年第6期。

王伟：《中国地方政府制度创新研究综述》，《公共管理学报》2005年第3期。

王先明：《“新乡贤”的历史传承与当代建构》，《光明日报》2014年8月20日，第1版。

王勇：《社会治理创新与政府积极作为》，《国家行政学院学报》2017年第1期。

王中华、刘宇丽：《村民理事会的基层治理功能及其完善策略》，《山西农业大学学报》（社会科学版）2014年第11期。

温丙存：《三维型政权：新型城镇化进程中的乡镇政权——基于贵州省桐乡的拓展个案研究》，《中国农业大学学报》（社会科学版）2015年第2期。

吴建南、黄艳茹、马亮：《政府创新的稳定性研究——基于两届中国地方政府创新案例的比较》，《软科学》2015年第5期。

吴建南、马亮、杨宇谦：《中国地方政府创新的动因、特征与绩效——基于“中国地方政府创新奖”的多案例文本分析》，《管理世界》2007年第8期。

项继权：《改革40年：农民和集体不断解放的过程》，《华中师范大学学报》（人文社会科学版）2018年第5期。

肖文涛：《社会治理创新：面临挑战与政策选择》，《中国行政管理》2007年第10期。

徐松竹：《民主政治的基础工程：浏阳市推行政务公开的调查》，《政治与法律》2000 年第 2 期。

徐卫华：《政治合法性视角下地方政府创新的可持续性探析——以基层公推直选实践为例》，《湖北社会科学》2017 年第 1 期。

徐岩、范娜娜、陈那波：《合法性承载：对运动式治理及其转变的新解释——以 A 市 18 年创卫历程为例》，《公共行政评论》2015 年第 2 期。

徐勇、沈乾飞：《村民议事会：破解“形式有权，实际无权”的基层民主难题》，《探索》2015 年第 1 期。

闫东东：《龙头企业参与产业扶贫的进化博弈分析》，《农村经济》2015 年第 2 期。

闫健：《“父爱式政府创新”：现象、特征与本质——以岚皋县“新农合镇办卫生院住院起付线外全报销制度”为例》，《公共管理学报》2014 年第 3 期。

严仍昱：《社会治理创新视域下的简政放权》，《理论与实践》2014 年第 6 期。

杨宏星、赵鼎新：《绩效合法性与中国经济奇迹》，《学海》2013 年第 3 期。

杨瑞龙：《我国制度变迁方式转换的三阶段论——兼论地方政府的制度创新行为》，《经济研究》1998 年第 1 期。

杨雪冬、陈雪莲：《政府改革创新的社会条件与发展状态——地方干部的视角》，《社会科学》2010 年第 2 期。

杨雪冬：《过去 10 年的中国地方政府改革——基于中国地方政府创新奖的评价》，《公共管理学报》2011 年第 1 期。

杨雪冬：《压力型体制：一个概念的简明史》，《社会科学》2012 年第 11 期。

杨志军：《运动式治理悖论：常态治理的非常规化——基于网络“扫黄打非”运动分析》，《公共行政评论》2015 年第 2 期。

易振波、樊春阳：《武汉市武昌区“三社联动”激发社区活力》，《中国社会组织》2015 年第 5 期。

于海燕：《地方政府创新激励机制研究——基于公务员综合利益视角》，《人力资源管理》2014 年第 10 期。

俞可平：《大力建设创新型政府》，《探索与争鸣》2013年第5期。

俞可平：《论政府创新的若干基本问题》，《文史哲》2005年第4期。

俞可平：《应当鼓励和推动什么样的政府创新——对中国地方政府创新奖入围项目的评析》，《河北学刊》2010年第2期。

俞可平：《中美两国"政府创新"之比较——基于中国与美国"政府创新奖"的分析》，《学术月刊》2012年第3期。

郁建兴、黄飚：《地方政府创新扩散的适用性》，《经济社会体制比较》2015年第1期。

郁建兴、黄亮：《当代中国地方政府创新的动力：基于制度变迁理论的分析框架》，《学术月刊》2017年第2期。

臧志军：《试析日本政党政治的危机》，《复旦学报》（社会科学版）2013年第4期。

张大成：《论信访制度改革的立场选择与制度完善》，《辽宁工业大学学报》（社会科学版）2008年第4期。

张岚、曹伟：《地方政府创新扩散的困境及其超越：基于制度变迁的视角》，《中共福建省委党校学报》2016年第1期。

张琦：《企业参与扶贫开发的机理与动力机制研究——以陕西省"府谷现象"为例》，《中国流通经济》2011年第4期。

张玉磊：《地方政府制度创新何以持续？——制度演化理论的解析》，《四川行政学院学报》2013年第6期。

张璋：《无缝隙政府的组织设计》，《学习时报》2003年11月3日。

赵洋：《社会戏剧理论与国际关系研究》，《国际政治科学》2013年第4期。

周飞舟：《从汲取型政权到"悬浮型"政权——税费改革对国家与农民关系之影响》，《社会学研究》2006年第3期。

周红云：《从社会管理走向社会治理：概念、逻辑、原则与路径》，《团结》2014年第1期。

周红云：《全民共建共享的社会治理格局：理论基础与概念框架》，《经济社会体制比较》2016年第2期。

周黎安：《晋升博弈中政府官员的激励与合作——兼论我国地方保护主义和重复建设问题长期存在的原因》，《经济研究》2004年第6期。

周黎安:《中国地方官员的晋升锦标赛模式研究》,《经济研究》2007 年第 7 期。

周鲁耀、陈科霖:《地方政府创新常态化:空间、问题与走向》,《内蒙古大学学报》(哲学社会科学版)2016 年第 3 期。

周雪光:《基层政府间的"共谋现象"——一个政府行为的制度逻辑》,《社会学研究》2009 年第 12 期。

周雪光:《运动型治理机制:中国国家治理的制度逻辑再思考》,《开放时代》2012 年第 2 期。

周雪光:《制度是如何思维的?》,《读书》2001 年第 4 期。

卓越、陈诚:《梯度理论在政府创新扩散中的应用研究》,《厦门大学学报》(哲学社会科学版)2015 年第 2 期。

〔美〕丹尼斯·A. 荣迪内利:《为人民服务的政府:民主治理中公共行政角色的转变》,贾亚娟译,《经济社会体制比较》2008 年第 2 期。

〔美〕杰弗里·查尔斯·亚历山大:《社会表演理论在仪式和策略之间建立文化语用学模型(上)》,侯园园译,《社会》2015 年第 3 期。

〔美〕莱斯特·M. 萨拉蒙:《新政府治理与公共行为的工具:对中国的启示》,李婧、孙迎春译,《中国行政管理》2009 年第 11 期。

Mary C. King:《可持续性究竟意味着什么?》,孙宁译,《经济资料译丛》2009 年第 1 期。

A. Grzymala - Busse, "Time Will Tell? Temporality and the Analysis of Causal Mechanisms and Processes," *Comparative Political Studies*, 44 (9), 2013.

Emanuel Adler & Vincent Pouliot, "International Practices," *International Theory*, 3 (1), 2011.

Jack L. Walker, "The Diffusion of Innovations Among the American States," *American Political Science Review*, 63 (3), 1969.

Michael Aiken, Robert R. Alford, "Community Structure and Innovation: The Case of Public Housing," *American Political Science Review*, 64 (3), 1970.

Olivier Blanchard, Andrei Shleifer, "Federalism with and without political centralization: China vs Russia," *IMF Staff Papers*, 48 (4), 2001.

后　记

本书系“中国地方政府创新奖获奖项目跟踪研究”大型课题的一项研究成果，课题由北京大学中国政治学研究中心主任俞可平教授主持，由8所高校研究机构组成的全国国家治理研究协作网络协同参与。

2000～2015年，共举办8届“中国地方政府创新奖”评选活动，全国先后有178个地方政府的创新项目获得入围奖，其中80个项目获得优胜奖。这些地方政府创新项目获奖后发展情况如何？是什么影响其后续发展？如其得到可持续发展，那么可持续发展的基本逻辑又是哪些？中国地方政府创新的前景如何？要想回答这些问题，就必须对这些获奖的地方政府创新项目进行跟踪调查。这或许是俞可平教授主持这项大型课题的一个初衷。

承蒙俞老师信任，我有幸参与这一大型课题，并具体负责中部地区安徽、河南、湖北、江西和湖南5省的跟踪调查工作。中部地区5省先后有18个地方政府创新项目获奖。在这些地方政府创新项目中，2016年8月至2017年7月我们完成了其中16个创新项目的跟踪调研。河南省焦作市创新项目因故未能成行；江西省高安市创新项目，上海交大吴建南教授已派人前往调研。

由于调研的项目较多，我们采取分组行动的方式，各负其责地完成各组调研任务。王前、庄飞能、周纯义、梁来成、瞿奴春、方坤、刘建、刘磊、吴侗、葛冬情、郭璐、周卫、高镜、王为、刘名涛、徐兴兴、魏久朋、杨刚、刘斌、华雪婷等参加了实地调研。按照总课题组的统一要求，我们对跟踪调查的地方政府创新项目实施问卷调查。调研结束以后，我们要求每个项目调研组针对其调研的创新项目的可持续性情况撰写跟踪调查报告，共完成16份调研报告。本书便是在上述调查的基础上完成的，是我们团队通力合作的成果。

本书各章作者分别是：第一章吴理财、刘建、刘磊，第二章梁来成，第三章刘磊，第四章吴理财、瞿奴春，第五章刘斌，第六章梁来成，第七章方坤，第八章刘建，第九章刘名涛，第十章王前，第十一章王为，第十二章刘建、吴理财，第十三章刘建，第十四章吴理财、刘建，第十五章吴侗，第十六章葛冬情，第十七章钟灵娜、吴理财、谢芳，第十八章吴理财、庄飞能、吴侗，第十九章吴理财、吴侗。魏久朋、杨刚、刘玲玲、徐琴、华雪婷、刘斌等对调查问卷进行了录入。解胜利、郭璐对全书进行了校对。我对全书做了一定的修改、完善。如果没有他们的积极参与和大力帮助，这项研究不可能如期顺利完成。本书的写作还比较粗糙，书中不乏粗浅之见，恳请大家批评指正。

此次调研，不仅得到了唐亚林教授、张传玉同志等的支持和帮助，还得到了获奖单位及有关领导同志的大力支持和积极配合。总课题组多次安排交流讨论，我们在与其他调研团队的交流讨论中获益匪浅。俞可平教授、何增科教授、周红云教授等，对我们的调查研究工作给予许多鼓励和指导。岳梦夏、刘翠编辑在本书编辑过程中做了大量细致的工作。特此一并致谢！

吴理财

2019 年 6 月 9 日于安徽大学蕙园

图书在版编目(CIP)数据

中部地区地方政府创新研究 / 吴理财等著. -- 北京 : 社会科学文献出版社, 2020.4
(政府创新研究丛书)
ISBN 978-7-5201-6155-8

Ⅰ.①中… Ⅱ.①吴… Ⅲ.①地方政府-行政管理-创新管理-研究-中国 Ⅳ.①D625

中国版本图书馆 CIP 数据核字(2020)第 026405 号

政府创新研究丛书
中部地区地方政府创新研究

著　　者 / 吴理财 等

出 版 人 / 谢寿光
组稿编辑 / 曹义恒　吕霞云
责任编辑 / 岳梦夏
文稿编辑 / 刘　翠

出　　版 / 社会科学文献出版社 · 政法传媒分社 (010) 59367156
地址: 北京市北三环中路甲 29 号院华龙大厦　邮编: 100029
网址: www.ssap.com.cn
发　　行 / 市场营销中心 (010) 59367081　59367083
印　　装 / 三河市龙林印务有限公司

规　　格 / 开 本: 787mm × 1092mm　1/16
印 张: 19.25　字 数: 294 千字
版　　次 / 2020 年 4 月第 1 版　2020 年 4 月第 1 次印刷
书　　号 / ISBN 978-7-5201-6155-8
定　　价 / 118.00 元